図解 建築工事の進め方
木造住宅

監修・執筆
深尾 精一

●

執筆
福本雅嗣・栗田紀之

市ケ谷出版社

監修・執筆にあたって

　日本ほど住宅の造り方に多様な構法が存在する国はないであろう。在来木造，ツーバイフォー，鉄鋼系・コンクリート系・木質系などのプレハブ造，現場打ち鉄筋コンクリート造など，様々な手法で住宅が建設されている。しかし，40年ほど前に遡れば，我が国の住宅の殆どは伝統的な木造軸組構法で建てられていた。そして，現在でも，戸建住宅のかなりの部分が，その流れの上にある，いわゆる在来木造住宅として建設されている。また，ツーバイフォー住宅やプレハブ住宅の大部分も，約900mmのグリッドに従った間取りに対応する構造システムを採用しているなど，在来木造住宅の大きな影響を受けている。

　住宅の造り方を考える上で，まず知るべきものが木造住宅であるということは，当分の間変わらないであろう。そして，伝統的な木造住宅が，永い間，我が国の文化を産み出す場であったということからも，木造住宅の造り方を知っておくことは大切であると言えよう。それは，建築を学ぼうとする者はもちろんであるが，住宅というものの使用者である全ての人々にとって必要なことなのではないだろうか。特に，これからの持続可能な社会の構築のためには，一度建設した建築物を，適切に維持管理して，長い間使い続けることが求められている。そのためにも，住宅の造られ方を理解しておくことはとても重要である。そして，その共通に理解し易い造り方であるという点からも，伝統的な木造住宅は見直されるべきであろう。

　本書は，日本の代表的な住宅の造り方である木造住宅について，その建築工事の進め方を，実例に則し，写真や図版を多用してわかり易く解説しようとしたものである。鉄筋コンクリート造や鉄骨造の建築工事の進め方に関しては，建築施工などの多くの教科書・参考図書が出版されているが，木造住宅に関しては，適切な解説書はそれほど多くない。本書は，木造住宅の着工から竣工までの工事の流れについて，初学者が順を追って学べるよう，なるべく平易に記述するよう心掛けた。すべての用語を解説するまでには至っていないが，写真や図版を見ながら読み進めることにより，工事に用いられる用語とその概念を，次第に身に着けていただけるのではないかと考えている。

監修・執筆にあたって

　本書は，市ヶ谷出版社による「図解　建築工事の進め方」シリーズとして出版され好評を博している「鉄骨造」と「鉄筋コンクリート造」の姉妹編として企画されたものである。しかし，本書には，姉妹だけでなく親に相当する書籍がある。1981年3月に出版された，同名の書籍（岸田林太郎監修・山室滋著）がそれである。この本は，版を重ねた名著であったが，20年間の間に木造住宅の造り方が大きな変化を遂げ，実態に合わない部分が出てきたため，改訂が望まれていた。しかし，監修者・著者のお二方とも故人となられたため，今回，全く新たな執筆陣によって新しい書籍として生まれ変わらせようということになった次第である。

　新たな執筆陣は，在来構法の住宅生産分野のトップメーカーにあって，近年，様々な技術の取りまとめに活躍してこられたベテラン技術者と，木材の伝統的な使い方に関して研鑽を積んでいる若手研究者，そして建築構法の分野で長い間教育・研究に携わってきた者であり，討議を重ねて協働しながら執筆を進めた。なお，図版は多くのものを新たに書き起したが，一部，旧版なども参考にさせていただいた。

　本書が完成するまでには，企画を始めてから予想外の時間がかかってしまった。それは，執筆陣の筆の遅さに起因するところも多いが，むしろ，執筆を進めるうちに，建築基準法の大改定と住宅の品質確保の促進等に関する法律の施行という，木造住宅を取り巻く環境の変化があり，本書の記述もその改定内容に対応したものにすべく，幾度かの書き直しを行ったためである。その結果，市ヶ谷出版社にはご迷惑をおかけしたが，現時点での在来木造住宅に関する工事の解説書として，機会を捉えたものにすることができたのではないかと考えている。

　最後に，モデル現場として住宅を取り上げることにご協力いただき，数々の資料をご提供下さった，住友林業株式会社の関係者を始めとする皆様方に，厚く御礼申し上げる次第である。

平成14年4月

深尾　精一

目　　次

- 序　章　木造軸組構法とは …………………………………………………… 1
  - 序・1　住宅に使われる構造方式 ………………………………………… 2
  - 序・2　木造軸組構法 ……………………………………………………… 5
  - 序・3　モデル現場の説明 ………………………………………………… 11

- 第1章　着工準備 ……………………………………………………………… 19
  - 1・1　現地調査 ……………………………………………………………… 20
  - 1・2　法規の確認 …………………………………………………………… 22
  - 1・3　設計から工事までの概要 …………………………………………… 24

- 第2章　仮設工事 ……………………………………………………………… 29
  - 2・1　仮設工事の概要 ……………………………………………………… 30
  - 2・2　地縄張り・地鎮祭 …………………………………………………… 32
  - 2・3　水盛り遣り方 ………………………………………………………… 34
  - 2・4　仮設給水・電気設備等 ……………………………………………… 35
  - 2・5　仮設建物等 …………………………………………………………… 36

- 第3章　地業・基礎工事 ……………………………………………………… 37
  - 3・1　地業・基礎の概要 …………………………………………………… 38
  - 3・2　地　業 ………………………………………………………………… 40
  - 3・3　基礎工事 ……………………………………………………………… 41

- 第4章　躯体工事 ……………………………………………………………… 49
  - 4・1　構造概要 ……………………………………………………………… 50
  - 4・2　材　料 ………………………………………………………………… 56
  - 4・3　構造材の加工 ………………………………………………………… 60
  - 4・4　手刻みによる加工（伝統的手法） ………………………………… 65
  - 4・5　建方作業 ……………………………………………………………… 74
  - 4・6　筋かい・根太・垂木等 ……………………………………………… 81

第5章　板金工事・屋根工事 …………………………………… 89

　　5・1　板金工事 ……………………………………………………… 90
　　5・2　屋根葺き工事 ………………………………………………… 92
　　5・3　バルコニー・陸屋根工事 …………………………………… 98
　　5・4　樋工事 ……………………………………………………… 100

第6章　外部建具工事 …………………………………………… 101

　　6・1　アルミサッシ ……………………………………………… 102
　　6・2　雨戸・網戸 ………………………………………………… 104
　　6・3　木製建具 …………………………………………………… 105

第7章　外部仕上げ工事 ………………………………………… 107

　　7・1　準備工事 …………………………………………………… 108
　　7・2　左官工事 …………………………………………………… 108
　　7・3　窯業系サイディング工事 ………………………………… 112
　　7・4　その他の乾式外壁工事 …………………………………… 117
　　7・5　タイル工事 ………………………………………………… 118
　　7・6　外部塗装工事 ……………………………………………… 120

第8章　断熱工事 ………………………………………………… 123

　　8・1　住宅における断熱 ………………………………………… 124
　　8・2　材　料 ……………………………………………………… 124
　　8・3　施工順序 …………………………………………………… 126
　　8・4　高気密施工 ………………………………………………… 130
　　8・5　通気工法 …………………………………………………… 131

第9章　造作工事 ………………………………………………… 133

　　9・1　和室造作 …………………………………………………… 134
　　9・2　洋室造作 …………………………………………………… 139
　　9・3　階　段 ……………………………………………………… 140
　　9・4　工場生産による造作部品 ………………………………… 142
　　9・5　外部造作 …………………………………………………… 144

第10章　内部仕上げ工事 …… 145
- 10・1　準備工事 …… 146
- 10・2　左官工事 …… 146
- 10・3　塗装工事 …… 148
- 10・4　クロス工事 …… 150
- 10・5　床仕上げ …… 153
- 10・6　タイル工事 …… 155

第11章　内部建具工事 …… 157
- 11・1　木製建具工事 …… 158
- 11・2　襖・障子 …… 159
- 11・3　その他の建具 …… 160

第12章　雑工事 …… 161
- 12・1　外部雑工事 …… 162
- 12・2　内部雑工事 …… 164
- 12・3　その他の雑工事 …… 168

第13章　電気工事 …… 169
- 13・1　電気工事 …… 170
- 13・2　弱電工事 …… 176
- 13・3　テレビアンテナ工事 …… 178

第14章　給排水衛生工事 …… 179
- 14・1　配管工事 …… 180
- 14・2　給水・給湯工事 …… 181
- 14・3　排水工事 …… 181
- 14・4　衛生器具取り付け工事 …… 182
- 14・5　し尿浄化槽工事 …… 183

第15章　各種設備工事 ……………………………………………………… 185
　15・1　給湯設備工事 ……………………………………………… 186
　15・2　冷暖房設備工事 …………………………………………… 186
　15・3　ガス設備工事 ……………………………………………… 187
　15・4　換気設備工事 ……………………………………………… 188
　15・5　ホームエレベータ ………………………………………… 190
　15・6　太陽熱利用設備 …………………………………………… 192

第16章　発生廃棄物処理 …………………………………………………… 193
　16・1　発生する廃棄物 …………………………………………… 194

第17章　各種検査 …………………………………………………………… 197
　17・1　社内検査 …………………………………………………… 198
　17・2　公的検査 …………………………………………………… 198
　17・3　施主立ち会い ……………………………………………… 200
　17・4　引き渡し …………………………………………………… 200
　17・5　引き渡し時に必要な資料 ………………………………… 201

索　引 ………………………………………………………………………… 202

序章

木造軸組構法とは

序・1 住宅に使われる構造方式	2
序・2 木造軸組構法	5
序・3 モデル現場の説明	11

序・1　住宅に使われる構造方式

　本書は，木造軸組構法，いわゆる在来工法による標準的な住宅の新築工事を実例としてとりあげ，木造住宅における安全性や耐久性などの品質の考え方と，それを具現化していくための建築工事の進め方を，具体的かつ実際的に解説することを目的としている。序章では，それに先立って，木造軸組構法の現状や他の構法の概要を紹介し，工事の進め方を理解する上での導入としたい。

序・1・1　木　質　構　造

　わが国では，支配者階級の建物から，宗教的建築，一般庶民の住宅にいたるまで，ほとんどすべての建物が木造であった。山林が多い国土であり，良質の木材が容易に手に入ったことが，その主たる理由であろう。また，その構法も，社寺建築と住宅系建築という二つの大きな流れはあるものの，建築の規模，用途にかかわらず，ほぼ同じかたちで今日まで建設されてきている。住宅分野でみれば，わが国の気候風土に適した構法として，その特徴が生かされ続けてきたといえよう。

　近年，鉄骨造，鉄筋コンクリート造，あるいは外国より移入された新しい木質構造が建設されるようになってきたが，生活の場である住宅には，今なお，木造軸組構法が多く採用されている。日本人の生活や感情に対応した良さがあって，簡単には他の構造方式に置き換えられないものがあるからであろう。木の香も高い日本の木造住宅のおだやかで清楚なたたずまいは，日本人の心のふるさとであり，日本の誇りでもあるといえよう。しかし，木造軸組構法は，優れた良さをもっている反面，耐震性・耐火性等について欠点をもつような建物も過去には造られてきている。木造であることが耐震性・耐火性に劣るということではないが，設計者，施工者はそれらの性能と構法の関係について，十分な理解と配慮が必要である。

　建築の構造方式には，れんが造，石造，ブロック造などのように，小片の材料を積み重ねて構成する組積式と，木造，鉄骨造のように細長い材料を柱や梁に用いて構成する軸組式，鉄筋

伝統的木造建築

伝統的木造住宅

コンクリート造のように，柱も梁も床もコンクリートで一体に構成する一体式などがあり，それぞれ長所・短所をもっている。木質構造にも様々な構造方式のものがあるが，伝統的な木造住宅では，軸組構法の特徴が顕著である。

(1) **木造軸組構法**

木造の建築構法は，長い間工匠たちによって受け継がれ，日本の伝統的な構法として発達してきたが，明治に入って欧米の建築構法が導入され，両者が適宜併用されることにより変化してきた。従来の伝統的な構法を和風構造と呼び，欧米から導入された構法を洋風構造と呼んだ。導入された当初の両者の顕著な違いは，前者が柱を室内に表す真壁式であるのに対し，後者は，基本的には構造材を壁で覆って仕上げとして見せない大壁式であるという点である。また，屋根を構成する小屋組をみても，前者は，和小屋と呼ばれる構造形式を用いるのに対し，洋風構造では洋小屋と呼ばれるトラスの原理を利用した方式を用いている。しかし，この両者は，その後次第に混用同化され，今日では，和風・洋風という分け方は，構造上の区分よりもデザイン上の区分で呼ばれるのが普通である。

近年，次に述べる枠組壁工法や工業化構法いわゆるプレハブ住宅の建設が行われるようになって，これと区別するため，便宜上，伝統的な木造軸組構法の流れをくむものを在来工法と呼んでいる。

(2) **枠組壁工法**

在来工法は，わが国の豊富な山林資源と高い技術水準によって支えられて発達してきたが，第二次世界大戦中に山林が疲弊し，戦後も森林資源が未成熟であったため，戦後の都市化などによる急激な住宅需要の増大により外材依存度を高めてきた。さらに，コスト削減を目指した生産システムの合理化を探る中で，技能取得が容易な枠組壁工法が北米より導入された。

枠組壁工法は，断面が2インチ×4インチ（実際には38mm×89mm）の用材を中心とする，限られた種類の長方形断面の用材を用いることから，ツーバイフォー工法ともいわれ，その用材は主として北米から輸入されている。これらの用材で枠組を造り，これに構造用合板などのボード状の材料を打ち付けることによって床や壁を版状に構成して建築物をまとめあげていくもので，在来工法とはまったくその構成形式を異にしている。

在来工法に対しては建築基準法によって構造方式を規制しているが，枠組壁工法に対しては国土交通省告示で構造方法を規定し，これに合致したものに限って在来工法と同等またはそれ以上の安全性があるものとして建設を認めるこ

軸組構法住宅　　　　　　　　　　　　　枠組壁構法住宅

とになった。この工法は，北米で発達したものであるが，わが国に導入されてからすでに20数年経ち，現在では，戸建住宅の10％程度のシェアを占める状況になっている。

(3) 木質系プレハブ工法

建築物が生産されていく過程を，他の一般製造業と比べてみると，製造業が多くの場合多量生産・工場生産であるのに対して，建築の生産は多くの場合注文生産であり，一品生産・現場生産である。すなわち，在来工法にせよ，枠組壁工法にせよ，需要の起きたときに，需要の起きた場所で，特定需要者の求めに応じて生産が行われるわけで，このことが，建築生産方式の近代化を著しく阻害してきた。しかし，建築生産の効率性・経済性を高め，品質を確保するためには，これらの障害を乗り越えて合理化を進めることが必要であった。その手段として，工場において生産された部品やユニットを現場で組み立てる方式がとられている。これがいわゆるプレファブリケーション（プレハブ化）である。木質系のプレハブ住宅には，木製パネルを工場で生産し，現場で組み立てるものと，木材を用いて工場で空間ユニットを製造し，現場に輸送して並べて住宅にするものがある。

建築生産のプレハブ化は，木造住宅に限らず，他の建築構造方式にも適用されるものであり，木質系プレハブ住宅，鉄鋼系プレハブ住宅，コンクリート系プレハブ住宅などがある。

(4) 丸太組構法

丸太組構法は，ログハウスとも呼ばれ，木材をせいろ状に横に積み上げていって空間を構成するものである。わが国の伝統的な建築である校倉造りと同様の考え方のものであるが，現在建てられているものは明治以降に北欧や北米から導入された構法のものが多い。

丸太組構法は，主として別荘として建てられ始め，現在でもこの傾向は大きく変わっていない。したがって，住宅建築における丸太組構法のシェアは限られたものである。

丸太組構法は昭和61年に建設省告示が公布され，一般的な工法として建設が可能になった。

木造住宅と一口にいっても，以上のように，在来工法のほかに様々な工法が試みられている。しかし，その源流をなし，今日なお，その主流として様々な工法の基準となっているものは，軸組構法である。

本書は，木造住宅の造り方を理解するための対象として，軸組構法である在来木造住宅を選んでいる。われわれは新しい建築生産方式を十分理解すると同時に，在来工法のもつ良き伝統を守り，弱点を改善していくように努めなくてはならない。

木質系プレハブ工法

丸太組構法

序・2　木造軸組構法

序・2・1　木造軸組構法の特徴

　木造軸組構法の架構は，土台・柱・梁・桁・筋かいなどで構成されている。柱は屋根や2階床などの上部の構造体を支え，梁は水平材として屋根，床などの重量を柱に流す役割をもっている。地震や台風などによる横からの力は，壁面に入れる筋かいや構造用面材に分担させている。

　柱と，梁や桁・胴差・土台などの横架材の接合法は，伝統的なものから，近年開発されたものまで，それぞれの特徴をもった方法がある。伝統的な接合方法には，釘などを用いない継手・仕口があり，日本の木造の特徴を示すものといわれることもあるが，現在では金物の使用方法が発達し，接合部の強度補強に金物が多く使われるようになっている。木材の加工法についても，生産性向上の追求や優れた技能をもつ大工の減少などにより，工場で加工を行う方法（プレカット）が普及した。

序・2・2　材　　　料

　木造住宅に使われている建築材料は多種多様であるが，中心が木材であることは論を待たない。木材は軽量の割に強度があり，各種の構造用材に広く使われてきた。

(1)　木材の長所

　木材の長所として，木目の美しさ，加工のしやすさなどがあげられるが，建築材料としての多くの優れた性質は，細長い中空の細胞が束になっているという特異な組織構造に起因している。その結果，木材は他の構造材料と異なり，異方性をもつ。

　以下に木材の特性を列記する。

　① 　軽量・高強度

　　　木材は軽量であり，縦方向，すなわち繊維方向に関して圧縮などの力に対して強い。この軽くて強いという木材の特性を生かして，木材は古くから建築用材として，柱・梁などの構造部材に広く利用されてきた。

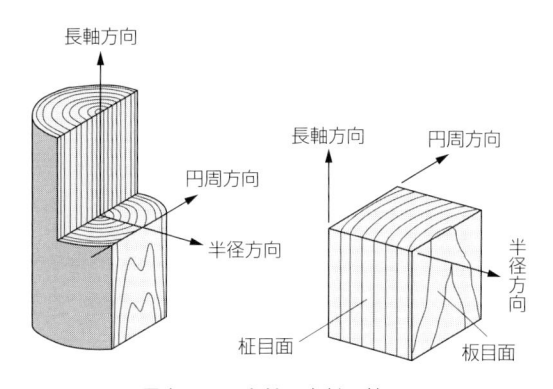

図序・1　木材の直行3軸

一方，木材の横方向に関しては，繊維方向の強さの1/10～1/20程度しかないので，利用に当たっては十分注意しなくてはならない。これは，木材のもつ異方性の一つである（図序・1）（表序・1）。

② 衝撃吸収能力

物が木材に衝突すると，表面の細胞が潰れることにより，衝撃を吸収する。さらにそのへこみはある程度自然に回復する。

③ 断熱性

木材は，熱伝導率が低いという優れた性質をもっている。木材の表面に触ると暖かいという性質も熱伝導率が低いためである。

④ 調湿性

いったん乾燥した木材は，組織構成の特性として，空気中の湿度が高ければ湿気を吸い込み，空気が乾燥していれば湿気を放出することによって，常に室内の湿気のバランスを保とうとする性質をもっている。また，表面結露を起こしにくい材料である。

⑤ 肌触りの良さ

力を加えたときに適度に変形するとともに，表面が湿気を吸収するため，肌触りがよい。

⑥ 香り

木材は，樹種によりそれぞれ特有の匂いをもつ。これは材中の精油成分によるもので，樹種によって防ダニ・防虫・抗菌などの効果をもっている。

⑦ 環境へのやさしさ

木材は，建築資材にするためのエネルギーが，他の建築用構造材に比べてきわめて少ない。また木材は，使用されている間は，そこに炭素を固定していることになり，地球環境の保全に大きく貢献しているといえる。

表序・1　引張強さの異方性（単位：kgf）

樹　種	長軸方向	半径方向	円周方向
スギ	560	70	25
アカマツ	1,300	95	40
ケヤキ	1,200	170	125
アピトン	1,670	85	50

(2) 木材の短所

木材は，上にあげたような様々な長所をもつが，同時に次にあげるような短所をもっている。

① めり込み・割裂

前述したように木材は，異方性をもつ材料であり，力の加え方によってめり込み・割裂などを生じる。これは他の構造材料と異なる点である。

② 乾燥収縮

木材は，含水率の低下とともに収縮して組織内に隙間ができ，狂いや割れを生ずることがある。しかし，木材の性質として，乾燥すると強度が増加するなどの利点もあり，あらかじめ十分に乾燥させた材料を使用することにより，この欠点は相当部分避けることができる。

③ 湿潤な環境下での腐朽

木材は，常に乾燥していれば腐ることはないが，建物の部位によっては，湿潤な環境に置かれる場合もあり，使用する部位に応じた樹種の選択が重要である。合わせて腐朽菌や蟻害に対処するための薬剤処理などを施すことが効果的である。

④ 燃える

可燃性材料であることは，常にあげられる木材の欠点である。しかし，大きな断面材を使えば火災時にも長時間支持力を保つことが可能であるし，適切な被覆を行うことで対応することも可能である。

序・2・3　木造軸組構法の課題

　木造建築は，身近にある木材を基本的な材料とし，住宅のためのほぼ唯一の構法として日本人に親しまれており，数多くの長所をもっている。反面，木材という材料のもつ宿命的な弱点として，耐火性・耐久性に難がある。また，構造方式も軸組式であることから，耐震性を確保するためには十分な対処が求められる。さらに，長い間培われ継承されてきた技術・技能とそれを支えてきた生産体制の仕組みにも，時代の推移とともに様々な変化が起きている。特に，近年の建築基準法などの法律の改正や新しい法律の制定などによって，住宅の生産供給システムは大きな節目を迎えようとしている。これらの変化に対しても，正確に理解するとともに，適切な対応をしていく必要があろう。

序・2・4　モデュール

　わが国では，昭和41年度からメートル法が完全実施されている。しかし，現在の日本の在来木造住宅における柱間隔の単位となる基本的な寸法，すなわちモデュールは，古くから使われてきた尺貫法による寸法をメートル法に換算した数値が基本となっている。また，日本の住宅建築の基準寸法の取り方には，畳の大きさを基にして柱の内々寸法を調整する方式（畳割り）

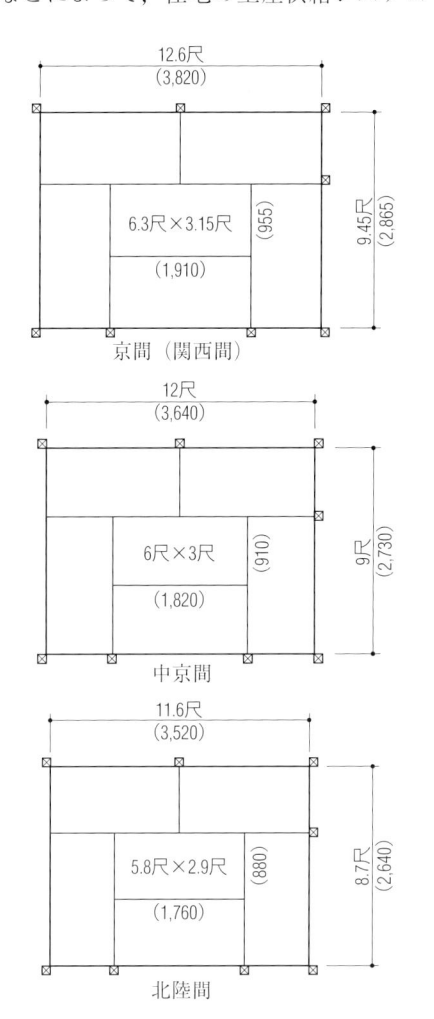

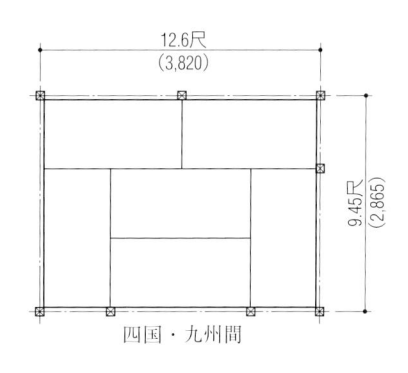

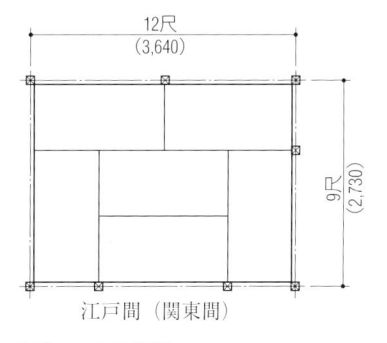

図序・2　木造軸組構法におけるモデュールの種類

と，柱の心々寸法を調整する方式（柱割り）とがあり，両者は互いに影響し合ってきている。

歴史的には，柱内々寸法の方式には，畳寸法が6.3尺×3.15尺の京間方式（関西間），6尺×3尺の中京間（並京間），5.8尺×2.9尺の北陸間の大きく3つの流れがあったと考えられている。そして，この京間の寸法に対応する柱心押さえの四国・九州間と，北陸間の畳寸法に対応する柱心押さえの江戸間（関東間）が存在している。

現在では，日本の在来木造住宅のかなりの部分が3尺を基本寸法とするグリッドの心押さえ（柱割り）により設計・施工されている。

この3尺を基本とするモジュールでも地域によって多少異なり，910mm，909mm，900mmなどのモジュールが使われている。近年，1mを基準寸法とする木造住宅も建設されている。

なお，プレハブ住宅メーカーにあっては，それぞれの企業固有のモデュールが使われている。

序・2・5　生産体制の概要

(1)　生産体制の変遷

建築工事の工事請負契約方式が現在のようなシステムになる前は，大工棟梁の管理のもとで設計・施工のすべてが進められ，大工棟梁はほかの職種の作業員を統率して工事管理の業務を行うことが多かった。しかし，鉄筋コンクリート造などの木造以外の構造が建設されるようになると，それまでの形態に変化が生じ，設計・監理は設計者が，施工管理は施工業者が行い，大工は施工業者の下請けとして工事に従事する形式が普及していった。

建築業界におけるこのような変化の中で，住宅建築については，従来のやり方に近い形式が比較的長く続いてきた。住宅を造ることが産業とは呼ばれていなかった時代では，大工を中心とした職人集団が住宅供給体制の担い手であり，また，それぞれの地域での住宅供給システムの基本であった。家造りが住宅産業として位置付けられてくるにつれて，その伝統的な仕組みや地域での役割は徐々に崩れて行った。最近は，大都市から中核都市を中心として，従来の伝統的な形にこだわらない住宅供給システムが成長を続けている。工業化住宅，大手住宅メーカーやフランチャイズシステムによる木造軸組構法，そして枠組壁工法の住宅などである。

しかし，いずれの場合でも，木造住宅に関する限り，実質的に工事の中心となって作業を進めるのは大工を中心とした技能者集団であり，その力量が建物のできばえを大きく左右することになる。

(2)　木造住宅の生産組織

現在，木造住宅の供給に関係している組織を形態別に分類するとおおよそ次のようになる。

① 住宅メーカー
② 工務店（在来木造住宅型工務店）
③ 工務店（伝統的木造建築型工務店）
④ 協力工務店
⑤ ②と④を複合させたタイプ
⑥ フランチャイズシステムに対応した工務店
⑦ 専門工事業者

このほかに，「産直住宅」のタイプや，「新世代木造供給システム」などの生産と資材流通を直結させようとする試み，輸入住宅を供給する流れも現れてきている。このように住宅生産体制も多様化してきたが，ここでは，モデル現場を施工した④と⑦のタイプを説明する。

(3)　協力工務店

このタイプの工務店は，住宅メーカーが主な発注元であり，材工あるいは職能別分離受注を行う場合が最も多く，次いで一部分離，一部材工，一括受注の順である。かつての主流であった一括受注を行うケースはほとんどない。受注先が行う分離部分は，住宅メーカーなどが直接

各専門工事業者と交渉を行い，その採用の可否については工務店側に関与の余地が少ない。つまり，今までの伝統的，あるいは習慣化されていた大工・工務店による資材購入ルートは用いないでに実務が行われる。したがって，このタイプの工務店は，常に縁の下の力持ち的な立場に置かれることが多い。

(4) 専門工事業者

住宅工事は，大工の手だけによって行われるものではなく，左官工事業，屋根工事業，水道工事業などといった専門工事業者の手も必要としている。住宅生産の合理化などの観点から，住宅メーカーを初めとしてある程度の規模をもつ企業は，従来の供給システムの中で行われていた範囲を超えた分離発注を行っている。それに伴い，従来型の専門工事業者もそれぞれその姿を変え始めている。

① 仮設工事を中心とするリース業者

最近の工事現場では，細丸太で組んだ足場が少なくなり，それに替わり鋼製のパイプで組んだ足場が多くなっている。かつての丸太足場は，一般的には町場の鳶職が，材料の損料とともに，組立から途中のメンテナンスそして解体までを請負うのが普通であった。

現在多く見られるパイプ足場では，建設会社・住宅メーカーは，レンタル会社に組立・解体を含めて発注する。そこで取り決められる内容は，足場面積とともに仮設期間，メンテナンス回数などであり，工期が延びて仮設期間が延びたり，段取りが悪く足場の手直しの回数が増えると，直ちに建設コストに影響してくる。専門業者も資材置き場が必要なことや修理・補充あるいは輸送計画，必要資材の積算など，相当の技術力が必要になってくる。住宅工事の現場でも必須となった仮設便所もレンタルである。重機のレンタルは，以前から普及して

表序・2　代表的な専門工事業者

	工事名	専門工事業	主な工事内容
1	仮設工事	・リース業	仮設便所・足場架払い
2	基礎工事	・地盤調査および地盤改良業 ・鳶職 ・基礎専門工事業	地盤の調査・地盤の改良 足場架払いおよび基礎工事全般 基礎工事全般
3	構造躯体	・プレカット ・大工工事業	木造軸組構造躯体の加工 木工事全般
4	屋根工事	・屋根工事業	屋根工事全般
5	外装工事	・サイディング施工業 ・左官工事業 ・タイル工事業 ・板金工事業	サイディング施工全般 左官工事全般 タイル工事全般 板金工事・樋工事全般
6	内装工事	・内装工事業 ・畳工事業	クロス等の施工・美装工事全般 畳工事
7	建具工事	・建具工事業（木製） ・建具工事業（サッシ＋ガラス）	現場採寸・製作・吊り込み工事全般 金属建具の組立とガラスのはめ込み
8	塗装工事	・塗装工事業	現場での塗装全般 吹き付け工事
9	電気設備工事	・電気設備工事業	工事用仮設工事の施設 電気工事全般 弱電工事全般
9	給排水衛生工事	・設備工事業（配管工事業）	給水・給湯配管工事全般 衛生機器類の取付け全般 排水管工事全般 浄化槽の設置 空調設備全般
10	ガス工事	・ガス工事業	ガス工事全般
11	その他	・産業廃棄物処理業者 ・ホームエレベーター工事業者	法に基づく廃棄物の処理 ホームエレベーター工事全般

おり，現在ではごく当たり前のシステムである。

② 基礎専門業者

基礎工事は，鳶職による土工事として足場と合わせて受注するのが普通であったが，足場の発注形態が変わってきたことから，基礎工事と足場工事は分離されることが多くなってきた。

③ プレカット工場

プレカット工場については，第4章参照。

④ 窯業系建材類の専門工事業者

サイディングに代表される外装材は，そのシェアが低かった頃は，通常の建材ルートで資材が供給され，施工は大工の手によって行われていた。現在は，シェアが大幅に伸びたため，大工自らの施工では効率が悪いとの判断から，専門職による施工が求められるようになってきている。サイディング材生産メーカーや建材流通組織が中心となって，専門施工店を組織し，施工者の育成や資格制度を設けるなどの方策を進めている。この分野では，住宅メーカーの考える材工分離方式への移行とは逆に，専門工事業者へ材料と工事を併せて発注する方向（材工）に進んでいる。

⑤ その他の専門工事業者

左官工事業，屋根工事業は，専門業者あるいは専門職として地位が確立しており，その地位は揺るぎないようにみえる。しかし，天候に左右される業種であり，最もきつい作業の一つとされていることから，技能者の確保が難しく，後継者問題を含めてその業種の維持が大きな課題となっている。一方で，最近普及してきたユニットバスの施工については，専門工事業者が育成されつつある。ユニットバスを採用することにより，在来型浴室に必要であった浴槽の据え付け，左官工事，タイル工事，天井張り大工工事，電気工事，配管工事などの多職種の分野を工場で生産することになり，現場における職種の削減が行われ，新たに据え付け工という職種が発生する。この据え付け工事に関わる部分は，製造メーカー系列の専門業者が行う方向へと変化してきている。

序・3　モデル現場の説明

　本書は，在来工法による木造住宅の施工における，着工から竣工まで，作業をどのように進めるかについて，具体的にわかりやすく解説することを目的としている。しかし，ひとくちに木造住宅といっても，材料や仕上げの程度，規模によって大きな差異があり，一律に論ずることはできない。本書では，延べ床面積180m²程の木造住宅（ＺＫ邸）をモデル現場として取り上げ，その工事写真や記録を示しながら，施工の進め方を詳しく説明していくこととする。

　　　ＺＫ邸住宅新築工事
　　　所　在　地：千葉県Ｓ郡Ｏ町
　　　工　　　期：1999年7月～2000年3月
　　　設 計 施 工：Ｓ住宅株式会社
　　　設計概要
　　　構造・規模：木造軸組構法・2階建
　　　建 築 面 積：118.87m²

床　面　積：1階115.59m²，2階59.34m²
延べ床面積：174.93m²
吹き抜け面積：4.42m²
工事施工面積：182.63m²
敷　地　面　積：515.58m²
屋根　葺き材：陶器釉薬平板瓦
　　　軒　天：繊維混入パーライトスラグせっこう板
外装　窯業系サイディング塗装品張り
内装　床：木質フロア，縁甲板，畳敷き，化粧合板
　　　壁：せっこうボード下地ビニルクロス張り，せっこうラスボード下地新じゅらく風壁塗，化粧せっこうボード張り
　　　天井：せっこうボード下地ビニルクロス張り，杉化粧天井板敷目張り，せっこうボード張り

12 序章　木造軸組構法とは

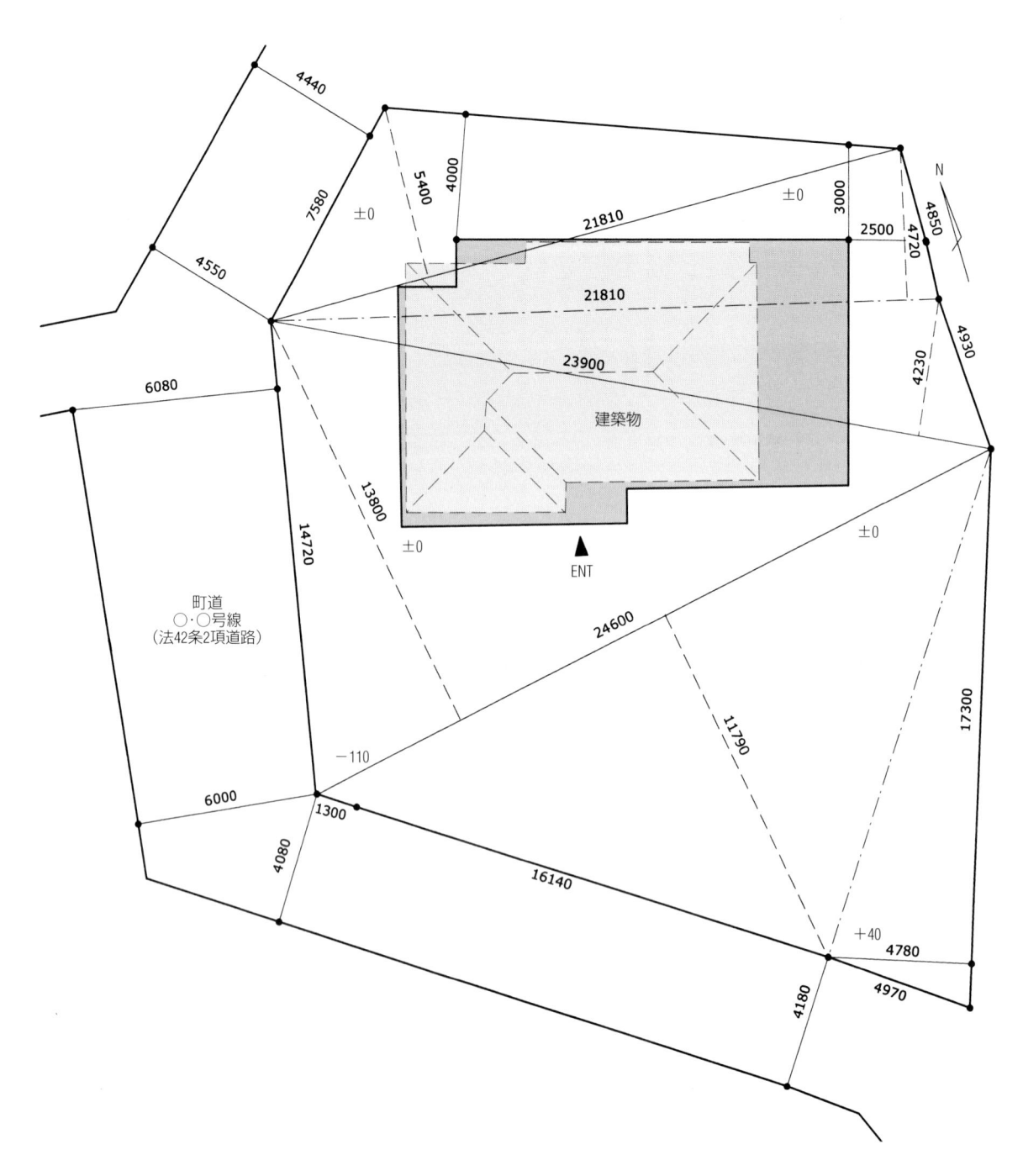

配置図　1/200

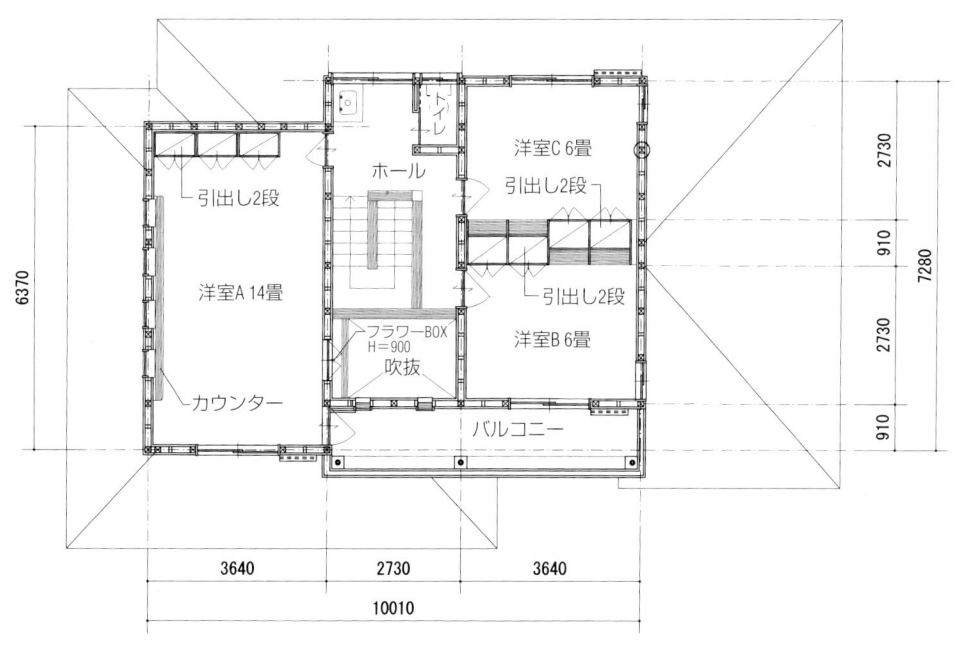

2階平面図

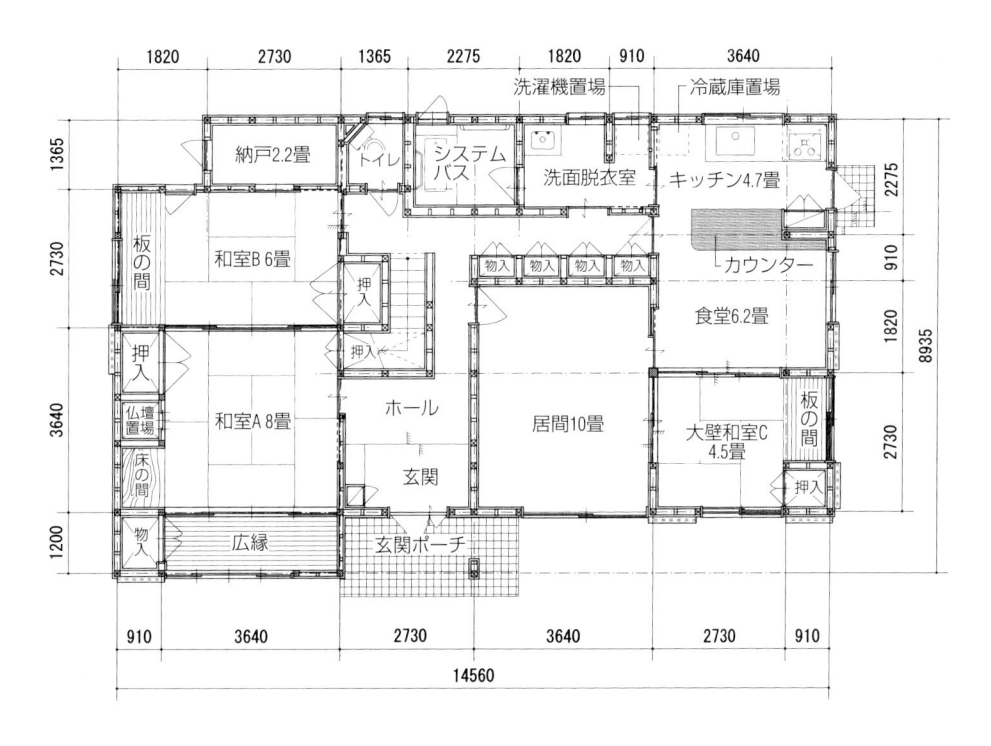

1階平面図　1/150

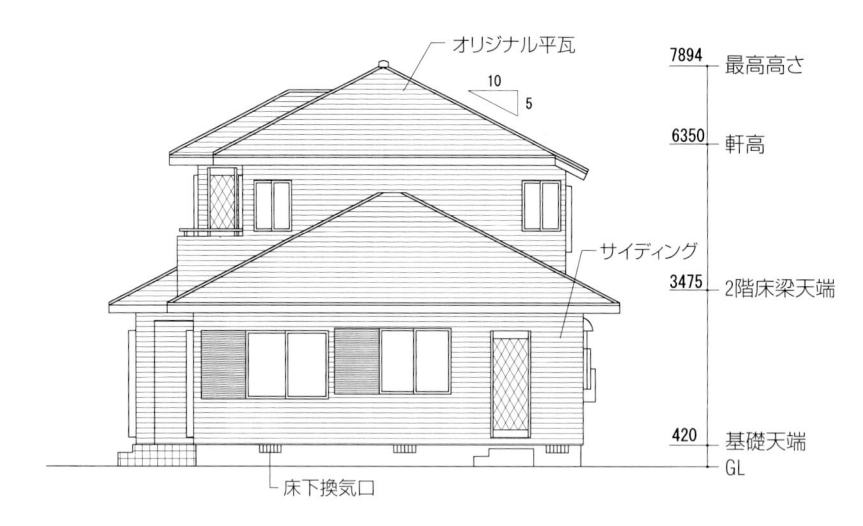

14 序章　木造軸組構法とは

東立面図　1/150

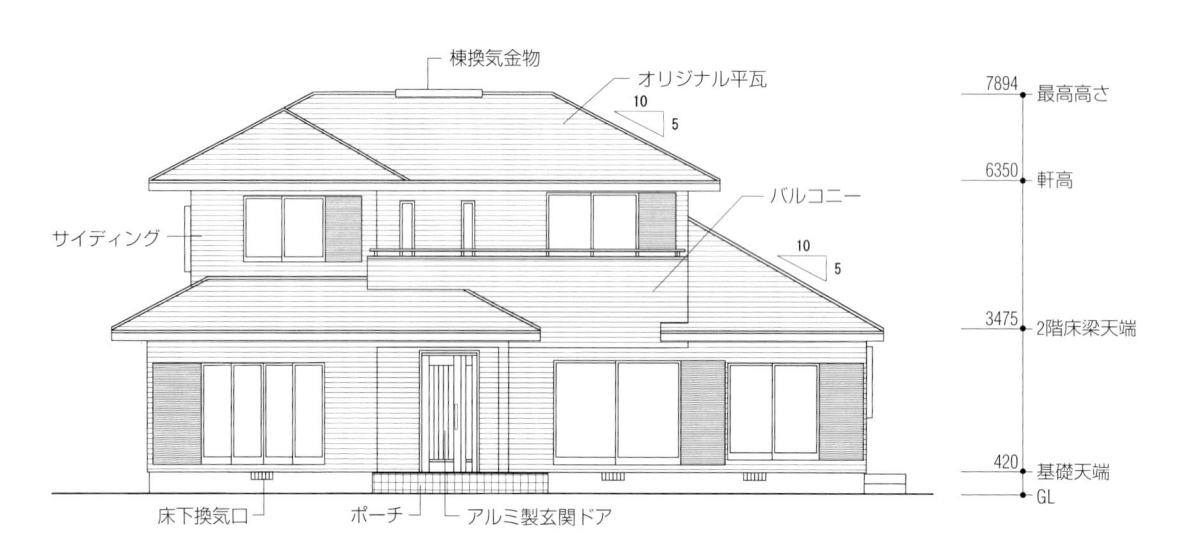

南立面図　1/150

序・3 モデル現場の説明 **15**

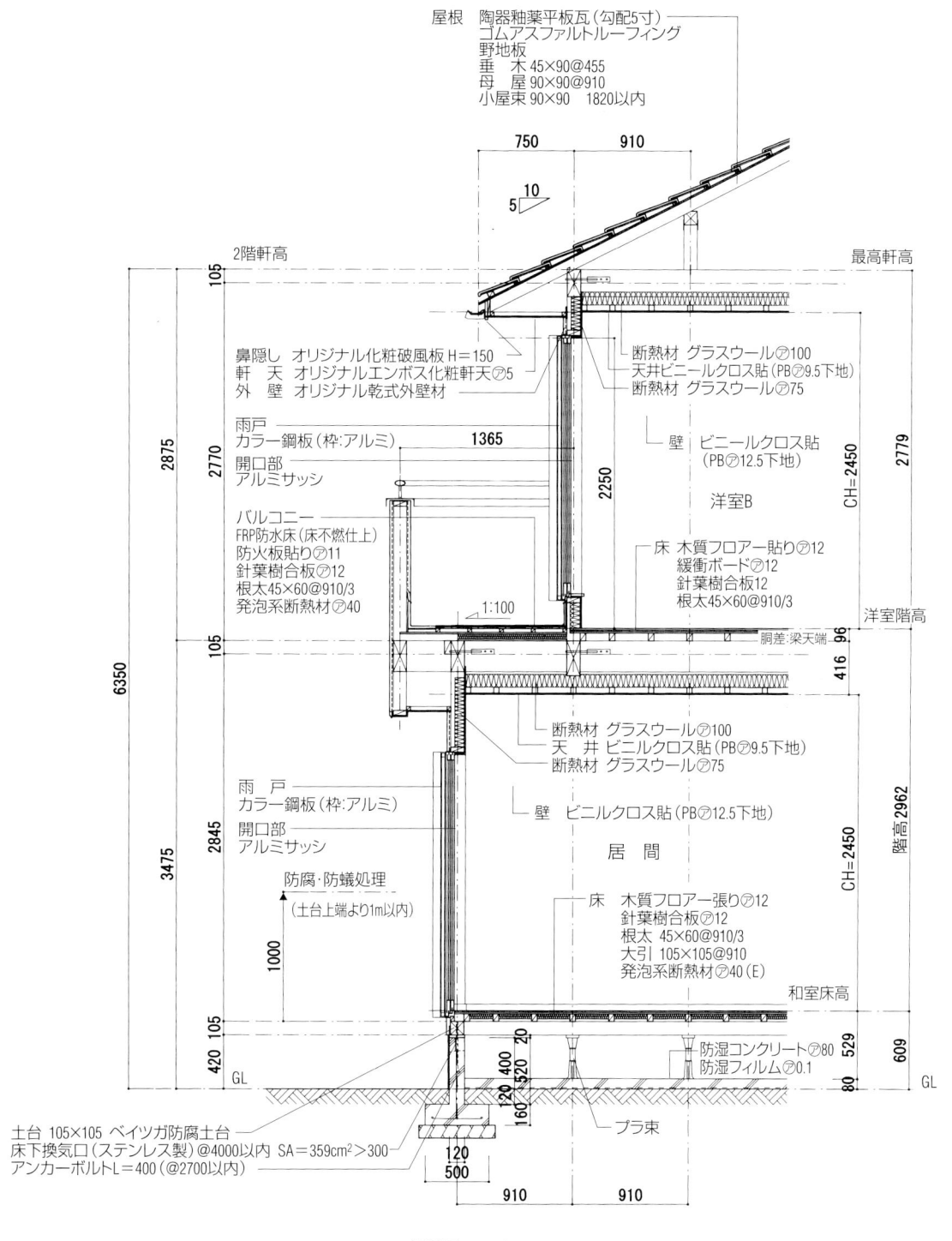

屋根　陶器釉薬平板瓦（勾配5寸）
　　　ゴムアスファルトルーフィング
　　　野地板
垂　木 45×90@455
母　屋 90×90@910
小屋束 90×90　1820以内

2階軒高　　　　　　　　　　最高軒高

鼻隠し　オリジナル化粧破風板 H＝150
軒　天　オリジナルエンボス化粧軒天⑦5
外　壁　オリジナル乾式外壁材

断熱材　グラスウール⑦100
天井ビニールクロス貼（PB⑦9.5下地）
断熱材　グラスウール⑦75

雨戸　カラー鋼板（枠：アルミ）
開口部　アルミサッシ

壁　ビニールクロス貼
　　（PB⑦12.5下地）
洋室B

バルコニー
FRP防水床（床不燃仕上）
防火板貼り⑦11
針葉樹合板⑦12
根太 45×60@910/3
発泡系断熱材⑦40

床　木質フロアー貼り⑦12
　　緩衝ボード⑦12
　　針葉樹合板12
　　根太 45×60@910/3

洋室階高

胴差・梁天端

断熱材　グラスウール⑦100
天　井　ビニルクロス貼（PB⑦9.5下地）
断熱材　グラスウール⑦75

雨　戸　カラー鋼板（枠：アルミ）
開口部　アルミサッシ

壁　ビニルクロス貼（PB⑦12.5下地）

居　間

防腐・防蟻処理
（土台上端より1m以内）

床　木質フロアー張り⑦12
　　針葉樹合板⑦12
　　根太 45×60@910/3
　　大引 105×105@910
　　発泡系断熱材⑦40（E）

和室床高

防湿コンクリート⑦80
防湿フィルム⑦0.1

GL　　　　　　　　　　　　　　　GL

土台 105×105 ベイツガ防腐土台
床下換気口（ステンレス製）@4000以内 SA＝359cm²＞300
アンカーボルト L＝400（@2700以内）

プラ束

矩計図　1/50

16　序章　木造軸組構法とは

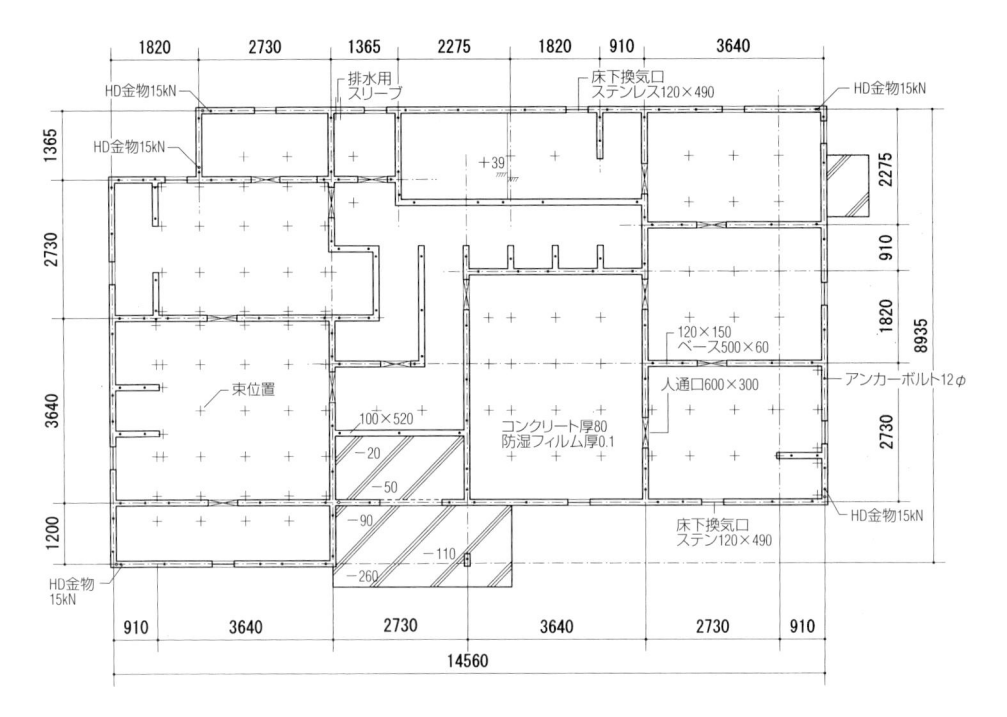

基礎伏図　1/150

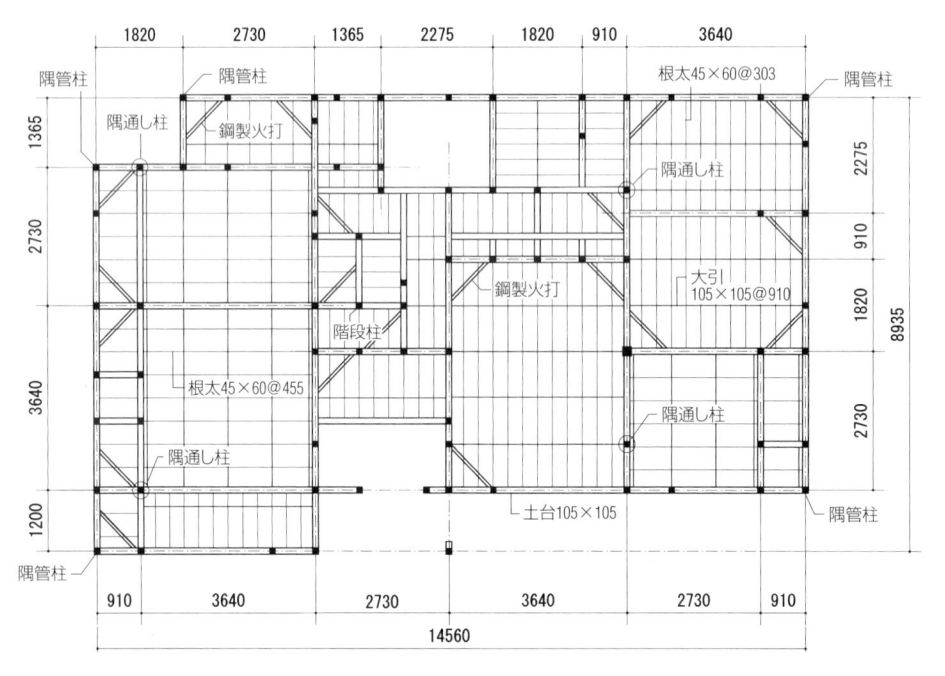

1階床伏図　1/150

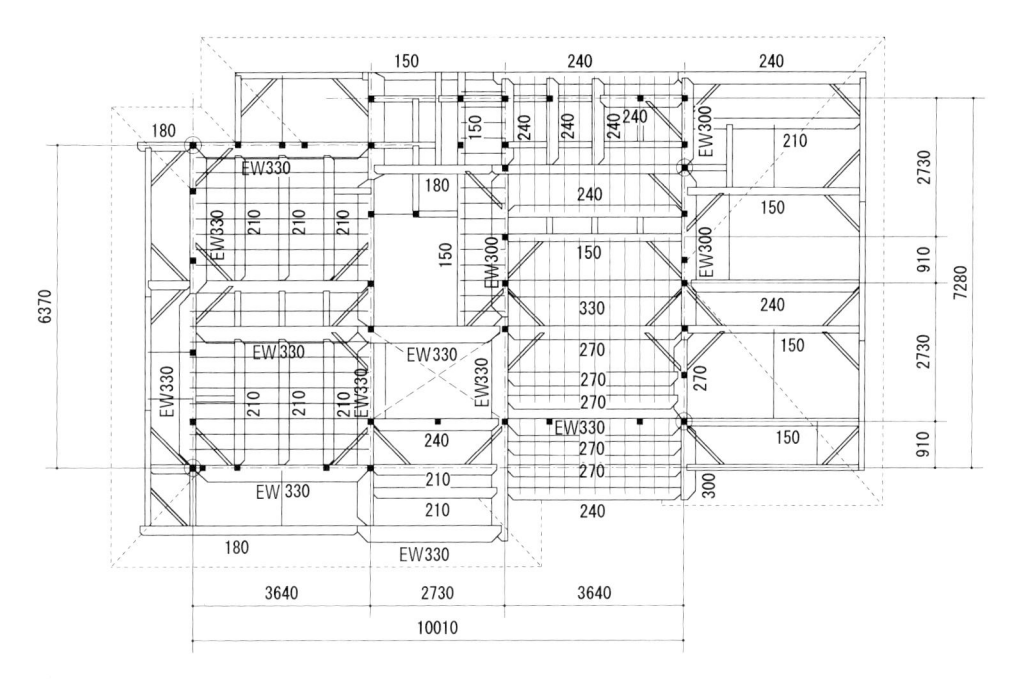

序・3 モデル現場の説明 17

2階床伏図　1/150

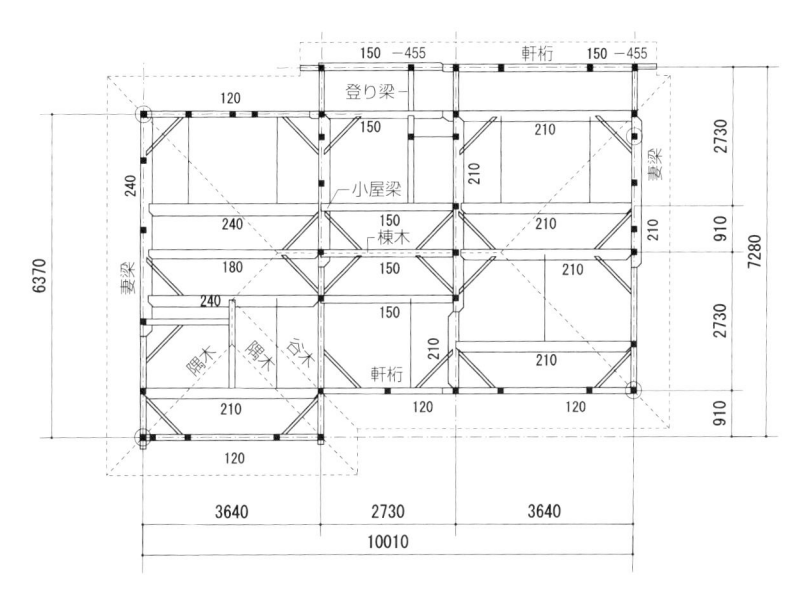

小屋伏図　1/150

第1章

着工準備

1・1　現地調査	20
1・2　法規の確認	22
1・3　設計から工事までの概要	24

1・1 現地調査

施主と請負者の間に契約が取り交わされると，請負者は，速やかに工事着工準備にかかる。工事を実施するには，請負者は，まず施工業務を遂行する担当者を決める。その後は，その担当者を中心に工事が取り進められることになる。現場担当者の役割は，確実に目的の建築物を完成させることにある。以下に把握しておかなければならない基本的事項を述べる。

1・1・1 敷地調査

工事実施に当たって，現場担当者がまず実施しなければならないのは，設計内容の把握および敷地とその周辺の状況の調査である。ここでは現地調査の要点を述べる。

(1) 敷地境界線の照合と確認

隣地および道路との境界線については，現地に埋設されている境界標識によって確認する。敷地の形状，寸法，方位などは，基本的には，設計時点において調査されまとめられているはずであるが，改めて関係者の立ち会いを求め，境界標識・境界杭などの再確認を行う。

図1・1 境界杭

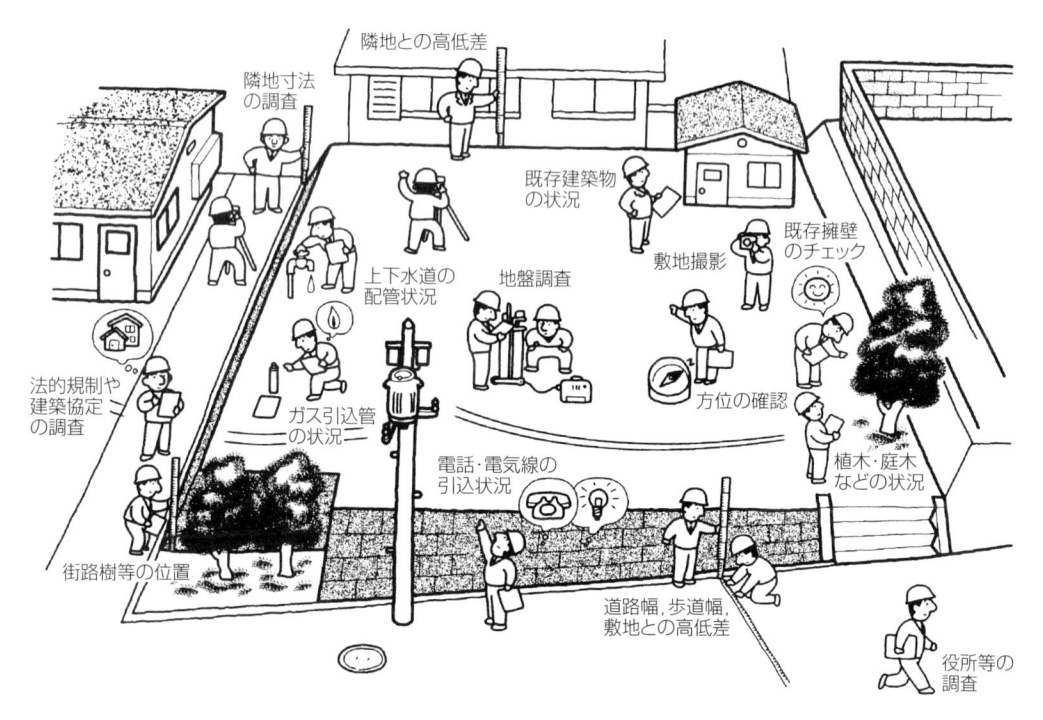

図1・2 敷地調査のポイント（設計段階等の事前調査を含む）

(2) 敷地現況と地盤の調査

宅地造成用の石積みが建築の基礎工事に支障がないか，あるいは浄化槽などの予定される埋設物の設置に支障がないかの確認を行うとともに，ガス管，水道管，汚水・雨水のマンホール位置を確認する。

次に，地盤面の平坦さを確認し，基準高さ位置を決定する。

地盤の支持力の調査は，一般的には，設計着手前に行われ，そのデータを用いて設計が行われているが，その行為が行われていない場合は，設計者などと打合せの上調査する。

(3) 交通事情および搬入経路の調査

工事現場には，多数の職種がトラックを使って資材の搬入を行う。作業のために自動車で通ってくることも多い。そのための案内図を作成するとともに，通行可能な車両の大きさなどの道路状況を把握し，関係者に伝達しておく。近隣とのトラブルや違法駐車を避けるためにも，駐車場の状況を確認しておく必要がある。

1・1・2 地盤調査

表面がごく普通に見える敷地でも，その地盤の状況は様々である。適切な住宅の設計には，正しい基礎の設計が不可欠であり，そのためには，適正な地盤調査が必要となる。特に，次に掲げる条件がいくつか重なっている場合には，地盤調査は必ず実施すべきである。

① 事前調査や敷地調査の際に，地盤が要注意であるとされた場合。
② 切土・盛土のある造成地，および擁壁工事による盛土敷地の場合。
③ 敷地が以前に水田などであった場合や，近隣に水田などがある場合。
④ 1km程度の圏内に，河川・池・沼・用水路などがあり，それらと標高差がない場合。
⑤ 軟弱地盤地域と指定されている場合。
⑥ 施主が地盤に不安を感じている場合。

地盤調査の方法には，コーンペネトロメータのようなきわめて簡易な方法と，標準貫入試験のような大がかりなものまで数多くある。コーンペネトロメータ式では人力で押し込む程度の力しか加えられないので，水田であった所のような軟らかい地盤でしか使えない。

標準貫入試験は，住宅レベルの建築には大げさすぎ，費用もかかる。比較的小規模の建物に使用する地盤調査法としては，スウェーデン式サウンディング試験（通称，ＳＳ試験）が，一般的に用いられている。ＳＳ試験は，操作が比較的簡易な反面，地中に障害物があると貫入不能となる。障害物にあたった場合は，位置を変えて行うなどの対処が必要である。

ＳＳ試験による地盤調査を行う箇所は，200㎡程度の敷地であれば，5～6箇所が標準である。

図1・3 ＳＳ試験機械

1・2 法規の確認

1・2・1 法的制限

建築基準法は建築物に関する最低限の基準を定めている法律であり，これらの事項を遵守するための法規上のチェックを行う。

(1) 用途地域

用途地域は，都市計画区域内において雑多の建物が混在するのを防ぐために，地域ごとに住居系，商業系，工業系などに区分し，都市を円滑に機能させることを目的とし，主として建物の用途と規模を規制している。計画区域外では用途などの指定はなされない。用途地域の指定と合わせて，高度地区，防火地区，風致地区などの指定がある。

住居系用途地域は，以下の7つに分類されている。

　イ．第1種低層住居専用地域
　ロ．第2種低層住居専用地域
　ハ．第1種中高層住居専用地域
　ニ．第2種中高層住居専用地域
　ホ．第1種住居地域
　ヘ．第2種住居地域
　ト．準住居地域

また，商業系・工業系用途地域には次のものがある

　イ．商業地域
　ロ．近隣商業地域
　ハ．準工業地域
　ニ．工業地域
　ホ．工業専用地域

(2) 建ぺい率

建ぺい率とは，敷地面積に対する建てられる建築の投影面積の割合を指定したものである。建築基準法では，用途地域ごとにその割合の範囲を指定し，具体的な許容値は地方の条令によって地域ごとに決められている。

(3) 容積率

容積率とは，床面積の総和（各階の床面積の合計）を敷地面積で割った値を示す。たとえば，敷地面積の半分を使って1・2階とも同じ床面積とした建物の容積率は100％になる。具体的な許容値は，建ぺい率と同様に地域ごとに定め

A：敷地面積
B：建物水平投影面積

・建ぺい率(％) = $\dfrac{B}{A} \times 100$
・用途地域により建ぺい率の許容値が異なる

(a) 建ぺい率の制限

$C+D$：建物延床面積
A：敷地面積

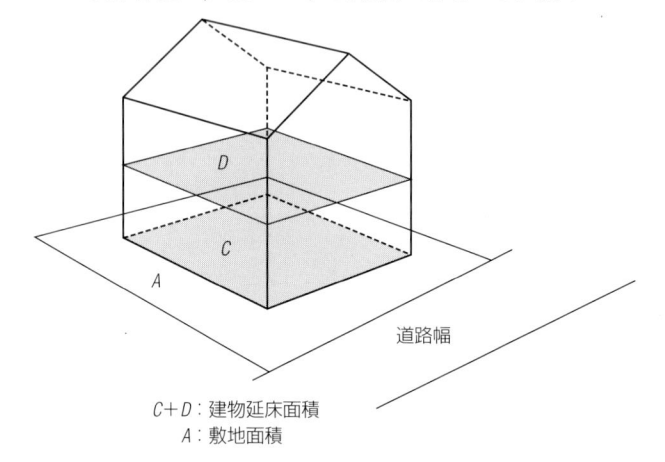

・容積率(％) = $\dfrac{C+D}{A} \times 100$
・用途地域により容積率の許容値が異なる

(b) 容積率の制限

図1・4　建ぺい率・容積率の制限

られている。容積率の算出で注意を払う必要があるのは，前面道路の幅員である。

(4) 斜線制限

建築物の高さの制限には様々なものがあるが，住居系の用途地域では厳しい制限が課せられている。前面道路からの斜線制限，北側隣地からの斜線制限などである。

(5) 居室の有効採光面積

住宅の居室では，その採光は自然採光によるものとし，それぞれの居室の床面積に対して一定割合（1／7以上）の採光上有効な開口部を設ける必要がある。

この有効採光面積を算出するためには，居室の床面積，窓の位置と面積，隣地境界線からの距離，開口部の中心から真上にある建築物の部分までの垂直距離，採光補正係数などが関係してくる。

1・2・2 モデル現場における法規上のチェック

(1) 用途地域等の確認

防火地域：無指定
斜線制限　道路斜線 1：1.5
北側斜線：なし
容積率：400％地区
高度地区指定：無指定

(2) 建ぺい率

建ぺい率の限度：70％
建ぺい率
　＝建築面積／敷地面積
　＝118.87／515.58
　＝23.06％≦70％（OK）

(3) 容積率

モデル現場は，都市計画区域外で無指定であった。無指定地域での容積率の限度は400％とする。一般的な住宅地では，80〜200％程度である。

指定：容積率の限度＝400％

ただし，建築基準法第52条1のただし書きにより，道路幅4.1mの4割に当たる164％が容積率の限度となる。よって，164％が限度である。

容積率
　＝延べ床面積／敷地面積
　＝174.93／515.58
　＝33.93％≦164％（OK）

(4) 斜線制限

道路斜線

4.44m（建物近接部での道路幅）×1.5＝6.6m≧6.35m（OK）（2階基準軒高でチェック）*

モデル現場は高度地区などの指定がなく，斜線制限が緩いが，一般的には北側斜線などの制限が厳しくなる。

(5) 居室の採光面積

モデル現場は，東側の隣地には山を背負っているが，敷地は平坦である。接する道路との高低差もほとんどない。敷地面積も500m²を超え今回計画の建物には十分な広さであり，建物周囲にも十分な空間を確保でき，居室の面積に対し十分な割合の開口面積が設けられるので日照，採光，通風に問題はない。

たとえば，食堂は10.3m²であり，必要な採光有効開口面積は，10.3×1／7＝1.47m²である。

食堂の採光に有効な開口面積は東側の窓の1.92m²である。

　　1.47≦1.92（OK）

換気設備についてもチェックが必要である。モデル現場では台所のガスコンロ壁面上方には換気扇を取り付け，勝手口のサッシは，下部に外気取り入れのためのガラリを付けたものになっている。

(6) 構造・仕上げ

防火地域・準防火地域の指定のない地域であるので，木造軸組2階建住宅を建設することに

＊　建物が前面道路より後退している場合は，緩和規定がある。

ついて問題はない。

屋根は不燃材で葺かなければならない地域ではないが，建物の重厚感から，釉薬瓦を採用した。

便所については，公共下水道が整備されていない区域であるので，し尿浄化槽を設置し，水洗便所とした（法第31条）。

裸火を使用する台所の天井・壁面は，室内面を防火処理するべき場所に該当する。これらの仕上げ材は，不燃材料または準不燃材料で仕上げる（法第35条の２，令第128条の４・４）。

1・2・3　法的手続き

(1)　確認申請手続き

建築物を建築しようとする場合は，建築工事に着手する前に建築確認申請書に必要な図面を添付して，建築主事または民間の確認機関の確認を受け，確認済証の交付を受ける（建築基準法第６条，６条の二）。添付図面の種類，明示すべき事項は（建築基準法施行規則第１条，国土交通省令）による。

建築基準法第６条第１項の規定による

確　認　済　証

第H11認建山士○○○○○○号
平成11年○月○日

○○○○殿

建築主事　○○○○

下記による確認申請書に記載の計画は，建築基準法第６条第１項（建築基準法第６条の３第１項の規定により読み替えて適用される同法第６条第１項）の建築基準関係規定に適合していることを証明する。

記

1. 申請年月日　　平成11年 ○ 月 ○ 日
2. 建築場所，設置場所又は築造場所
　　○○郡○○○○町△△△字○○
3. 建築物，建築設備若しくは工作物又はその部分の概要
　(1) 建築物の名称
　(2) 主要用途　　08010一戸建ての住宅
　(3) 工事種別　　新築
　(4) 延べ面積（建築物全体）　a. 申請部分　174.93m²
　　b. 申請以外の部分
　　c. 合計　174.93m²
　(5) 申請棟数　1棟
　(6) 主たる建築物の構造　木造
　(7) 主たる建築物の階数　地階を除く階数（地上階数）　2階
　　地階の階数　0階

（注意）この証は，大切に保存しておいてください。

受付番号　H11確建○○○○○○○○

図1・5　建築確認済証

一般の木造住宅では，付近見取図，配置図，各階平面図を添付し，し尿浄化槽の見取図に必要事項を記載する。

確認申請図書は，その建物が法律ならびにそれに基づく省令および条令の規定に適合するものであることを事前に確認するためのものであり，建築計画の内容を判断するにたる設計の概要を描き表した図面である。

モデル現場工事のように，住宅金融公庫融資住宅の場合は，定められた事項を考慮して設計図書を作成し，確認申請書に添付する。

1・3　設計から工事までの概要

1・3・1　施工計画

建築物を契約内容に従い，適切な価格で，迅速かつ確実に完成させるためには，何よりもまず施工の順序・方法を合理的に計画し，これを着実に実施することが大切である。施工計画は，仮設工事から始まって，土工事，基礎工事，そして建て方作業から始まる木工事と，順序よく計画する。

一般的には，モデル現場程度の規模の木造住宅では，各工事の施工計画を習慣的な打合せ程度ですませ，日常的流れで作業を進めている場合が多い。このようなやり方は，確かに経験的に大きな間違いは起こらないし，仮に段取りがうまく行かず，工程上のトラブルが起きても，後工程を順送りにすることによって最後は完成に辿り着いている。すなわち，終わりよければ全てよしということが多い。

しかし，実際には目に見えない無駄な経費が

かかっているのである。また，協力者にも工事の手戻りや現場に出向くことが無駄になるなどの弊害が生じる。正確な工程管理は，顧客に高い品質の住宅を提供するための原点であり，同時に利益を生み出すための基本であると心得るべきであろう。

1・3・2 工 程 計 画

(1) 日程の設定

住宅工事において，工程は，引き渡しの日から決まる場合が多い。新しい住宅で新年を迎えたいという希望や新学期に間に合わせたいというような要望が施主から出されるからである。一方，契約から始まる事前準備，確認申請業務や融資の確定などによって，着手可能な日が確定する。さらに，引き渡し前の作業などの日程を考慮して，工事完成日を設定し，その範囲の中で合理的な工程を組む必要がある。木造住宅の様々な職種の工事別作業量は，木工事を除いてほとんど少量であり，その職種も多岐にわたっている。したがって，一つの作業から次の作業へつなぐ日程のロスを確実になくすことが最も重要である。

作成された工程表に合わせて，資材の手配，各職方との取り決めや手配を滞りなく行う。一方，施主との連携を密にとり，設計段階で決められていなかったことの決定や設計変更の有無を事前に把握していくことも肝要である。

工事の進捗に対しては厳しい工程を組まなくてはならないが，一方で建築工事は，季節と天候の影響をきわめて受けやすい。特に屋外工事は，6月の梅雨期，台風の時期，厳寒期などの季節的要因の影響が大きく，また，月のうち何日間は雨の影響を受ける。また，作業が可能な時間も季節によって異なる。最近は，近隣への影響が大きい夜間の作業や休日の作業は，できないことが多い。

(2) 工程表の作成

工程計画は行程表で表す。工程表の形式には，表示方法によって，横線式工程表，グラフ式工程表，ネットワーク工程表などがあるが，木造住宅では横線式工程表が多く用いられる。

(3) 検 査

木造住宅の工事を進める中で，必ず行われなければならないのは中間検査である。この検査は，検査者の立場によって検査対象部位や検査方法が異なるが，ここでは，工事管理者として基本的に行わなければならない項目を取り上げる。

現場検査は，建築基準法，住宅金融公庫融資制度，住宅保証機構の住宅保証制度，住宅の品質確保の促進等に関する法律，それぞれの地域における制度など，法令や制度に基づいて行われ，それぞれが検査方法と報告の様式を定めている。しかし，その内容は重複するものも多く，個々の工事管理者が適切な管理を行っていれば，比較的合理的に進めることができる。具体的な検査は，それぞれの企業が定めている現場検査チェックリストなどを用いて行うのが合理的である。

中間検査以外にも，各工程ごとに検査が行われる。その内容は様々であるが，次のような方法が基本となる。

① 目視
   実物を目視やそれに準じる方法（ビデオ・写真など）によって確認する。
② 計測
   スケールなどを用いて，寸法を測る。
③ 施工報告書等の確認
   建築工事に携わる関係者の作成した報告書などによって確認する。
④ その他資料による確認
   工事写真，資材受け入れ伝票などの書類によって確認する。

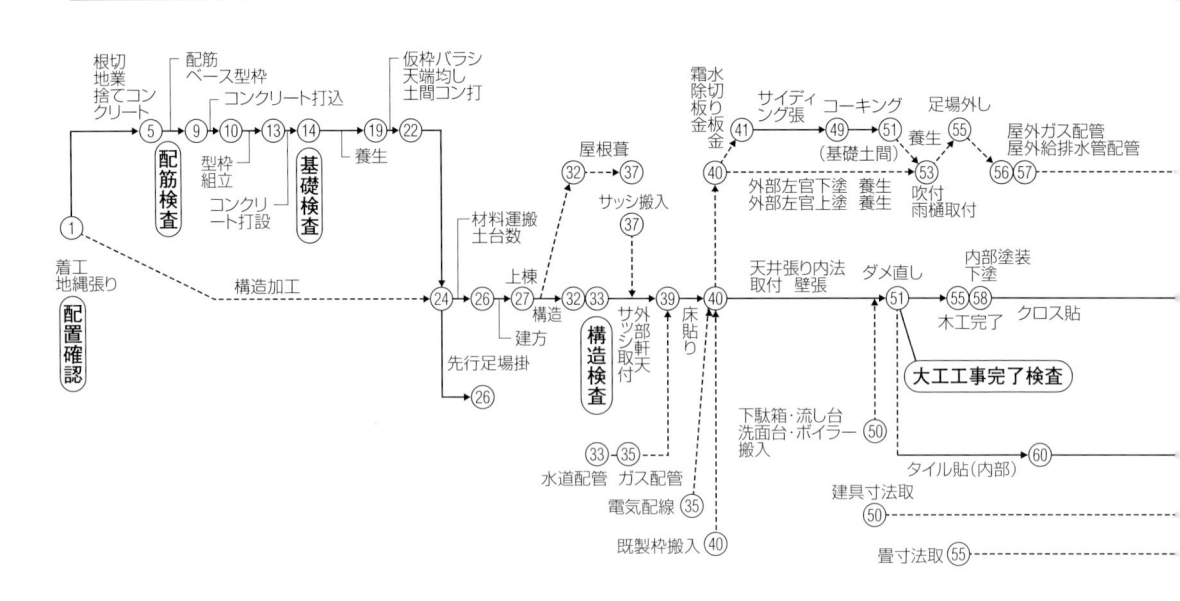

26　第1章　着工準備

仮設看板
仮設電気
仮設水道

〔工程表〕

- 着工 地縄張り ①　配置確認
- 根切 地業 捨てコンクリート ⑤
- 配筋 ベース型枠 ⑨　配筋検査
- 型枠組立 ⑩
- コンクリート打込 ⑬　コンクリート打設
- 天端均し 土間コン打 ⑭　基礎検査
- 仮枠バラシ ⑲
- 養生 ㉒
- 構造加工
- 材料運搬 土台数 ㉔
- 上棟 ㉖ 構造 建方
- 先行足場掛
- ㉗ ㉜ ㉝ 構造検査 外部軒天サッシ取付
- 屋根葺 ㉜ ㉟
- サッシ搬入 ㊲
- 床貼り ㊴
- 水切板金 霜除金板 ㊵
- 水道配管 ㉝ ㉟ ガス配管
- 電気配線 ㉟
- 既製枠搬入 ㊵
- サイディング張 ㊶
- 外部左官下塗 外部左官上塗
- コーキング ㊽ ㊼
- 養生 養生
- 吹付雨樋取付 ㊽
- 足場外し ㊼
- 養生 ㊼
- 下駄箱・流し台 洗面台・ボイラー 搬入
- 天井張り内法取付 壁張 ㊴ ㊵
- ダメ直し ㊼
- 内部塗装下塗 ㊺ ㊽
- 木工完了 ㊺
- クロス貼
- 大工工事完了検査
- 建具寸法取 ㊿
- タイル貼(内部) ㊿ ⑥⓪
- 畳寸法取 ㊺
- 屋外ガス配管 屋外給排水管配管 ㊺ ㊻

30　　　60

● 基礎型枠・配筋
● 上棟
● 給排水工事
● 基礎完成
● 断熱施工
● 内部木工事

図1・6　工程表

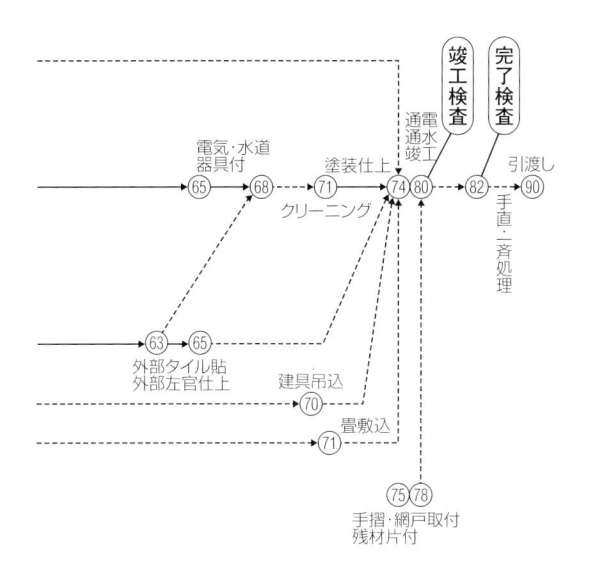

1・3・3 工事実行予算

　木造住宅を施工する会社は，一つの企業である以上，その大小や経営形態を問わず，適正な原価管理を行うことは当然である。

　契約に当たって，施主に提出する見積りの作成は，工事受注前に原価計算を行い，いくらで受注すべきかの判断材料とする。これに対し実行予算と呼ばれるものは，定まった受注金額に各工事項目の金額を割り付けて，最終利益金額を確定させるものである。当初の見積りは，時間的余裕がなく不明確な部分も残されており，また，設計内容も十分な検討が行われていないまま積算されている場合も多い。実行予算編成に当たっては，これらの不明部分あるいは契約時に行われた約束事などを明らかにして，より正確な数量を算出する。

●検査・試験

●完成

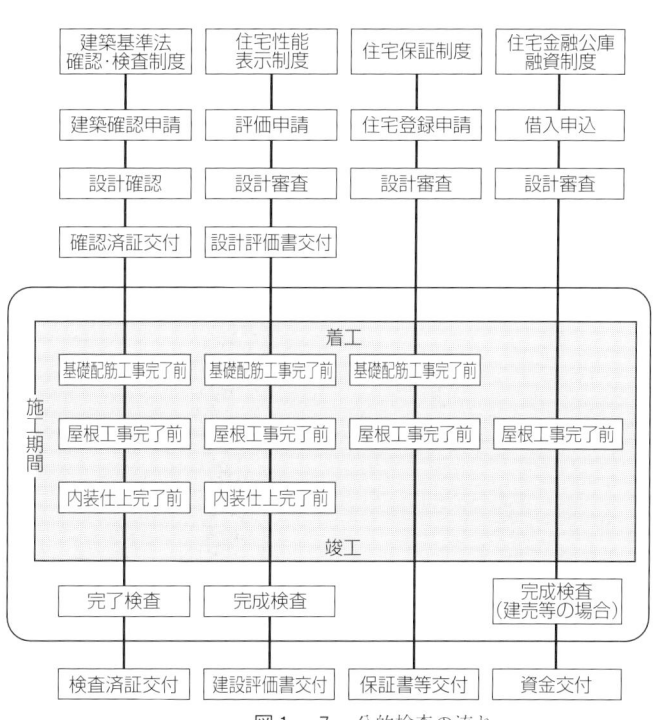

図1・7　公的検査の流れ

28 第1章 着工準備

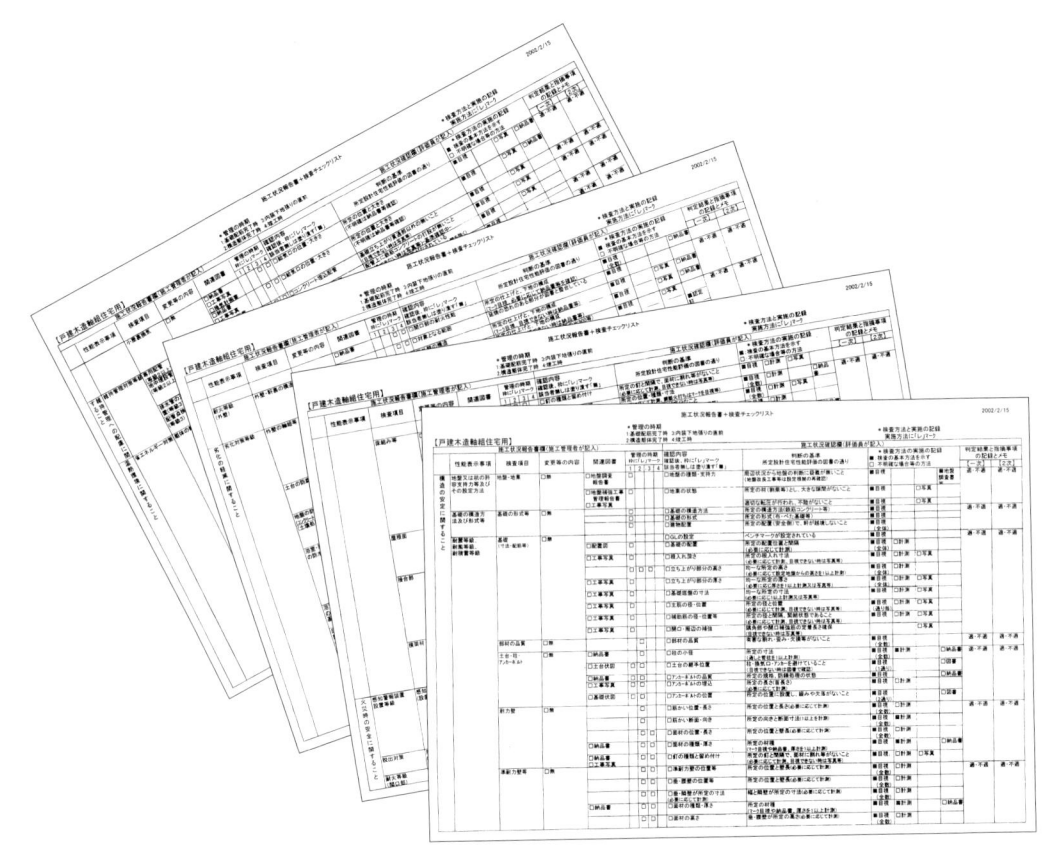

図1・8 現場検査のチェックリストの例

図1・9 実行予算書の例

第2章

仮設工事

2・1	仮設工事の概要	30
2・2	地縄張り・地鎮祭	32
2・3	水盛り遣り方	34
2・4	仮設給水・電気設備等	35
2・5	仮設建物等	36

2・1 仮設工事の概要

2・1・1 工事準備

仮設工事を行うに当たっては，まず，敷地の草刈りと整地を行い，地縄張りの準備をする。また，照明や動力源のための受電設備や，工事用給水設備を準備する。

仮設工事の内容は，一般には設計図に示されておらず，仕様書に若干の注意や要望が示されている程度であるので，敷地周辺の状況に応じて施工者が立案・計画して実施する。

住宅でない建築工事の仮設工事では，構造規模にもよるが，仮囲い，係員詰所，材料置き場，下小屋などの準備を行う。しかし，木造住宅の場合はこれらは省略することが多い。

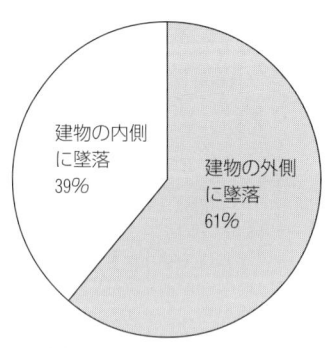

2・1・2 総合的安全対策

木造住宅の建築工事においては，依然として労働災害が多発しており，平成11年には，休業4日以上の死傷災害が建設工事全体の1／3以上を占め，死亡災害は，25％を占めている。

また，死亡災害の80％が墜落によるものである。高所作業で事故が発生した場合，重度の災害となる可能性がきわめて高い。このため，作業環境と安全設備の整備，安全な作業順序・作業方法の励行など，災害を未然に防ぐための安全対策が重要である。

(1) 安全対策のための工事計画

安全対策のため，次のような作業を行う。

① 敷地，周辺の道路，進入路，架線，ガス管などの状況について調査しておく。

② 作業実施工程表を作成し，各工程ごとの安全に関わる事項をチェックしておく。

③ 仮設備の配置と設置時期，材料の積み

(a) 墜落の方向別発生状況
- 建物の内側に墜落 39%
- 建物の外側に墜落 61%

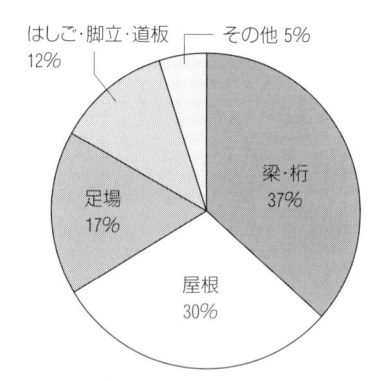

(b) 墜落の場所別発生状況
- はしご・脚立・道板 12%
- その他 5%
- 足場 17%
- 屋根 30%
- 梁・桁 37%

図2・1 災害統計

図2・2 工事中の表示板の列*
(*印は，モデル現場以外の写真です。)

置き場所，地組み場所などを決めておき，作業員に確実に伝えておく。
④ 近隣の居住者に，工事期間，作業時間，大型工事車両の運行予定，駐車・道路占有予定，振動・騒音対策，安全対策などについて説明しておく。

(2) 着工前の準備作業

工事着手に先立って，次のような作業を行う。
① 電線保護管の取り付け
　建物および足場が架線に近接している場合，または，移動式クレーンなどのワイヤロープ，吊り荷などが架線に接近する恐れのある場合は，前もって電力会社に依頼し防護管の取り付けを行っておく。
② 木造住宅の工事ではあまり用いないが，10m以上の高さの足場を設置する場合は，設置作業開始日の30日前までに，その計画の内容を所轄労働基準監督署長に届け出ておく。
③ 工事関係者以外の者が現場へ立ち入らないよう，仮囲いなどの禁止措置をとっておく。
④ 所定の表示・標識（確認済証，建設業許可証，労災保険関係成立票，作業主任者，安全標識，緊急時連絡先）などを掲げておく。

(3) 土工事・基礎工事における安全対策

土工事・基礎工事では，次のような安全対策が重要である。
① 車両系建設機械等は作業開始前点検を必ず行う。また，有資格者に作業を行わせる。
② バイブロランマーなどの機械により締め固め作業を行う場合は，2人の作業者により適正な使用方法で行う。

(4) 建方作業での安全対策

建方作業に当たっては，特に安全に留意しなくてはならない。クレーンの使用に関しては，次の項目を遵守する。

① ブームやワイヤロープが架線に接近しすぎないようにする。
② 木材に傷をつけないように，異常のないナイロンスリングなどを使用する。
③ ナイロンスリングは必ず2本吊りとし，吊り角度が約60度以内になるように掛ける。
④ 統一した合図を設定し，合図者の合図に従って運転する。
⑤ 荷を吊ったままで運転席を離れない。
⑥ 急旋回や急停止などを行わない。
⑦ 吊り荷の下に人を立ち入らせない。

道路上でクレーンの作業を行う場合には，作業中の標識または監視人を配置する。

(5) 足場等の設置時の安全対策

足場は，次のような点に留意して設置する。
① 高さ5m以上の足場の組立・解体および変更などの作業を行う場合は，労働安全衛生規則が定める有資格者である「足場の組立等作業主任者」を選任し，その者に必要な事項を行わせる。
② 足場の設置は建方前に行うことが望ましい（先行足場）。やむを得ず足場の仮設が建方後になる場合は，できるだけ速やかに行い，遅くとも，垂木の先端を切り揃える前に終了させる。
③ 足場には最大積載荷重を表示する。
④ 屋根勾配が5寸を超える場合，あるいは滑りやすい屋根下地材の場合は，屋根足場を設ける。
⑤ 足場の外側には養生シートを取り付ける。
⑥ 足場をやむを得ず部分的に盛り替えたり，変更した場合は，作業終了後必ず復元しておく。
⑦ 足場の解体作業は，組立作業よりも危険な要素が多いため，十分な注意を払って行う。

32　第2章　仮設工事

(6) その他の作業

① 屋根足場を設けることができない場合，屋根上における作業時には安全帯を使用する。
② 高所作業は，手すりのある作業床上で行う。作業床の設置が困難な場合には，必ず安全帯を使用する。
③ はしご，脚立，うま足場などは適正なものを正しく使用する。
④ 台風時は当然のことであるが，強風下や，雨天の際には，建方作業は行わない。
⑤ 強風時には，資材の飛散を防ぐための措置を講ずる。

図2・3　草刈り*

2・2　地縄張り・地鎮祭

2・2・1　草刈り・整地

敷地に繁茂した雑草は，草刈り機などで刈り取り，かややつ蔦の根は掘り起こして，いずれも外部に搬出して処分する。

造成工事時に残された残材などがあれば整理し，不要な材は外部に搬出し処分しておく。その後敷地を平坦に地均しし，基準となる地盤を造っておく。また，既存のガス管・水道管は，本管との接続位置を確認し，適宜養生しておく。

改築工事の場合は，解体した既存建物の基礎や樹木その他の障害物，地下埋設物の上水道・下水道・ガス管などがあるので，着工前に行った現地調査の資料に従って，養生や配管の切回しなどの手配をする。

図2・4　地縄張り*

2・2・2　地縄張り

地縄張りとは，敷地上に建物の平面をひもなどを用いて実物大に描き出し，建物の位置を定めることをいう。作業は設計図の配置図・平面

図2・5　地鎮祭*

図に従って行う。本来は設計時点で十分に確認されている事項であるが，実際の現場では予想もしないことも起こりうるので，敷地上に建物の配置を描き終わった段階で，以下の点を再確認しておく。

(1) 施主との確認事項
① 設計図に従って地縄張りを行い，その位置で良いかどうかを現場で確認する。
② 隣地境界と建物位置との確認は，特に念を入れて行っておく。
③ 高さの基準となるベンチマークの設置を行い，道路から玄関までのアプローチに関わる高さの関係などを十分に説明しておく。

(2) 施工者としての確認事項
① 建物本体が敷地境界を越境することは考えられないであろうが，樋取り付け後の軒先，後付けバルコニー，小庇の先端などが，越境していないかどうかの確認を行う。勝手口などの出入り口のドアが開いた際の先端もチェックする。
② カーポートの設置が計画されている場合は，その位置を確認する。特に，掘り込みガレージなどの場合は，建物基礎との関係に注意を要する。
③ 埋設される付属設備との位置関係を確認する。特に，し尿浄化槽については，埋設工事時の余掘り寸法を含めて位置を検討しておく。
④ 隣家への影響を検討する。特に，換気扇の位置，クーラーの室外機の位置，給湯機の位置などを確認する。後のトラブルを避けるために，場合によっては位置を設計変更しておく。
⑤ やむを得ず敷地に対する配置の変更が起きた場合は，法規に決められている斜線制限などに抵触しないように，チェックしておく。

2・2・3 地鎮祭

地鎮祭は，建築工事における昔からの習わしの祭事で，建築に着手する前にその土地鎮守の神を祭り，工事の無事完成を祈る行事である。この地鎮祭は，施主の特別な依頼がない限り，神社の神主に司ってもらい，敷地の中央に祭壇を作る。

祭壇には，その地域の慣例に従って供え物（洗い米，塩，野菜，果物，するめ，尾頭付きの生魚，お神酒，水，榊など）を供えておく。これらの供え物は，本来は施主が用意するものであるが，請負者が代わりに用意するケースもある。最近の傾向としては，施主から神主に対して神饌料のほかに御供物料を渡してもらい，神主に用意してもらうことが多くなっている。

祭の進め方は，神主のおはらい，祝詞の奏上に続いて，工事関係者による玉串奉奠に移る。玉串奉奠は，施主，その家族，設計者，工事関係者の順で行うが，人数が多くなる場合はそれぞれの代表者とすることもある。最後に全員でお神酒と用意した酒で簡単なお祝いを行って終了するが，最近は，車の運転をする者が多いことから，地鎮祭後の宴席は省略する方向へ進みつつある。

地鎮祭の当日は，施主，設計者，施工関係者など，工事関係の大半が集まることから，敷地境界の再度の確認を行い，張ってある地縄をもとに建物の配置の確認や高さの基準点の確認を行っておく。その他，近隣へは簡単な手土産を用意して工事着手の挨拶に回り，工事中に迷惑をかけることのお詫びをするとともに，了解を取り付けておく。

2・3 水盛り遣り方

水盛り遣り方は，地縄張りに基づき，遣り方施工計画図，あるいは平面図，基礎伏図に描かれている内容を基礎工事に反映させるために設置する，基本的な作業である。

2・3・1 作業手順

(1) 水杭の設置

① 水杭は，建物の出隅部分の，地縄の外側おおよそ1mのところにまず打ち込む。同様に入隅部，基礎の交差部などにも，水杭を打ち込んでおく。

② 水貫を通りよく水杭に取り付けるために，隅の杭の根元にビニルひもを張って結び，これに沿って貫材を地盤上に置く。貫は，出隅の杭両端部から，継手の重ね長さを十分にとっておく。

③ ビニルひもを定規にして，貫の継手位置および1.8m内外の間隔で，水杭を地盤に十分に打ち込む。

(2) 水貫の取り付け

① 水杭を打ち込んだ後，基準の地盤面の位置を決める。

図2・6　水杭の打込み

図2・7　水貫の位置

図2・8　水貫の取り付け

図2・9　通り心の記入

② レベルなどの水準器を用いて，それぞれの水杭に水平墨を記す。この高さは，一般的には基礎の天端より10cm高い位置や，1階床の高さなどの，わかりやすい位置を採用しておく。

③ 高さの設定が終わったら，用意した水貫の天端を墨に合わせて釘で打ち付ける。また，水盛り遣り方の横揺れを防ぐために，筋かい貫を取り付けたり，控え材を取り付ける。

④ 水貫に通り心墨を記す。通り心墨の出し方は，まず建物の基準となる1辺A～Bを引き通す。次いで，トランシットなどの測量機器を用いて，それに直交するC～D辺を測り出す。次にスチールテープなどで，A～Bに平行する反対側の辺およびC～Dに平行する反対側の辺を出す。

⑤ 建物外周の4辺を移し終わったら，その4辺に水糸を張り，対角線の長さなどを測量し，水糸の直角を確認しておく。確認が終わったら，基礎交差部位置や基礎ベース幅などを測り出し，その他の必要な情報を水貫に記入しておく。

⑥ すべての墨出しを終えた後，境界線と建物の位置を再確認して水盛り遣り方作業を終了する。なお，根切りの際に使用する重機の進入口の水貫ははずし，開けておく。水盛り遣り方が衝撃を受けた際にわかるように，水杭の頂部は鋭角に切っておく。「いすか」に切るのが正式である。

図2・10 筋かい貫の取り付け

図2・11 対角線の長さの測量

2・4 仮設給水・電気設備等

2・4・1 仮設給水

工事着手に伴い，給水と電気の仮設設備を早めに手配し，工事の進捗に影響が出ないように

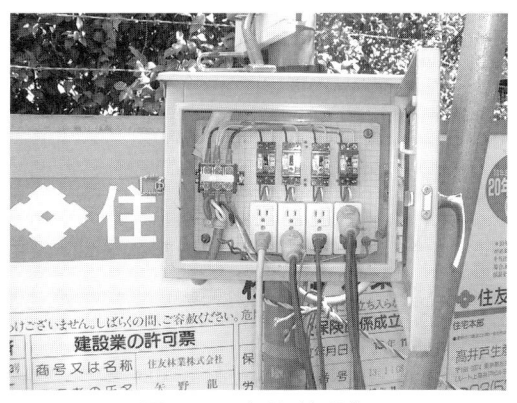

図2・12 仮設電気設備*

する。水は，基礎工事や左官工事に多量に用いられるが，そのほかに，手洗い用水，飲料水としても使用される。この仮設給水蛇口は，外部散水栓などに予定されている位置に配しておくとよい。

モデル現場は建て替え工事であったため，外部に既設の給水蛇口があり，仮設給水工事は行わなかった。一般的には，敷地内に引かれている給水分岐管より，必要な手続きを行って受水する。この手続きと仮設水道管の敷設は，本体工事の水道業者が行うことが多い。

2・4・2 仮設電気工事

近年は，電動工具を使用する作業が多いため，冬季の夕刻作業時の照明や湯沸かしのための電熱器の使用などを見込んで，余裕をもった使用量の申し込みを行い電力会社と契約する。仮設電力申請手続きと仮設電力設備の工事は，本体工事の電気業者が行うことが多い。

2・4・3 臨時通信設備

仮設電話の敷設を行うこともあったが，携帯電話の普及によりあまり重要視されなくなってきている。しかし，連絡事項が文字によって記録されるFAXの利用が増加しており，モデル現場でもFAXを設置して，工事手順の連絡や材料の手配などを行った。FAXは，聞き漏らしや数字の錯誤の防止，連絡したい相手が不在時の連絡手段の確保などに便利である。

臨時通信設備の工事も，仮設電気の施工業者に行わせるのが通例である。雨のかからない場所に設置するのは当然であるが，ほこりに対しての防護もしておくべきである。

2・5 仮設建物等

2・5・1 仮設便所

かつては，木造住宅程度の工事では，仮設便所を設置することはまれであったが，最近は社会的常識が変化し，近隣への配慮などから必須の項目となっている。

一般には，専門業者に依頼して設置し，工事途中での汚物搬出を含めたメンテナンス，工事完了時の搬出・清掃を条件に入れてレンタルすることが多い。

モデル現場では，敷地も広く，隣戸も離れていたので問題はなかったが，市街地など近隣との間隔が少ないところでは，臭気対策をするとともに，隣から見えにくいところに配置するなどの工夫をする。また，日常的に清掃を行い，衛生上問題ない状態を保つよう努めることも大切である。

図2・13 ユニット型仮設便所*

第3章

地業・基礎工事

3・1　地業・基礎の概要　　　　　　　　　38

3・2　地　　業　　　　　　　　　　　　40

3・3　基 礎 工 事　　　　　　　　　　　41

3・1 地業・基礎の概要

3・1・1 基礎構造の概要

　上部構造の荷重を地盤に伝え建築物を支える構造体が基礎であり，地盤が基礎を適切に支持することができるように手を施すことを地業という。2階建程度の木造住宅に通常用いられる基礎は，標準的な基礎と特殊基礎に分けられる。標準的な基礎については，平成12年6月の建築基準法の改正によって，3段階に分けた地盤の許容応力度に応じて基礎杭，べた基礎または布基礎の中から基礎構造を選択することになった（表3・1）。

　また最近は，布基礎の間に防湿コンクリートを打つことも多く，防湿基礎と呼ばれている。防湿基礎とべた基礎を同様のものとして扱うこともあるが，構造的には全く異なるものである。

　一方，特殊基礎と呼ばれるものは，次のような場合に採用される。

① 地盤（敷地）に高低差がある場合
② 地盤の支持層が深い場合
③ 既存の擁壁等がある場合
④ 建物の下にガレージや地下室を設けようとする場合

　基礎の設計は，建物の用途，地盤，敷地などの条件によって異なってくるが，日本建築学会編「小規模建築物基礎設計の手引き」を参考にするか，もしくは，先に述べた建築基準法に準じて設計し，定められたいくつかの標準的な基礎構造の中から選定する。

　また，基礎の断面形状も，建物の大きさあるいは重量，さらには地盤の許容応力度の大小によって基礎の底盤の幅の寸法が決まるようになった。定められた形状のうち，代表的な基礎の断面を図3・1に示す。

表3・1　地耐力と基礎の形

（令第38条，平成12年建設省告示第1347号）

地盤の長期に生ずる力に対する許容応力度（kN/m^2）	構造形式
20未満	基礎杭
20以上～30未満	基礎杭またはべた基礎
30以上	基礎杭，べた基礎または布基礎

表3・2　地耐力と布基礎の形

地盤の長期に生ずる力に対する許容応力度（kN/m^2）	底盤の幅（cm）		
	木造または鉄骨造その他これに類する重量の小さな建築物		その他の建築物
	平屋建	二階建	
30以上～50未満の場合	30	45	60
50以上～70未満の場合	24	36	45
70以上の場合	18	24	30

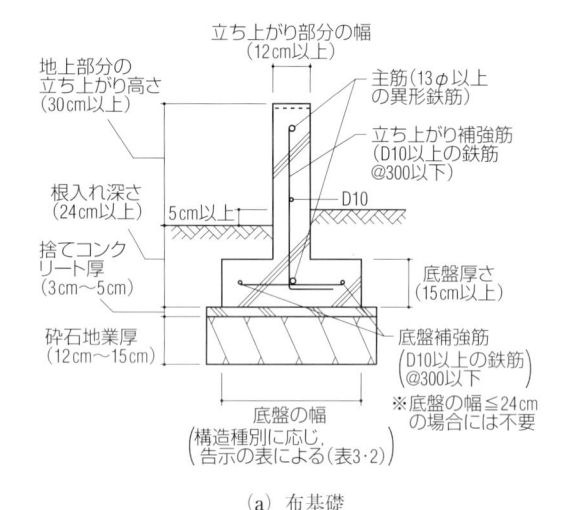

(a) 布基礎

(b) べた基礎

図3・1　代表的な基礎断面

3・1・2 特殊な地業

地盤調査によって期待するほどの地耐力が得られなく，場合によっては不同沈下の可能性がある地盤では，その状況に適した特殊な地業の採用を考える。一般的には，特殊な地業工法工法の選択は専門業者に任せることが多い。一方，採用された特殊地業の上に造られる基礎などの構造設計は，設計者が行う。特殊地業と基礎との関係を適切なものにするために，設計者あるいは工事担当者が専門業者の提案する工法をチェックする。

ここでは，各種の地業について，設計および施工上のチェックポイントを示しておく。

(1) 地盤改良工法

地盤の支持力を増すために，軟弱地盤そのものを改善することを，地盤改良工法という。振動を加えて地盤の間隙部分を締め固める工法や，薬液を注入する工法などがある。

① ＳＳ試験で自沈層が厚い地盤（地盤調査によって２ｍ以上あることが確認されている場合），あるいは圧密沈下の可能性がある地盤には採用しない。
② 廃棄物などで埋め立てられている地盤では採用しない。
③ 戸建住宅の場合は，面積などを勘案すると，建物全体をカバーするように，版状に採用するほうが望ましい。
④ 改良方法は，採用する予定の基礎形状に対応させて設計する。また，設計された改良範囲に確実に施工が行われていることを確認する。

(2) 杭打ち

基礎の接する地盤面の地耐力が十分でない場合には，杭地業が採用されることがある。杭打ちには，次のような施工方法がある。

① 打ち込み杭工法（図３・２）
② 埋め込み杭工法（プレボーリング根固め工法）（図３・３）
③ 回転圧入工法
④ 現場打ちコンクリート杭

戸建住宅規模の建物の杭としては，打ち込み杭工法か埋め込み杭工法が採用されるが，最近は，振動・騒音問題の理由から，埋め込み杭工法が主に用いられている。

杭頭部は，基礎に直接連結させないよう，捨てコンクリートの下に設置するか，あるいは，フーチングと杭頭の間に10～15cm程度の厚さの切り込み砂利または砂を敷く。また，杭頭には必ずふたをしておく。杭間の距離は，杭径2.5倍以上かつ76cm以上とする。杭を用いる場合には，基礎の配筋を

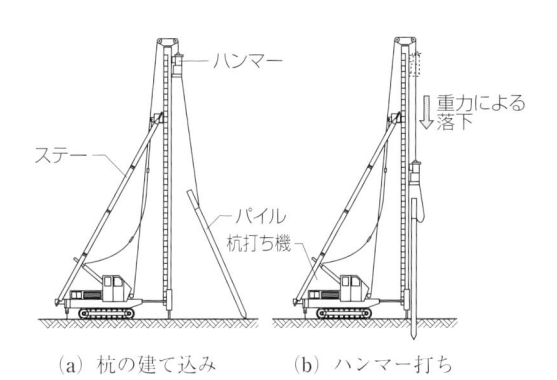

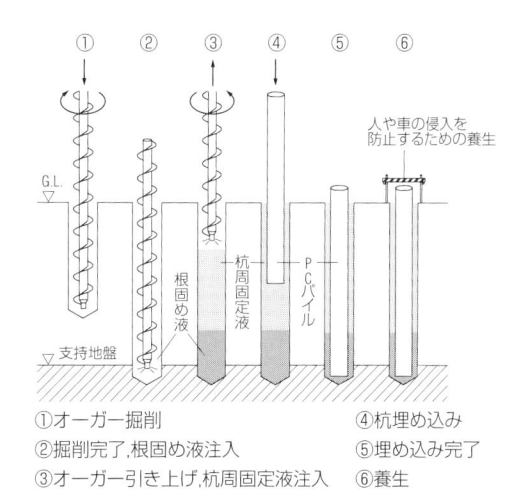

(a) 杭の建て込み　　(b) ハンマー打ち
図３・２　打ち込み杭工法

①オーガー掘削
②掘削完了，根固め液注入
③オーガー引き上げ，杭周固定液注入
④杭埋め込み
⑤埋め込み完了
⑥養生

図３・３　埋め込み杭工法

40 第3章 地業・基礎工事

十分に検討しておく。なお，杭打ちを必要とするような地盤の場合は，地盤の沈下などに配慮し，一階の床は，束立て床とはしない。

3・2 地　　業

地業は，基礎および上部構造を支えるために，地盤の支持力を整えたり高めたりする工事である。土壌の状況を的確に把握し，必要な仮設計画を行うとともに，地下水などの敷地条件を事前に把握し，安全確実に実施する。木造住宅の地業の主要部分は土工事である。

3・2・1 根　切　り

基礎を設ける部分の土を取り除く作業を根切りという。根切りを行うためには，その位置・形状を地表面に示さなくてはならない。そのため，水貫に打った墨に合わせて水糸を張り，その位置を地盤面に落とす。次に，根切り幅を地表面に明示して，根切り幅を正しく掘削する（図3・4）。根切り作業は，小型バックホウを用いるのが一般的である。床付けなどの根切り最終段階では，地盤を撹乱しないように角スコ

図3・4　根切り作業

図3・5　根切り作業

図3・6　根切り深さの確認

図3・7　砕石の敷き詰め

ップおよび「じょれん」などを用いる。一定の長さと深さに掘った状態で、水貫に張った水糸を参照し深さを確認する。レベルなどの測量機器を用いてもよい（図3・6）。

3・2・2 砕石地業（割栗地業）

砕石地業は、根切り底に砕石を敷き詰め、突き固めることによって地盤の支持力を増大させる工事である。所定の材料を用い、突き固め用の機械または機具を用いて行う。以前は、丸い形状の天然の石（玉石）をこば立てに敷き並べる玉石地業あるいは割栗地業と呼んでいたが、現在では砕石を用いるのが一般的である。

手順としては、砕石を根切り幅に合わせて所定の厚さに敷き並べた後に、平らに均す。砕石には、突き固めによって潰れたり破砕するようなものは用いない。突き固めは、バイブロランマーを用いることが多く、均一に締め固める（図3・7，3・8）。

3・2・3 捨てコンクリート

砕石地業や割栗地業の表面を固めるとともに、基礎の型枠の位置を定めるための墨出しをする面を作成するために、地業の表面にコンクリートを薄く流す。これを捨てコンクリートという。捨てコンクリートは、強度が求められるものではないが、基礎の型枠工事の基盤となるものであるから、丁寧に施工しなくてはならない。

3・3 基礎工事

3・3・1 墨出し

基礎を現場の所定の位置に正しく構築するために、捨てコンクリートの表面に墨出しを行う。墨出しは2段階に分けて行われる。第1段階の墨出しは、基礎のフーチングの型枠を組み立て

図3・8 砕石の突き固め

図3・9 捨てコンクリート

るために行われる準備作業である。作業は、遣り方の水貫に糸を張り、下げ振りで捨てコンクリート表面に位置を出し、フーチングの外側の位置を示す墨を打つ。

第2段階は、基礎立ち上がり部分のための墨出しで、フーチングのコンクリートの打設が終わった1〜2日後に行う。フーチング上面に、布基礎の立ち上がり部分の位置を示す作業である。水貫に打った基礎外面の印に糸を張り、その交点から下げ振りを用いて出隅の位置を求める。別の方法として、通り心に張る方法もあるが、鉄筋と交錯することが多く、基礎外面の位置の墨出しを行うほうが望ましい。

フーチングの上面に「印」した点を結んで，墨壺を用いて墨打ちをする。布基礎が連続していない部分については，巻き尺・スチールテープなどで布基礎の立ち上がり位置を出す。

3・3・2 鉄筋工事

(1) 鉄筋の役割

基礎に鉄筋を入れる主な目的は，引張り強度の乏しいコンクリートの補強である。また，鉄筋は，圧縮部材の補強，コンクリートの拘束，コンクリートのひび割れ防止などの役割ももっている。

図3・10 基礎の配筋

(2) 配筋基準

① 鉄筋のかぶり厚さ

鉄筋表面とこれを覆うコンクリート表面までの最短距離を，かぶり厚さという。基礎本体の耐久性，構造安全性を確保するために，建築基準法施行令等で，鉄筋コンク

図3・11 換気口回りの配筋

表3・3 かぶり厚さの基準 （単位mm）

部位			仕上げなし	仕上げあり
土に接しない部分	屋根スラブ 床スラブ 非耐力壁	屋内	30	20
		屋外	30	20
	柱 梁 耐力壁	屋内	30	30
		屋外	40	30
	擁壁		40	40
土に接する部分	柱・梁・床スラブ・耐力壁		40	40
	基礎・擁壁		60	60

図3・12 基礎の配筋

図3・13 ベース枠の設置

リート造の最小かぶり厚さが規定されている（表3・3）。

② 継手

現場に搬入された鉄筋を，引張り力が連続して伝わるように接合することを，継手という。鉄筋の継手は，原則として応力の集中する部分を避け，また，1箇所に集中しないようにする必要がある。木造の基礎では，一般にコンクリートの中で鉄筋を重複させる「重ね継手」が用いられる。鉄筋の周囲とコンクリートの付着力を利用して力を伝達させる仕組みであり，重ねる部分の長さが基準で定められている。

(3) 鉄筋の組立て

鉄筋は，所定の位置に正しく配筋し，結束線を用いて固定する。コンクリートを流し込む際に位置がずれないように，しっかりと止め付けなくてはならない。重ね継手の長さやかぶり厚さなど，配筋基準に従って正確に組み立てる。

フーチング部分に埋め込まれる鉄筋は，所定の位置に保持されるような十分な配慮が必要である。フーチング部分の型枠の開き止め桟木から結束線で吊るなどの方法が取られる。

立ち上がり部分の鉄筋は，立ち上がり部分の型枠工事の際に，適切な位置に保持する。

(4) 配筋検査

所定の位置に正しく配筋されていることを確認するために，配筋検査を行う。鉄筋工事は基礎の品質にとってきわめて重要であり，また，コンクリート打設後は見えなくなるため確認が困難であり，修正もきかないので，現場管理に課せられた責任は大きい。

3・3・3 型枠工事

布基礎を設計図どおりに構築するために，正確な型枠を設置しなくてはならない。基礎型枠の堰板には合板を用いることが多かったが，近

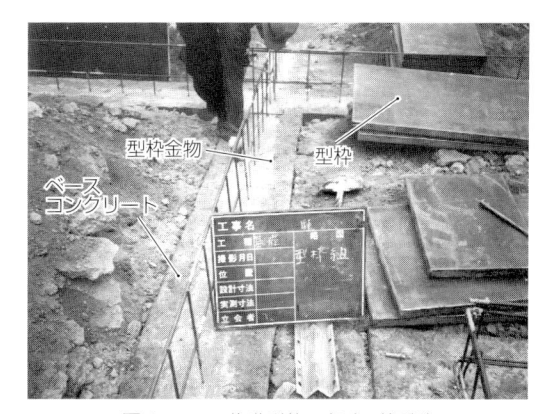

図3・14　基礎型枠の組立（鋼製）

図3・15　立ち上がり部分の型枠の組立

図3・16　開き止め桟木の取り付け

年は，システム化された鋼製の型枠を用いることもある（図3・14）。

(1) フーチングの型枠工事

捨てコンクリートの表面に打たれた墨に合わせて，フーチング用の型枠を設置する。型枠を保持するために，木杭や開き止めの桟木が用いられる。

(2) 立ち上がり部分の型枠工事

フーチングのコンクリートの上面に打たれた墨に合わせて，立ち上がり部分のための型枠を設置する（図3・15）。型枠の下端は，堰板に取り付けられた桟木の上からコンクリート釘を打ち込み，フーチングに固定する。下部の開き止めに，鋼板を用いることもある。

型枠の上端は，水貫に張った水糸によって，正しい位置に建て込まれているかを確認し，控えの木材などで固定する。上端部には開き止め桟木，中間部にはセパレータなどを用い，型枠の間隔が所定の厚さに保持されるようにする（図3・16）。

コンクリートの打設高さを示すために，水糸から一定の寸法だけ下がった位置の型枠の内側に，釘打ちなどをしておく。鋼製型枠の場合は，マグネット（磁石）を貼り付けて打設高さを決める。

立て込みの際には，型枠の中にゴミが混入していないよう注意を払う。

3・3・4 金物の取り付け

布基礎を施工する際には，アンカーボルト・ホールダウン金物・換気口用金物などを埋め込む必要がある。アンカーボルトは，基礎伏図を調べ，必要本数を用意しておく。

アンカーボルトは，先端にフックが付いたボルトで，所定の定着長さが取れるように布基礎に埋め込む。土台を締め付けたときに，ねじが2山以上ナットより突き出すように，埋め込む

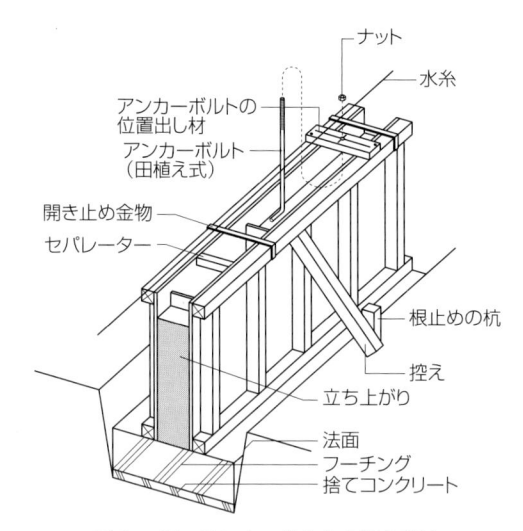

図3・17 アンカーボルトの取り付け

深さに留意する。アンカーボルトは，地震や台風の際に建物が基礎から外れてしまわないように緊結するための重要な金物であり，所定の性能を備えたものを使用することが肝要である。正確な位置に埋め込む必要があり，位置出し材を用いるなど，適切な取り付け方法を採用しなくてはならない（図3・17）。

ホールダウン金物（引き寄せ金物）は，阪神・淡路大震災以降，急速に普及してきた金物で，筋かいなどの耐力要素の脇の柱にかかる引き抜きへの対応として，柱と基礎を直接緊結するために用いられる。ホールダウン金物を取り付けるためには，取り付ける柱の位置に，専用のアンカーボルトを特に正確に埋め込んでおく必要がある。

換気口の取り付け位置には，換気口金物の寸法に合わせて，図3・18のような箱を型枠の内部に取り付ける。この際，換気口周辺を鉄筋で補強しておくことを忘れてはならない。最近は，布基礎に従来のような換気口を設けず，土台と基礎の間にパッキンなどを用いるケース（ねこ土台）も増えている。（図4・33参照）

3・3・5 コンクリート打設工事

(1) コンクリート打設準備

布基礎のコンクリートは，一般にはフーチング部分と立ち上がり部分の二度に分けて打設される。打設日程等の計画を立て，必要な資材・機材などを準備する。コンクリートは，設計強度に基づいた調合を指定し，生コン業者に発注することにより，ミキサー車（トラックアジテーター）で現場に搬入される。生コン業者は，JIS表示工場を選ぶようにする。

ポンプ圧送が行いやすいように，現場におけるポンプ車とミキサー車の横付け位置を決め，段取り変えなどの事態が起こらないように，十分な計画と作業打合せを行っておく。

ポンプ車を用いないシュートによるコンクリートの流し込みは，なるべく避けるべきであるが，その必要が出たときは，流す距離を可能な限り短くする。また，現場にミキサー車・ポンプ車を横付けすることができない場合は，手押し車（ネコ）と人員を確保する。さらに，手押し車の移動のしやすさを考慮し，型枠や鉄筋を損傷させないように，コンクリート打設用足場を設けておく。

(2) フーチングのコンクリート打設

型枠内に所定の高さまでコンクリートを打設する。突き棒で突いたり，型枠側面を木槌で叩くなどして，締め固めて密実なコンクリートになるようにする。上端は木鏝で均す。

(3) 立ち上がり部分のコンクリート打設

型枠の中のフーチング上に土砂・鋸くずなどのゴミがないことを確認し，必要な場合は清掃する。型枠に水分を吸収されると，強度不足のコンクリートになる危険性があるので，表面処理を施した型枠を採用できない場合は，型枠内部に散水し，水湿しを行う。打設計画に従い，釘などで「印」した高さまでコンクリートを打ち込む。突き棒で突いたり木槌を用いるなどし

図3・18 換気口の型枠

図3・19 立ち上がり部分のコンクリート打設

図3・20 基礎コンクリートの養生

て，コンクリートが型枠内部に十分回るよう締め固める。コンクリートが不足している部分には，すばやく補充し，全体が正しい高さになるよう木鏝で均す。

3・3・6　基礎コンクリートの養生

コンクリート打設後は，直射日光，急激な乾燥，直接の風雨などを避けるため，気候状況に応じて，シートなどを用いて養生する。養生の目的は，乾燥や凍結の防止，無用な振動によるひび割れの防止などである。直射日光や高温による乾燥を防止するためには，散水による養生，シートによる防風・遮光養生を行う。また，冬季の凍結防止にはシート養生を行い，コンクリートの温度が2℃以下にならないようにする。

コンクリートの硬化の初期段階に振動・衝撃が加わると，所定の強度が得られない危険性があるので，コンクリート打設後少なくとも一日程度は，型枠の上を歩行したり資材を載せることは避けるべきである。

3・3・7　型枠の取り外し

コンクリートが所定の強度に達した後に，型枠の取り外しを行う。基礎の型枠の存置期間は，気温15℃以上で3日間程度，5℃以上15℃未満

図3・21　型枠を取り外した基礎

図3・22　天端高さの確認

図3・23　コンクリート打設

図3・24　整　　　地

の場合は5日以上を目安とする。取り外しの作業は，組立とは逆の手順で行い，硬化中のコンクリートに振動を与えないように，丁寧に行う。

3・3・8　埋め戻し・整地

型枠の脱型後，型枠資材を場外に搬出し，打ち上がった基礎の回りを埋め戻す。また，敷地全体を平坦に均す。

3・3・9　基礎の天端均し

基礎上部の土台を載せる面を正確な高さに揃えるために，モルタルを用いて基礎の天端均しを行う。作業は，基礎全体が見通せる位置にレベルなどの測量機器を据えて行う。基礎上部の仕上がりの位置から一定の寸法だけ下がった位置に基準となる墨を打つが，これを返り墨出しという。「バカ棒」と呼ばれる木材に印を付け，定規として用いながら，レベルによって基礎側面の要所要所に墨で印を付け，返り墨を打つ。

天端均しモルタルが基礎コンクリートに十分付着するように，上面に付着しているレイタンスやゴミなどを丁寧に除去した後，水湿しを行って，均しモルタルを施工する。モルタル上部が正確な高さになるように，布基礎コンクリートの側面に定規板を当て，ガイドとする。定規板は，返り墨から測って正確な高さに上端がくるよう，はさみ金物で固定する。定規の間にモルタルを詰め，鏝を用いて丁寧に上面を仕上げる（図3・26）。

このような，従前より行われてきたモルタルによる天端均しに代わって，最近急激に普及してきたのがセルフレベリング剤による天端均しである。

この方法は，基礎コンクリート打設後直ちに行うが，順序としてまず，型枠の継手部分に隙間がないかの確認を行う。これはセルフレベリング剤の流失防止のためである。もし隙間があ

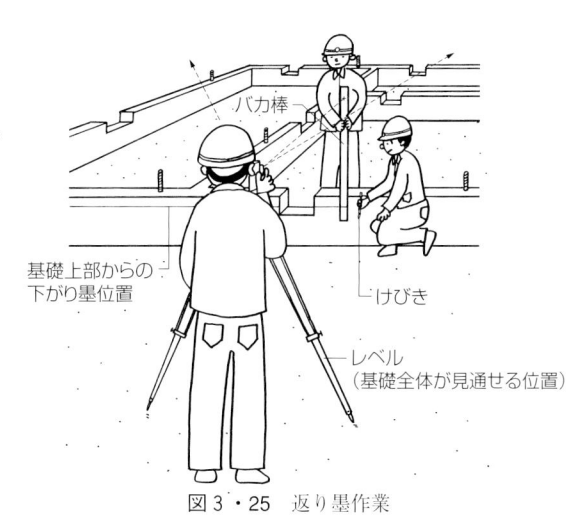

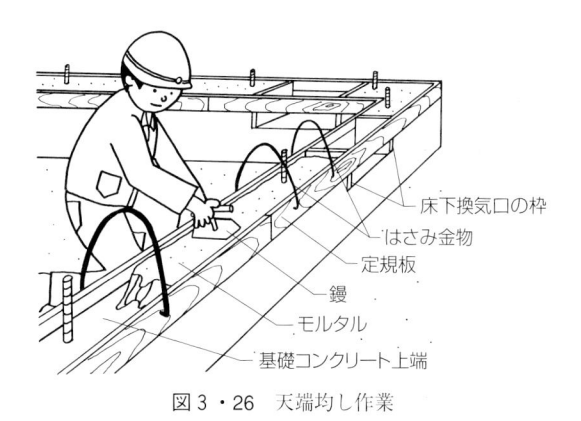

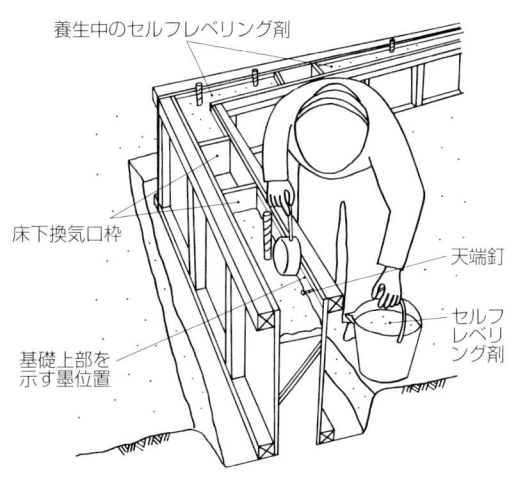

図3・25　返り墨作業

図3・26　天端均し作業

図3・27　セルフレベリング剤の流し込み

ったときは，シーリング剤などを用いて埋めておく。

　次に，レベルなどの測量機器を用いて，当初に記してあった天端の目印を再確認する。これは，コンクリート打設時にマグネットなどが動いていないか，天端釘が抜け落ちていないかなどの確認でもある。

　コンクリート面の浮き水がなくなった頃を見計らって，基礎の端部より天端の目印に合わせてセルフレベリング剤を流し込む。モルタルによる天端均しと同様，セルフレベリング剤の剥離防止のために，レイタンスやゴミなどは丁寧に除去しておかなければならない。また，セルフレベリング剤の混合は，その流動性に与える影響が大きいことから，メーカーのカタログあるいは施工要領書などを熟読しておく必要がある。

図3・28　セルフレベリング剤の流し込み

第4章

躯体工事

4・1	構造概要	50
4・2	材　　料	56
4・3	構造材の加工	60
4・4	手刻みによる加工（伝統的手法）	65
4・5	建方作業	74
4・6	筋かい・根太・垂木等	81

4・1 構造概要

4・1・1 軸組構法

　日本の伝統的な木造建築は，校倉造を除いて軸組構法である。軸組構法とは，柱，梁などの直線状の部材で構成される架構の方式をいう。柱は上部の構造体を支え，梁は水平材として屋根，床などの重量を支える。柱には圧縮力がかかり，柱の断面積が大きいほど耐力が大きい。柱のスパン（柱間隔）を大きくすると梁の断面が大きくなる。在来工法の木造住宅では，総合的なバランスから柱間隔は，3.6m～4.5m位までが適正で，それ以上スパンを大きくすると梁断面が大きくなりすぎて不経済となる。このような場合は，その部分にだけ鉄骨梁を用いることもある。このほか，水平材として土台，胴差，桁などが用いられ，梁と合わせて横架材と呼ばれる。軸組構法は，古くは釘・金物を使用しない接合方法によっていたが，現代では接合部の強度補強に金物類が多用されるようになっている。

　梁などに用いられる構造材の断面寸法は種類が多く，必要な強度に従って最適な断面を選択できることが特徴である。人件費と比較して材料費が高かった時代には，木材の使用量を減ら

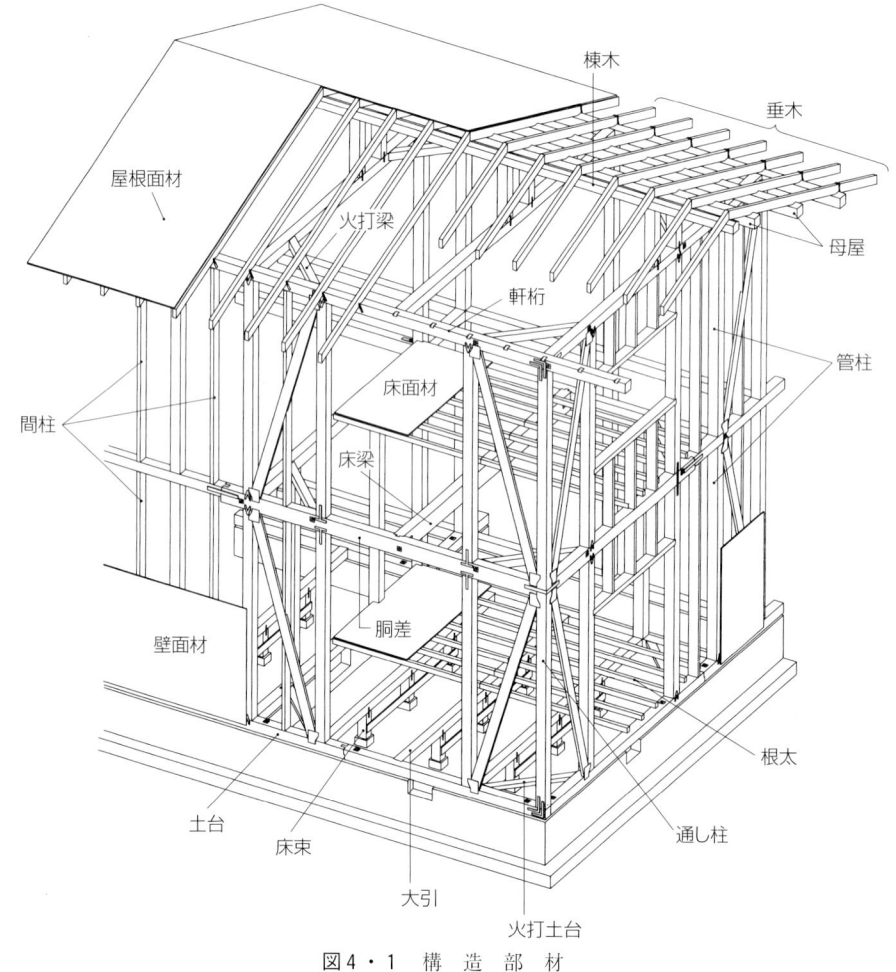

図4・1　構造部材

すことは重要なことであり，最小限の寸法のものが用いられていたが，最近ではこの考え方は逆転し，梁せいを統一するなど，材積が多くなっても労務量を削減できる方法がとられることもある。

4・1・2 各部の構造

構造部材には，使われ方によって名称が付けられている。

柱には，次のような種類がある。
① 通し柱：1・2階を通して使う柱。
② 管柱（くだばしら）：階ごとに横架材によって分断された柱。
③ 間柱（まばしら）：壁の下地用のたて枠として入れる柱。一般的には柱材の半割りあるいは三つ割りの断面のものが多い。

横架材には，次のような種類がある。
① 梁：主として梁間方向（妻行方向：スパン方向）に掛け渡す横架材。
② 桁：主として梁と直交方向（桁行方向）に流す横架材。
③ 土台：布基礎の上に設置され，上部構造を支え，柱の位置を定める横架材。
④ 胴差：2階の床の高さに建物の外周に回される横架材。
⑤ 床梁：床の重量を受け，胴差や柱に力を流す横架材。
⑥ 軒桁：屋根の高さで建物の外周をつなぎ，垂木を受ける横架材。
⑦ 小屋梁：屋根の重量を支え，軒桁に力を流す梁。

なお，主要構造部材以外の部材には，次のようなものがある。
① 小屋束：屋根面を構成する母屋と棟木を支える小柱。
② 母屋：垂木を支える屋根面の桁。小屋束で支えられる。
③ 棟木：棟部分で垂木を支える屋根面の桁。
④ 垂木：屋根の下地板（野地板）を受ける小断面材。力学的には梁の一種である。
⑤ 床束：1階床の大引を支える小柱。
⑥ 大引：1階床の根太を支え，土台間に掛け渡される材。床束によって支持される。
⑦ 根太：床板を受ける小断面材。力学的には梁の一種である。
⑧ 火打：水平面の隅角部を補強する材。入れる場所により火打土台，火打梁などの名称がある。
⑧ 根がらみ貫：床束の倒れ止めに付けられる薄い斜め材。
⑨ 筋かい：壁面に入れる斜め材。

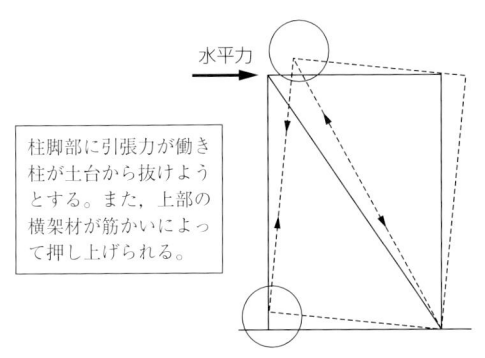

(a) 筋かいに圧縮力が働く場合

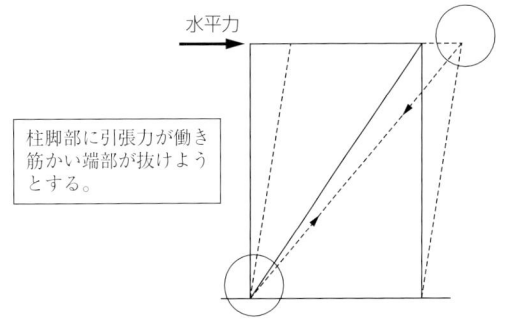

柱脚部に引張力が働き柱が土台から抜けようとする。また，上部の横架材が筋かいによって押し上げられる。

(b) 筋かいに引張力が働く場合

柱脚部に引張力が働き筋かい端部が抜けようとする。

図4・2 筋かいに加わる力

4・1・3 筋かいの役割

筋かいは，壁面の柱の間に入れる斜め材である。建物に地震や風などによる水平力が加わった場合に，これに抵抗して建物の変形を防止する役割をもつ（図4・2）。

筋かいは，建物の中心線に対して各所にバランスよく配置することが大切である。釣合いの悪い入れ方をすると，横からの力に対して建物がねじれて変形し，要求される壁量を満足していても耐力壁としての十分な効果が得られない。

この釣合いのよさについては，従前は，設計者や施工者各人の判断に任されていたが，平成12年6月の建築基準法および同施行令の改正で，偏心率を0.3以下とすることが定められ，同時に，構造計算によらない場合のチェックの方法も決められた。後者は，通常，1/4分割法と呼ばれている方法で，建物の各階の平面を各方向に4つに分割し，それぞれの必要とする耐力壁の量と存在する耐力壁の量を計算し，その比率によってバランスをチェックする方法である（図4・3）。

筋かいの端部の施工法については，4・6・1で詳しく述べる。

4・1・4 壁面材の役割

壁に使用されるボードや合板などの面材は，仕上げ材の下地として使用される。その下地面材に耐力のあるものを用いると，面材耐力壁として，筋かいの代わりに耐力壁の量に組み入れることができる（表4・1）。ただし，面材の強度が十分でも，柱や横架材と面材とを接合する釘打ちが不十分であれば，必要強度は確保できない。釘打ちを正確に行うことによって，面材が構造材として有効になるということを忘れてはならない。

---

① バランスよい壁配置のチェックは，各階各方向について行う。
　パターン1　1階X方向の壁
　パターン2　1階Y方向の壁
　パターン3　2階X方向の壁
　パターン4　2階Y方向の壁
上記の4つのパターンのそれぞれについて，②から⑥までのチェックの流れを行う。

② **各階・各方向ごとに，平面を4分割する。**
・建物の平面を，対象とする方向の直線で，幅が同じになるように短冊状に4等分する。
・この直線と同じ方向の壁について，チェックを行う。

③ **平面上の端から1/4の範囲の存在壁量を求める。**
平面上の建物の左端から1/4の範囲にある存在壁量(cm)
平面上の建物の右端から1/4の範囲にある存在壁量(cm)

④ **平面上の端から1/4の範囲の地震に関する必要壁量を求める。**
平面上の建物の左端から1/4の範囲の必要壁量(cm)
平面上の建物の右端から1/4の範囲の必要壁量(cm)

⑤ **平面上の端から1/4の範囲の壁量の充足比を求める。**
$$充足比 = \frac{平面上の建物の端から1/4の範囲にある存在壁量(cm)}{平面上の建物の端から1/4の範囲の必要壁量(cm)}$$

⑥ **平面上の端から1/4の範囲の壁量の充足比の左右のバランスをチェックする。**
両側の充足比が
1以上の場合→OK
片方または両方
が1未満の場合→小さいほうを大きいほうで割った値が0.5以上であることを確認する。もし0.5に満たない場合は，満たすように壁量を調整する。

(財)日本住宅・木材技術センター編「木造住宅のための構造の安定に関する基準解説書」をもとに作成。

図4・3　バランスのよい耐力配置のチェック方法

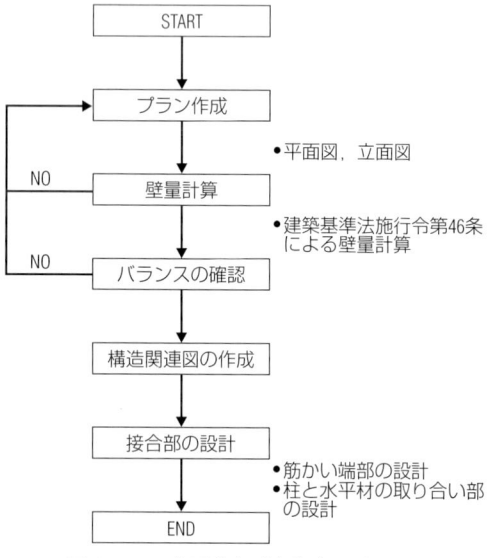

```
START
  ↓
プラン作成 ←──┐
  ↓          │  ●平面図，立面図
壁量計算 ──NO─┤
  ↓          │  ●建築基準法施行令第46条
バランスの確認─NO┘   による壁量計算
  ↓
構造関連図の作成
  ↓
接合部の設計    ●筋かい端部の設計
  ↓           ●柱と水平材の取り合い部
END             の設計
```

図4・4　水平耐力要素決定のプロセス

表4・1 木造軸組構法，耐力壁倍率の例

	材料形状		倍率	詳細
筋かい		15mm×90mm	1	ひら金物釘打ち／筋かいプレート M12ボルト，釘打ち／N75釘5本 他
		30mm×90mm	1.5	
		45mm×90mm	2	
		90mm×90mm	3	
面材耐力壁（大壁仕様の場合）		構造用合板 厚さ7.5mm以上	2.5	N50釘，150mmピッチ
		構造用パネル		同上
		パーティクルボード 厚さ12mm以上		同上
		ハードボード 厚さ5mm以上	2	同上
		硬質木片セメント板 厚さ12mm以上		同上
		せっこうボード 厚さ12mm以上	1	GNF・GNC40釘，150mmピッチ
		シージングボード 厚さ12mm以上	1	SN40釘，100mmピッチ／SN40釘，200mmピッチ
下地	木ずり	面材を胴ぶちに固定した場合	0.5	下地板 12×75mm／目すかし20mm／N50釘2本／15×45mm胴ぶち 胴ぶちピッチ310mm以内／N50釘ピッチ150mm

（令第46条，昭和56年建設省告示第1100号をもとに作成）

4・1・5 壁倍率と必要壁量

　壁倍率とは，壁体がもつ水平力に抵抗する強さを，基準となるものに対する比率で表したものである。倍率が大きいほど耐力が大きく，耐力壁の長さが少なくてすむ。木造軸組構法では断面15mm×90mm以上の筋かいを用いた軸組の壁倍率を1.0としている。45mm×90mm以上の筋かいは倍率2.0となっている（表4・1）。

　建物にかかる地震力は，床面積に比例させて計算する。瓦などの重い屋根葺き材の場合は地震力が大きくなるので，必要とする耐力に差がつけられている。台風などによる風圧力は，1・2階の外壁面の大きさと側面から見た屋根の大きさにによって定まる。風圧を受ける部分の面積（見付面積）が大きければ，かかる力も大きい。

　地震力による必要壁量と風圧力による必要壁量を計算し，各階，各方向について大きなほうの値によって必要壁量が決まる。

　必要壁量が定まると，次に，設計された建物に耐力壁が配置できる位置を確認する。

　次に，それぞれの耐力壁にどのような筋かい・壁面材を使用するかを決定し，耐力壁の長さに壁倍率を乗じる。X方向，Y方向のそれぞれについてその合計を算出し，それが1階および2階での地震力に対する必要壁量と，各階，各方向での風圧力に対する必要壁量に対して上回っているかどうかを確認する。

　次に，図4・3に示した手順に従って壁配置のバランスのチェックを行う。

　最後に接合部の設計を行う。

4・1・6 火打の役割

　火打の機能は水平面の剛性（面剛性）を保つことである。一般的な木造住宅における水平面とは2階の天井面，2階の床面，1階の床面である。水平面が柔らかいと平行四辺形に変形し

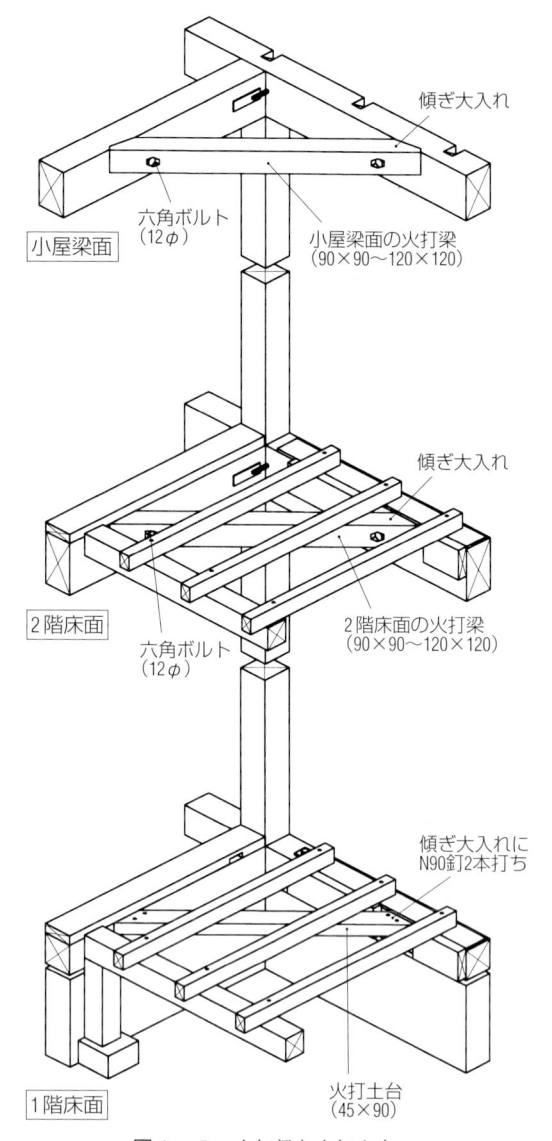

図4・5　火打梁と火打土台

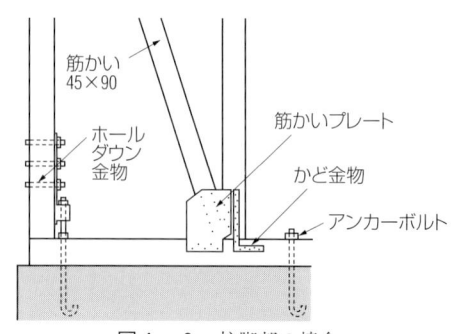

図4・6　柱脚部の接合

やすくなり，地震・台風などによる水平力を壁の筋かいに伝達することができない。水平面を堅くする，すなわち剛性を保つには，水平面に斜材である火打を入れたり，厚板や合板を梁材に直接釘打ちして張る。2階天井面や2階床面に入れる斜材を火打梁，1階の床面に入れるものを火打土台という。

火打を入れる場所は，梁や土台が四角形を構成する四隅である。鋼材に亜鉛めっきを施した鋼製火打も採用されている。

表4・2 使用木材一覧（モデル現場）

名　　称	仕　　様	寸　法(mm)
床柱	ケヤキ貼	120×120×3000
大黒柱	ナラ化粧貼集成材	180×180×3000
通し柱	集成材	120×120×6000
和室見切り通し柱	ヒノキ化粧貼集成材	120×120×6000
隅大壁管柱	集成材(SPF)	120×120×2980
隅真壁管柱	ヒノキ化粧貼集成材	120×120×2960
大壁管柱	集成材(SPF)	105×105×2980
真壁管柱	ヒノキ化粧貼集成材	105×105×2960
階段親柱	集成材(SPF)	105×105×4200
地束,吊り束	集成材(SPF)	105×105×2980
吊り束	ヒノキ化粧貼集成材	105×105×2960
土台	ベイツガ特1等防腐土台	105×105×4000, 3000
火打土台	ベイツガ特1等防腐土台	105×45×3000
大引	ベイマツ,ベイツガ特1等	105×105×4000, 3000
梁,桁	集成材(DF)	105×270×4000
梁,桁	集成材(DF)	105×300×4000, 3000
梁,桁	集成材(DF)	105×330×5000, 4000, 3000
梁,桁	ベイマツ,ベイツガ特1等	105×105×4000, 3000
梁,桁	ベイマツ,ベイツガ特1等	105×120×4000, 3000
梁,桁	ベイマツ,ベイツガ特1等	105×150×4000, 3000
梁,桁	ベイマツ,ベイツガ特1等	105×180×5000, 4000, 3000
梁,桁	ベイマツ,ベイツガ特1等	105×210×4000, 3000
梁,桁	ベイマツ,ベイツガ特1等	105×240×3000
梁,桁	ベイマツ,ベイツガ特1等	105×270×4000, 3000
火打梁	ベイマツ,ベイツガ特1等	90×90×4000, 3000
棟木,隅木,谷木	ベイマツ,ベイツガ特1等	105×105×4000, 3000
母屋	ベイマツ,ベイツガ特1等	90×90×4000, 3000
小屋束	ベイマツ,ベイツガ特1等	90×90×4000, 3000
小屋束	ベイマツ,ベイツガ特1等	105×105×4000, 3000
根太	ベイマツ,ベイツガ特1等	45×60×4000, 3000
大壁間柱	ベイマツ,ベイツガ特1等	27×105×3000
大壁間柱	ベイマツ,ベイツガ特1等	45×105×3000
片真壁間柱	ベイマツ,ベイツガ特1等	45×60×3000
筋かい	ベイマツ,ベイツガ特1等	45×105×4000, 3000
窓台,窓まぐさ	ベイマツ,ベイツガ特1等	45×105×4000, 3000
頭つなぎ	ベイマツ,ベイツガ特1等	45×105×4000, 3000
横胴縁	ベイマツ,ベイツガ特1等	36×36×3000
垂木	ベイマツ,ベイツガ特1等	45×90×4000, 3000, 2000, 1500
垂木掛け	ベイマツ,ベイツガ特1等	45×105×4000, 3000

4・1・7 アンカーボルトの役割

アンカーボルトは，基礎と上部構造をつなぐ重要な役割を果たしている。特に，地震・台風などによる水平力が働くときに，上部構造が浮き上がるのを防止することが重要である。一般に，2mを超えない間隔で入れ，基礎のコーナー部および土台の継手・仕口の脇にも入れる。柱間に筋かいを入れた柱の根元の部分には大きな引抜き力がかかるので，その部分に入れるアンカーボルトは特に重要である。耐力壁の配置によっては，基礎と柱を直接つなぐ必要があり，その場合はホールダウン金物を使用する。

4・2 材　　　料

4・2・1 木　　　材

(1) 樹　種

建築に使われる木材には，針葉樹と広葉樹があるが，一般的な住宅に使用されているものは，ほとんどが針葉樹である。樹種も限られており，国内材では主として，ヒノキ，スギ，マツ，ヒバが用いられ，輸入材ではベイマツ（Douglas Fir），ベイツガ（Western Hemlock），ベイヒバ（Yellow Cedar），ロジポールパイン（Lodgepole Pine），ホワイトウッド（White

表4・3　JASによる木材の分類

製材品の種類		寸法	用途
板類 厚さ:7.5cm未満 幅:厚さの4倍以上	板	厚さ:3cm未満 幅:12cmを越える	天井板,打上天井板,羽目板,廊下板,下見板,野地板,畳下板
	小幅板	厚さ:3cm未満 幅:12cm未満	木舞,貫,腰羽目板,付長押
	斜面板	幅:6cmを越える 横断面が台形	西洋下見板,長押,平淀,登淀
	厚板	厚さ:3cmを越える	橋板,棚板,足場板
ひき割類 厚さ:7.5cm未満 幅:厚さの4倍以下	正割	横断面が正方形	竿縁,垂木,回縁
	平割	横断面が長方形	内法,間柱,胴縁,幅木,窓枠材,建具用材
ひき角類 厚さおよび幅が 7.5cm以上のもの	正角	横断面が正方形	柱,土台,母屋束,束,棟木
	平角	横断面が長方形	梁,桁,上り框

（(社)日本農林規格協会編「JASマーク品のガイド」をもとに作成）

表4・4　針葉樹の構造用製材の日本農林規格における用語の定義

用語	定義
構造用製材	建築物の構造耐力上主要な部分に使用する製材をいう。
目視等級区分製材	構造用製材のうち,節,丸身など,材の欠点を目視により測定し,等級区分するものをいう。
甲種構造材	目視等級区分製材のうち,主として高い曲げ性能を必要とする部分に使用するものをいう。
構造用Ⅰ	甲種構造材のうち,木口の短辺が36mm以上で,かつ,木口の長辺が90mm未満の材をいう。
構造用Ⅱ	甲種構造材のうち,小口の短辺が36mm未満の材及び木口の短辺が36mm以上で,かつ,木口の長辺が90mm未満の材をいう。
乙種構造材	目視等級区分製材のうち,圧縮性能を必要とする部分に使用するものをいう。
機械等級区分製材	構造用製材のうち,機械によりヤング係数を測定し,等級区分するものをいう。

Wood), トドマツ（Fir Wood）などが使われる。また最近では，構造用集成材の使用も急激に増えている。集成材に多く使われている樹種は，柱では，主にヨーロッパから輸入されているホワイトウッド，レッドウッド（Red Wood），北米から輸入されるSPF（スプルース，パイン，ファーの混合材），国内材ではスギ，梁などの横架材には，ベイマツが多く使われている。

なお，使用樹種は建設地域によっても異なり，北海道ではエゾマツ，トドマツなどが多く使われており，青森や石川ではヒバ，中国地方ではマツがそれぞれ多く使用されている。また総じて，地方では大都市部に比べ国産材の使用割合が高い。モデル現場で使用された木材は表4・2のとおりである。

(2) 構造用材

① 製材品

製材品とは，素材である原木を製材機械で鋸挽きしたものをいい，その形状あるいは寸法によって板類，ひき割類，ひき角類

表4・5 建築基準法に定める基準強度

樹種	区分	等級	F_c	F_t	F_b	F_s
アカマツ	甲種構造材	1級	27.0	20.4	33.6	2.4
		2級	16.8	12.6	20.4	
		3級	11.4	9.0	14.4	
	乙種構造材	1級	27.0	16.2	26.4	
		2級	16.8	10.2	16.8	
		3級	11.4	7.2	11.4	
ベイマツ	甲種構造材	1級	27.0	20.4	34.2	2.4
		2級	18.0	13.8	22.8	
		3級	13.8	10.8	17.4	
	乙種構造材	1級	27.0	16.2	27.0	
		2級	18.0	10.8	18.0	
		3級	13.8	8.4	13.8	
ヒノキ	甲種構造材	1級	30.6	22.8	38.4	2.1
		2級	27.0	20.4	34.2	
		3級	23.4	17.4	28.8	
	乙種構造材	1級	30.6	18.6	30.6	
		2級	27.0	16.2	27.0	
		3級	23.4	13.8	23.4	
ベイツガ	甲種構造材	1級	21.0	15.6	26.4	2.1
		2級	21.0	15.6	26.4	
		3級	17.4	13.2	21.6	
	乙種構造材	1級	21.0	12.6	21.0	
		2級	21.0	12.6	21.0	
		3級	17.4	10.2	17.4	
スギ	甲種構造材	1級	21.6	16.2	27.0	1.8
		2級	20.4	15.6	25.8	
		3級	18.0	13.8	22.2	
	乙種構造材	1級	21.6	13.2	21.6	
		2級	20.4	12.6	20.4	
		3級	18.0	10.8	18.0	

- 平成12年建設省告示第1452号より抜粋
- F_c：圧縮基準強度　　F_t：引張り基準強度
- F_b：曲げ基準強度　　F_s：せん断基準強度

表4・6 JASに基づく機械等級区分による基準強度

樹種	等級	F_c	F_t	F_b	F_s
アカマツ，ベイマツ，ダフリカカラマツ，ベイツガ，エゾマツおよびトドマツ	E70	9.6	7.2	12.0	樹種に応じ，表4・5表の基準強度による。
	E90	16.8	12.6	21.0	
	E110	24.6	18.6	30.6	
	E130	31.8	24.0	39.6	
	E150	39.0	29.4	48.6	
カラマツ，ヒノキおよびヒバ	E50	11.4	8.4	13.8	
	E70	18.0	13.2	22.2	
	E90	24.6	18.6	30.6	
	E110	31.2	23.4	38.4	
	E130	37.8	28.2	46.8	
	E150	44.4	33.0	55.2	
スギ	E50	19.2	14.4	24.0	
	E70	23.4	17.4	29.4	
	E90	28.2	21.0	34.8	
	E110	32.4	24.6	40.8	
	E130	37.2	27.6	46.2	
	E150	41.4	31.2	51.6	

- 平成12年建設省告示第1452号より抜粋
- F_c：圧縮基準強度　　F_t：引張り基準強度
- F_b：曲げ基準強度　　F_s：せん断基準強度

表4・7 建築基準法に定める無等級材の基準強度

樹種		F_c	F_t	F_b	F_s
針葉樹	アカマツ，クロマツおよびベイマツ	22.2	17.7	28.2	2.4
	カラマツ，ヒバ，ヒノキ，およびベイヒ	20.7	16.2	26.7	2.1
	ツガおよびベイツガ	19.2	14.7	25.2	2.1
	モミ，エゾマツ，トドマツ，ベニマツ，スギ，ベイスギおよびスプルース	17.7	13.5	22.2	1.8
広葉樹	カシ	27.0	24.0	38.4	4.2
	クリ，ナラ，ブナ，ケヤキ	21.0	18.0	29.4	3.0

- 平成12年建設省告示第1452号より抜粋
- F_c：圧縮基準強度　　F_t：引張り基準強度
- F_b：曲げ基準強度　　F_s：せん断基準強度

に大別される（表4・3）。

一般的な住宅において，構造上主要な部分に使用されているのは，針葉樹の製材品である。

JASにおいては，構造材に使用される針葉樹製材品は，目視によって節や丸みなどの大きさを測定して等級区分する「目視等級区分製材」と機械（グレーディングマシン）によってヤング係数（曲がりにくさを表す曲げヤング係数など）を測定して等級区分する「機械等級区分製材」（MSR材）に区分されているが，住宅という範囲でみると「目視等級区分製材」を採用している場合が圧倒的に多い。

この「目視等級区分製材」をさらに分類すると，甲種構造材と乙種構造材に分かれる。甲種構造材は，主として土台，梁，桁などの曲げ強度を必要とする部分に使用される木材であり，乙種構造材は，柱などの圧縮性能が求められる材に使用される。

平成12年に施行された改正建築基準法の中では，先述したJASのほかに国土交通大臣が定める基準として無等級材という基準が定められている（表4・7）。

② 保存処理木材（防腐・防蟻処理材）

保存処理木材とは，乾燥させた木材に加圧処理をしながら薬品を含浸させた木材のことをいう。主にラワンなどを食害するヒラタキクイムシなどを寄生させないことを目的とする防虫処理材と，腐朽菌による腐朽やシロアリによる食害，さらには木材の老化などによる劣化現象に対処するための防腐・防蟻処理材がある。素材としては，ベイツガやアピトンが多く使われていたが，最近ではヒノキ，スギなどの国産材や集成材などに加圧注入した材も出始めている。

JASでは，それぞれの樹種と薬剤の浸潤度でもって，K1～K5の区分が定められている（表4・8）。

住宅では，一般的にK2かK3レベルの材が多く使われる。

③ 集成材

集成材とは，人工乾燥させた上で大きな節や割れなどの木材の欠点を取り除いたひき板（ラミナ）を，木目にそって何枚も重

表4・8　木材の耐久性区分

レベル	樹種区分	適合
		浸潤度
K1	すべての樹種	辺材部分の浸潤度が90％以上
K2	耐久性D₁の樹種	辺材部分の浸潤度が80％以上かつ材面から深さ10mmまでの心材部分の浸潤度が20％以上
K2	耐久性D₂の樹種	辺材部分の浸潤度が80％以上かつ材面から深さ10mmまでの心材部分の浸潤度が80％以上
K3	すべての樹種	辺材部分の浸潤度が80％以上かつ材面から深さ10mmまでの心材部分の浸潤度が80％以上
K4	耐久性D₁の樹種	辺材部分の浸潤度が80％以上かつ材面から深さ10mmまでの心材部分の浸潤度が80％以上
K4	耐久性D₂の樹種	辺材部分の浸潤度が80％以上かつ材面から深さ15mm（厚さが90mmを超える製材については20mm）までの心材部分の浸潤度が80％以上
K5	すべての樹種	辺材部分の浸潤度が80％以上かつ材面から深さ15mm（厚さが90mmを超える製材については20mm）までの心材部分の浸潤度が80％以上

図4・7　構造用集成材JASマークの事例

ね，接着剤を使って一体にした木質系材料のことをいう。一定の製造基準に基づいて作られる品質の安定した材料である。集成材は，構造用集成材と造作用集成材に大別されるが，本項では構造用集成材について記述する。

構造用集成材は，構造耐力を目的とした木質系材料で，グルーラムとも呼ばれる。ひき板（ラミナ）を，その繊維方向を互いにほぼ平行にして積層圧着したもので，所要の耐力に応じた断面の大きさと安定した性能が得やすいことが特徴である。

化粧ばり構造用集成材は，主として和室の柱として使用され，集成材を心材として表面に化粧単板を貼り付けたものである。

図4・8 金物の施工例

4・2・2 金　物

現在の木造住宅には金物が多用されている。木造用金物の規格としては，ＪＩＳが制定されているが，この規格は当初，大規模な木造である学校建築等を対象として定められた経緯があり，住宅にはやや過剰なものとして受け取られたことからＪＩＳ規格の金物は普及しなかった。これに対し，木造住宅用優良接合金物推進協議会が中心となり，1976年頃より，実験等の裏付けをもとに，一定の品質を確保した金物の規格を作成し，その普及を図った。その後，住宅金融公庫がこの金物を「木造住宅工事共通仕様書」に取り入れた。通称「Ｚマーク表示金物」（Z：ZairaiのZ）と呼ばれているのがこれである。「Ｚマーク表示金物」は，数え方にもよるが，おおよそ40種類ある。また，それぞれの金物メーカーより「Ｚマーク同等認定品」が供給されている。

構造用金具を固定させるために一般的に使われているボルト（貫通ボルト）の材質は軟鋼であるが，さびやすいので亜鉛めっきやクロムめっきを施したものを使う。合わせて注意しておかなければならないのは，座金の選択である。

ボルトの強度もさることながら，ボルトの頭やナットが木材にめり込むことのほうが，強度の確保にとって影響が大きい。したがって，十分な大きさと厚さをもつ座金を入れる必要がある。

阪神・淡路大震災では，建築基準法に定められている壁量を満足し，筋かいなどの接合部が正しく施工されている住宅には被害が少なかったと報告されている。このことをみても，金物を正しく選択し確実に施工することが構造安全性にとって肝要であるといえる。

以上のような構造躯体を中心に使われる金物のほかに，最近では，電動工具の普及によって，容易に木ねじを使用することが可能となった。木ねじは，釘打ちのように振動を与えず，相手の材を引き寄せて締め付けるという長所があり，ゆるみにくいこともあって広く用いられるようになった。

また，構造用金物を固定させるためには，一般的に貫通ボルトが使われているが，これに代わってラグスクリューが使用されることも多い。ラグスクリューの正しい施工法はねじ込みであって，決して打ち込みをしてはいけない。

4・3 構造材の加工

4・3・1 プレカット
(1) プレカットとは

プレカットとは，在来木造軸組構法に用いられる構造部材の継手・仕口の加工を，ライン化された機械で一貫して行うことである。

角のみ盤などの単能機を用いた機械加工は以前から行われているが，通常はプレカットとは呼ばない。

プレカットが導入される前の継手・仕口の加工は手刻みといい，下小屋と呼ばれる作業場などで，大工の手によって鋸，のみなどの工具を用いて行われていた。それを工場で短時間に行う自動機械の出現は，1975年（昭和50年）といわれている。その後，木工機械メーカーなどが開発を重ね，現在はCAD/CAMによる生産システムに進化している。

しかし一方で，手刻みができない大工職の出現は，これから増加が見込まれるリフォーム時などに臨機応変の対応ができない状況をつくることになるのではないかと懸念されている。

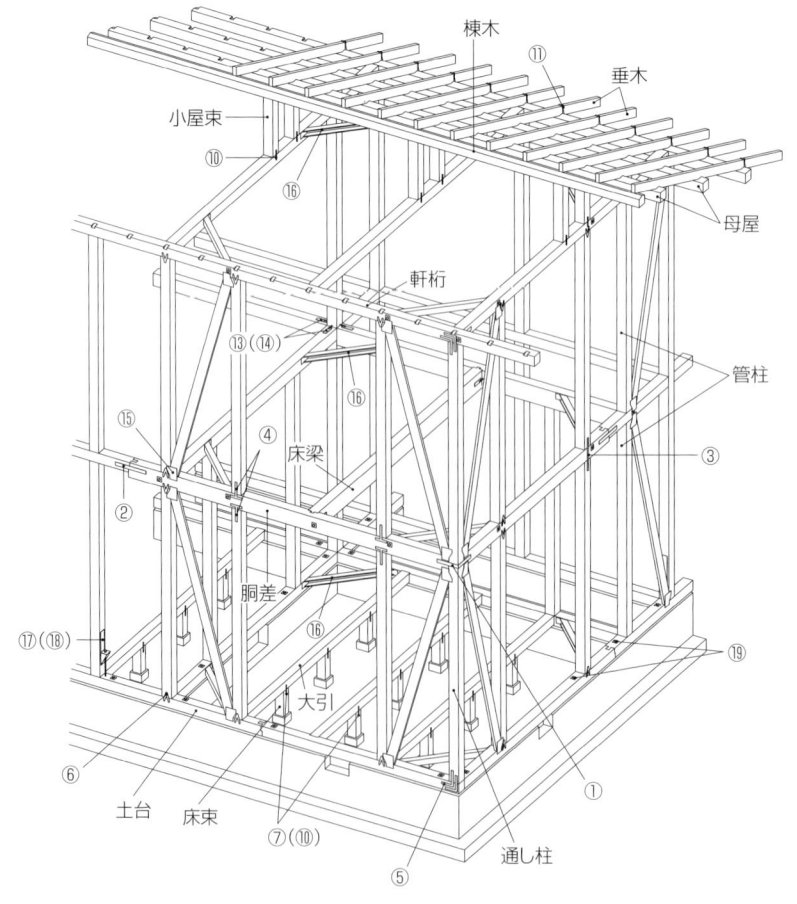

図4・9 Zマーク金物使用部位

構造部材に始まるプレカットの普及、シェアの拡大は、使用される木材の変化を促している。たとえば、乾燥材の需要の高まりや木材寸法精度への要求であり、さらには、木材流通への影響などが現われ始めている。

(2) プレカットの導入状況

2000年の時点で、プレカット工場は全国に800～850工場程度あるといわれている。そして、新設木造住宅着工数のおよそ40％がプレカットによっていると推定され、将来は、60～70％までいくものと予想されている。

住宅供給者がプレカットを導入する動機と狙いは、住宅供給者の規模、組織、形態などによっても異なるが、林野庁の調査などによると次のようなことがあげられている。

① 大工技能者の不足対策（高齢化、技能低下）
② 住宅の品質向上
③ 工期短縮、現場加工の省力化
④ 住宅のコストダウン
⑤ 木材流通・共同購入などの合理化

一方、プレカット材を供給する側からすると、

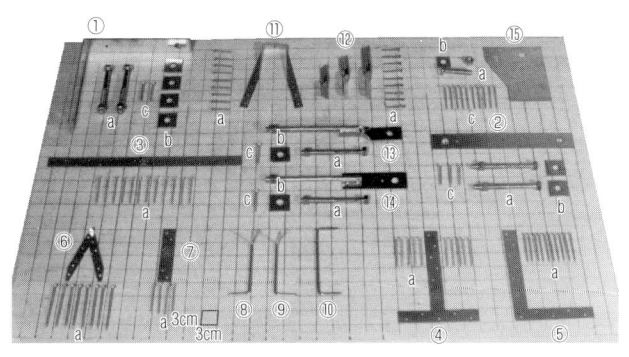

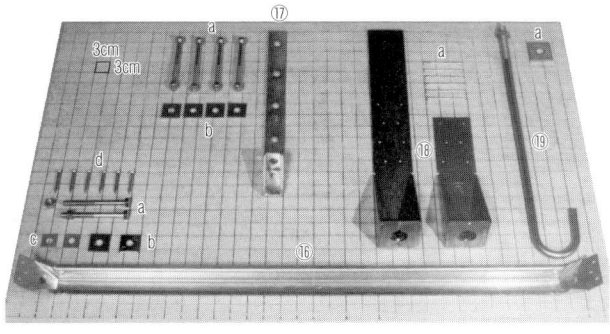

①かね折り金物(SA)
　a 六角ボルトM12
　b 角座金W4.5×40
　c スクリュー釘ZS50
②短ざく金物(S)
　a 六角ボルトM12
　b 角座金W4.5×40
　c スクリュー釘ZS50
③ひら金物(SM-40)
　a 太め釘ZN65
④かど金物(CP-T)
　a 太め釘ZN65
⑤かど金物(CP-L)
　a 太め釘ZN65

⑥山形プレート(VP)
　a 太め釘ZN90
⑦ひら金物(SM-12)
　a 太め釘ZN65
⑧手違いかすがい-
　左ひねり(CC150)
⑨手違いかすがい-
　右ひねり(CC150)
⑩かすがい(C150)
⑪くら金物(SS)
　a 太め釘ZN40
⑫折り曲げ金物(SF)
　a 太め釘ZN40

⑬羽子板ボルト(SB-E)
　a 六角ボルトM12
　b 角座金W4.5×40
　c スクリュー釘ZS50(仮留め用)
⑭羽子板ボルト(SB-F)
　a 六角ボルトM12
　b 角座金W4.5×40
　c スクリュー釘ZS50(仮留め用)
⑮筋かいプレート(BP)
　a 六角平頭ボルトM12
　b 小型角座金W2.3×30
　c 太め釘ZN65

⑯火打金物(HB)
　a 六角ボルトM12
　b 角座金W4.5×40
　c 小型角座金W2.3×30
　d 平釘
⑰ホールダウン金物(S-HD20)
　a 六角ボルトM12
　b 角座金W4.5×40
⑱ホールダウン金物(HD-N25)
　a 太め釘ZN90
⑲アンカーボルト(A-60)
　a 角座金W6.0×54

図4・10　Zマーク表示金物の例*

プレカット工場の建設には，形態および事業規模などの条件にもよるが，数千万円から数億円の規模の投資が必要といわれている。また，プレカット工場における加工能力・稼働時間などは，1ライン当たり1時間に5〜15坪分の構造材の加工とされ，1日（8時間）当たり40〜120坪，すなわち，1月（25日）当たり1,000〜3,000坪程度の工場が一般的であるといわれている。

プレカット加工の難易度は，平面計画と外観の形による木組みの複雑さの程度により差が出る。特に，構造設計のための加工情報の作成と入力において，基本モデュールのグリットに合っていない，いわゆる間崩れの多い建物や，平面計画で凹凸が多くそれが屋根形状に反映して複雑な外観となっている建物などは，能率が低下することが多い。

住宅メーカーや工務店側は，設計段階で配慮し，なるべく無理な設計を排除していく工夫が必要である。

プレカット工場にとっては稼働率が重要である。そのためには加工工程の平準化が課題であり，建て方（上棟）が大安吉日に集中しやすいことなどがスケジュールの平準化を妨げる要因の一つである。

(3) プレカット加工の特徴と今後の課題

プレカットは，当初の手探りの状態から試行錯誤を経て，安定した技術となりつつある。その結果，生産管理・品質管理・設備保全などの整備が進み，産業として確立しつつある。

プレカットには，次のような長所がある。

① 手刻み加工に比べ加工が速い

加工日数の短縮による工期短縮が可能になる。

② 加工作業の省力化と生産性の向上

大工職でなくとも機械加工に置換できる部分は，そうすることで，限られた大工技能職を有効に活用でき，職方不足にも対応

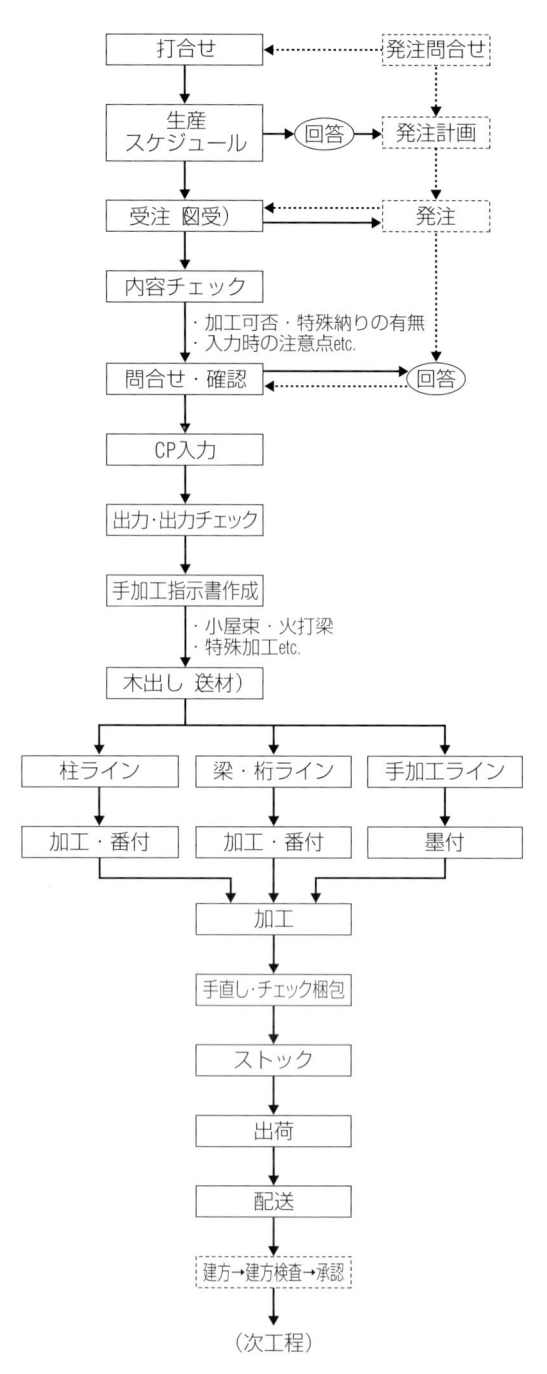

工場の業務の流れ　全自動ライン例

図4・11　構造プレカット加工の流れ

4・3 構造材の加工

表4・9 プレカットに用いられる木材の例（Aランク）

名称	材種	等級	サイズ	確認	名称	材種	等級	サイズ	確認
土台	ヒノキ	特1	120×120		大壁柱1F	ヒノキ	特1	120×120	
大引	ヒノキ	特1	120×120		大壁柱2F	ヒノキ	特1	120×120	
火打土台	ヒノキ	特1	105×45		真壁柱1F	ヒノキ	無地	120×120	
梁	ベイマツ	特1	120×120〜390		真壁柱2F	ヒノキ	無地	120×120	
桁	ベイマツ	特1	120×120〜390		大壁通柱	ヒノキ	特1	150×150	
火打梁	ベイマツ	特1	105×105		真壁通柱	ヒノキ	無地	150×150	
母屋	ベイマツ	特1	105×105		小屋束	ベイマツ	特1	105×105	
棟木	ベイマツ	特1	105×105		浴室 柱	ヒノキ	特1	120×120	
隅,谷木	ベイマツ	特1	105×105		筋かい	ヒノキ	特1	45×120	
1F根太	ヒノキ	特1	55×55		垂木	ヒノキ	特1	60×60	
2F根太	ヒノキ	特1	55×55		垂木掛け	ベイマツ	特1	30×105	
根太掛け	ベイマツ	特1	30×105		広小舞	ベイマツ	ピーラー	55/2×105	
真壁間柱	ヒノキ	特1	45×45		上り淀	ベイマツ	ピーラー	55/2×105	
大壁間柱	ヒノキ	特1	30×120		破風・鼻隠し	スギ	特1	30×210	
大壁間柱	ヒノキ	特1	45×120		軒天野縁	エゾ	特1	40×40	
窓台・まぐさ	ヒノキ	特1	45×120		屋根野地板	ヒノキ	特1	105×180×12	

表4・10 プレカットに用いられる木材の例（Bランク）

名称	材種	等級	サイズ	確認	名称	材種	等級	サイズ	確認
土台	ベイヒバ	特1	105×105		大壁柱1F	EW(SPF)	(特1)	105×105	
大引	ベイヒバ	特1	105×105		大壁柱2F	EW(SPF)	(特1)	105×105	
火打土台	ベイヒバ	特1	105×45		真壁柱1F	EW(SPF)	単板貼	105×105	
梁	ベイマツ	特1	105×105〜390		真壁柱2F	EW(SPF)	単板貼	105×105	
桁	ベイマツ	特1	105×105〜390		大壁通柱	EW(SPF)	(特1)	120×120	
火打梁	ベイマツ	特1	90×90		真壁通柱	EW(SPF)	単板貼	105×105	
母屋	ベイマツ	特1	90×90		小屋束	ベイマツ	特1	90×90	
棟木	ベイマツ	特1	105×105		浴室 柱	EW(SPF)	(特1)	105×105	
隅,谷木	ベイマツ	特1	105×105		筋かい	ベイマツ	特1	45×105	
1F根太	ベイマツ	特1	45×60		垂木	ベイマツ	特1	45×60	
2F根太	ベイマツ	特1	45×60		垂木掛け	ベイマツ	特1	30×105	
根太掛け	ベイマツ	特1	30×105		広小舞	ベイマツ	特1	55/2×105	
真壁間柱	ベイマツ	特1	45×45		上り淀	ベイマツ	特1	55/2×105	
大壁間柱	ベイマツ	特1	27×105		破風・鼻隠し	ベイマツ	特1	24×180	
大壁間柱	ベイマツ	特1	45×105		軒天野縁	エゾ	特1	40×40	
窓台・まぐさ	ベイマツ	特1	45×105		屋根野地板	コンパネ		12mm	

表4・11 プレカットに用いられる木材の例（Cランク）

名称	材種	等級	サイズ	確認	名称	材種	等級	サイズ	確認
土台	ベイツガ防腐	特1	105×105		大壁柱1F	EW	特1	105×105	
大引	ベイツガ	特1	105×105		大壁柱2F	EW	特1	105×105	
火打土台	ベイツガ防腐	特1	105×45		真壁柱1F	EW	単板貼	105×105	
梁	ベイマツ	特1	105×105〜390		真壁柱2F	EW	単板貼	105×105	
桁	ベイマツ	特1	105×105〜390		大壁通柱	EW	特1	120×120	
火打梁	ベイマツ	特1	90×90		真壁通柱	EW(SPF)	単板貼	105×105	
母屋	ベイマツ	特1	90×90		小屋束	ベイマツ	特1	90×90	
棟木	ベイマツ	特1	90×90		浴室 柱	EW(SPF)	(特1)	105×105	
隅,谷木	ベイマツ	特1	90×90		筋かい	ベイマツ	特1	45×45	
1F根太	ベイマツ	特1	45×45		垂木	ベイマツ	特1	45×45	
2F根太	ベイマツ	特1	45×45		垂木掛け	ベイマツ	特1	30×105	
根太掛け	ベイマツ	特1	30×105		広小舞	ベイマツ	特1	55/2×105	
真壁間柱	ベイマツ	特1	45×45		上り淀	ベイマツ	特1	55/2×105	
大壁間柱	ベイマツ	特1	27×105		破風・鼻隠し	ベイマツ	特1	18×150	
大壁間柱	ベイマツ	特1	45×105		軒天野縁	エゾ	特1	40×40	
窓台・まぐさ	ベイマツ	特1	45×105		屋根野地板	コンパネ		12mm	

できる。
③ 加工部分の加工精度が高い

継手・仕口などの標準化が図れ，手加工に比べ加工精度の平準化ができ，構造強度も安定する。

④ 加工状態が均質である

木材管理の徹底により，部材の品質確保に役立つと同時に，現場施工のバラツキを排除することができる。

⑤ 施工管理の省力化

部材としての管理がほとんど必要なくなるので，施工状態の確認など，他の作業に力を注ぐことができる。

⑥ 工場における廃材の処分

現場における加工廃材の処分，残材の持帰りなどが必要最小限のものとなる。

⑦ 安全性の確保

現場の高所での切断などがなくなり，安全性が高まる。また，電動工具の使用を減らすことができる。

一方で，現在のプレカット加工には，次のような課題がある。

① 付加価値の低さの克服

プレカット工場が乱立し，加工費が低下しているため，加工賃収入での採算維持が難しい。

② 躯体精度の向上

現在は，単に材心をもとに加工しているため，従来の手刻みのような心墨が打たれていない。個々の加工レベルは一定水準を保っているが，全体の寸法精度や誤差の補

正をするのに基準となる心墨がないため、いくつかの不都合が出ている。たとえば、外壁のサイディング張り仕上げなどの施工にの納まり、柱心からの割り出しの難しさが挙げられる。これは、プレカットにおける改良テーマの一つである。

③　プレカット加工の合理化

継手・仕口の形状，種類や木組みなどが，従来の手法どおりに行われている。研究開発により，プレカットに適した形状や接合位置を探究するとともに，加工箇所数などの削減を図るべきである。また，設計段階での標準化や間崩れ防止など，加工工数の削減のための設計のルール化が求められる。

なお，プレカット加工には，ＡＱ認証製品がある。ＡＱ認証とは，「優れた品質・性能を有する木材製品を対象として，ユーザーが安心して利用できるようにその品質・性能を客観的に評価し得る基準に基づき認証する」制度で，（財）日本住宅・木材技術センターが実施している。プレカット部材の加工技術の向上とプレカット部材の普及に向けて，プレカット製品にも適用している。高耐久性機械プレカット部材や乾燥処理機械プレカット部材などの認証も行われている。

図4・12　プレカット工場*

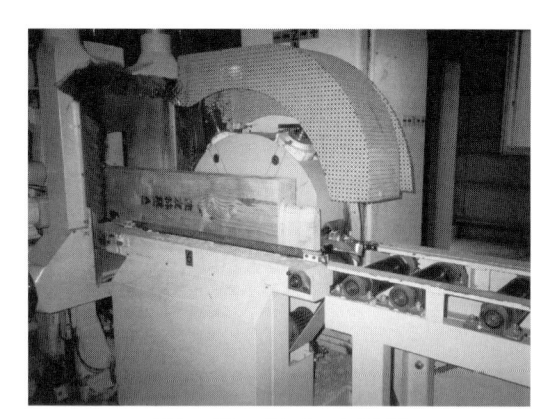

図4・13　プレカット加工*

図4・14　プレカット加工材*

図4・15　プレカット加工材*

4・3・2　プレカット加工工程

プレカットの実際の加工は，先に示したプレカット工場の業務の流れ（図4・11）に従って行われる。全自動ラインと半自動ラインの差はあるが，機械のできないところは人間がつないでいる。

仕様・納まりの確認や伏せ図の打合せ・承認などを行い，加工情報を作成し入力する。これは，従来の大工による墨付け作業に相当するものである。この加工情報の作成が，一番重要な準備作業である。

加工ミスの大半は，入力ミスが原因といわれている。機械のエラーによる加工ミスは，接着屑の残存付着などによるものや刃物の破損などに限られており，かなり少なくなっている。

入力が終わると，発注者である工務店に加工承認のため出力図面が送られ，打合せ・承認後に，建て方スケジュールなどに合わせ，順次，加工工程に入る。

材料在庫の中から仕様や積算に応じた選材（ピッキング）が行われ，柱ライン，梁・桁ラインに配材，加工される。必要があれば，ライン加工後または初めから手加工ラインに回され，大工の手で処理される。

柱ラインでは，まずクロスカットソーによる長さ切断に続き，角のみによる穴あけや，ルーターによるボルト穴加工，ほぞ取り加工などが行われる。

梁・桁ラインでは，柱と同様に長さ切断が行われ，鎌，蟻の挿し（オス），受け（メス）加工や垂木欠き，間柱欠きなどが行われる。

入母屋などの機械で行えない特殊加工は，工場内の大工職によって対応している所が多い。

それぞれの加工や検査の後，不具合があれば手直しをした上で，配送に備えて梱包されてストックヤード（上屋またはテントなど）に移され，出荷を待つ（図4・15）。

通常は，工務店と打合せの上，建て方前日または前々日に現場に搬入される。

最近は，建て方もプレカット工場が派遣する職人が行うというケースも出てきているが，一般的には建て方は，発注者である工務店が担当する。建て方に際し加工ミスがあると，内容や状況によっては組立に支障を来たすことになる。材料の交換だけでなく，大工手間を補填しなくてはならなくなるなどの事態も起こる。

プレカットを採用する際に留意すべきポイントは，次のようにまとめることができる。

① 正確な建築情報の伝達
② 仕様・納まりなどの標準化
③ 正確な加工情報の作成・確認
④ 加工精度を担保するための材料の乾燥
⑤ 選材
⑥ 機械の整備
⑦ 加工内容の確認・チェック
⑧ 保管・運搬

4・4　手刻みによる加工（伝統的手法）

ここでいう加工とは，材料である丸太や製材を切削して，柱・梁などの軸組を構成する特定の部品につくり込んでいく作業である。

加工の準備段階として，全体の軸組を部品単位に分割し，最適な木材を割り当てていく「木拾い」という作業がある。

次に，個々の部品の細かい形状を確定し，実際の木材に，切削のためのガイドラインや符号をかき込んでいく。墨を用いて行うため，これを「墨付け」という。

そして，各種の工具を用いて実際に木材を切削していく作業が「刻み」である。

これらの一連の作業を，大工棟梁は，一般に

「下小屋」と呼ばれる作業場で執り行う。そしてできあがった部品を建設現場に搬入し，軸組に組み立てる。細かな調整を除き，原則的に現場での加工は行わないが，大きな普請ではサイトプレファブのようなスタイルもあり得る。

こうした昔ながらの方法も，下小屋であらかじめ刻んでおくという意味では一種のプレカットであることには相違ない。しかし通常，前節で述べたような工場での全自動機械プレカットのことを狭義でプレカットと呼び，部材加工のスタイルとしては一方の極に当たる。その対極にあるのが旧来の手刻み加工であるが，手工具のみに頼った下小屋作業は，現在はもちろん，かなり以前から，ほとんどあり得なくなってきている。ドリルやプレーナー，溝取り機などの電動手工具，また角のみ盤や丸鋸，帯鋸などの工作機械は，工務店レベルの下小屋においても十分に普及しており，簡易な手動プレカットマシンを備えた下小屋も稀ではない。

(1) 板図・尺杖

元来，大工棟梁は，建物の設計内容を表すのに，板図や尺杖といった一種の設計図を用いてきた。

板図とは，縮尺50分の1程度の建物の簡易な平面を，大判の板（最近では合板が多い）に墨でかき付けたもので，下小屋や建設現場での携行の便が特に考慮されたものである。板図においては「番付」が非常に大きな役割を果たす。番付とは，平面グリッドの縦横の各通りに，例えば「壹・貳・參・…」とか「い・ろ・は・…」，あるいは最近では「1・2・3・…」，や「A・B・C・…」などと振られた符号のことである。通りの交点を「い壹」とか「は參」といったように，この座標を用いて建物内の位置関係が表示される。肝要なのは，位置を差し示すのみでなく，その場所に来る柱などの部材の名称として用いられ，また横架材などの仕口（後述）の名称としても用いられることで，墨付けや建て方の際の重要なよりどころとなる。

尺杖は，建物の矩計を指し表すオリジナルの定規である。良質な木材による1寸角程度の角棒が用いられ，その各面に，建物の高さ関係のあらゆる寸法が目盛られ，加工の基準となるものである。墨付けの際，実際の木材には，尺杖から寸法が写し取られることになる。通常，新築の場合，1棟ごとに尺杖が製作される。

図4・16 板図の例*

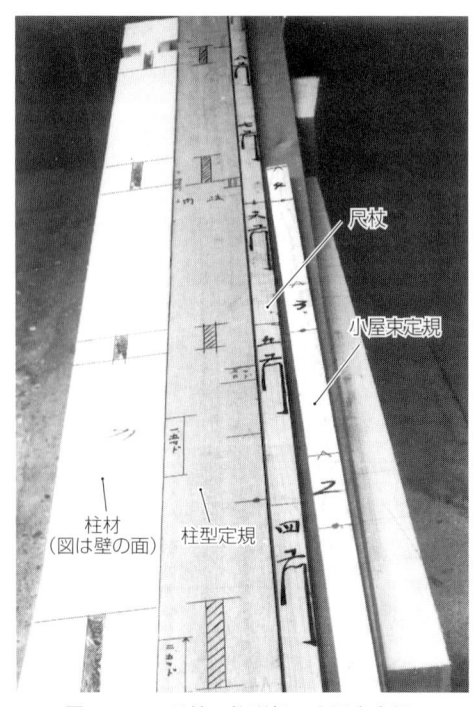

図4・17 尺杖・柱型板・小屋束定規*

4・4 手刻みによる加工 **67**

　その他必要に応じ，柱型板・内法杖・小屋束定規といったオリジナルの定規がつくられ，墨付けに使用される。

　これらの板図や尺杖などさえあれば，平面図，立面図，矩計図などの設計図書が描かれていなくても，大工は通常の住宅を建設することができた。現在では，建築確認申請や住宅金融公庫などの諸申請のために，一般的な設計図書も作成される。しかし現場においては，板図や尺杖が従来どおり用いられ，あるいは優先されることが少なくない。紙の平面図が板図の代わりになっても，矩計図を尺杖の代用とするのは難しいであろう。

腰掛け蟻継ぎ

腰掛け鎌継ぎ

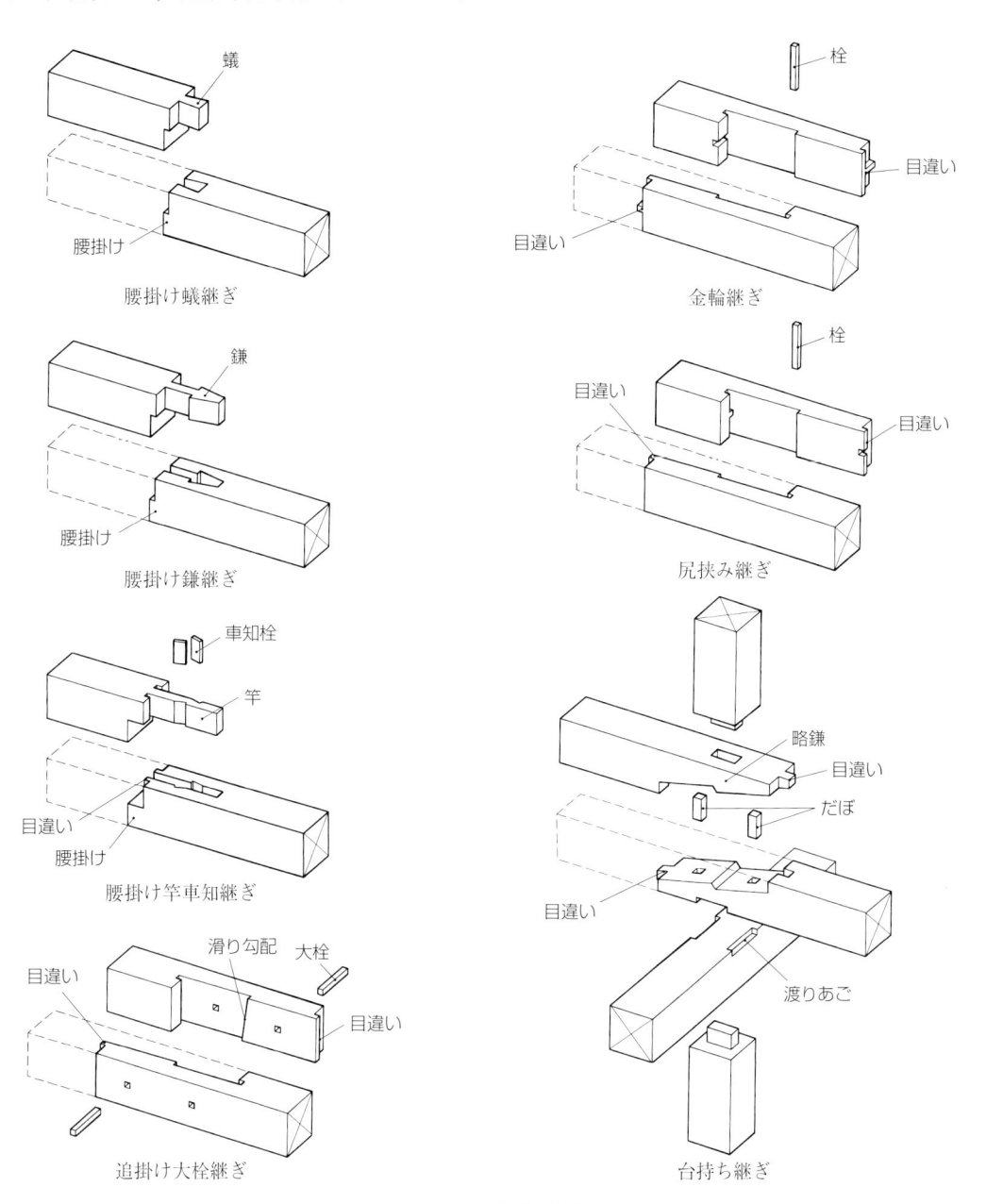

腰掛け竿車知継ぎ

追掛け大栓継ぎ

金輪継ぎ

尻挟み継ぎ

台持ち継ぎ

図4・18 継手の種類

(2) 継手・仕口

軸組構法は，各種の軸材の組合せで構成されており，軸材どうしは何らかの方法で接合される。このとき，軸材の長さ方向に継ぐ接合部を「継手」といい，それ以外の方向，主に直角方向に継ぐ接合部を「仕口」という。両者を合わせて，「継手仕口」と呼ぶこともある。

仮に，非常に長い木材が自由に得られるとすれば，継手は不要である。継手を設けると，強度は大幅（引張りでは1割以下）に低くなってしまう。しかし，木材には定尺というものがあり，決まった断面寸法・長さのものが広く流通している。断面寸法については製材段階である程度の融通が利くものの，長さについては，山林から伐採されるときの玉切り寸法に依存するため，規格以上の長材の手当ては容易でなく，価格も非常に高いものとなってしまう。通常の住宅の設計では，土台，桁，胴差などの横架材（特に外周部）は，1本ものではなく，長さを継ぎ足した材が用いられる。

継手が必要な場合，なるべく応力の小さい位置に設けるべきことはいうまでもない。伝統的には，柱から1尺程度持ち出したところで継ぐというのが基本である。

継手には，部位・用途に応じて多くの種類のものがあるが，構造材に広く用いられているのは，主に以下のものである。また継手・仕口に共通であるが，両材の接する面にすべり勾配という微妙な傾斜面を付けて，上側の材を落とし込むに従ってきつく締まるように刻む。

① 腰掛け蟻継ぎ

通常用いられるものでは最も簡単な継手である。先拡がりの台形形状を「蟻」と呼び，短いため継手にも仕口にも用いられる。この継手では，蟻の部分で引張りに抵抗し，腰掛けでせん断を受けるが，強度に劣るため，主に布基礎の上の土台の継手に用いられる。

② 腰掛け鎌継ぎ

最も一般的な継手であり，桁や土台に広く用いられる。強度も①に比べるとはるかに高く，さらに目違いを設けて女木の開きを抑えると，より強度が上がる。

③ 竿車知継ぎ

組み上がった状態では鎌継ぎと同じ形状となるが，納まり上，上から男木を落とし込むことができない場合に用いられる。軸方向にまっすぐ差しておいて，後から車知と呼ばれる堅木の栓を打って固定する。

④ 追掛け大栓継ぎ

鎌を半分に割った形状（略鎌）の，すべり勾配を除けば同形の2材を組み合わせた継手である。これを縫うように側面から込み栓を互い違いに打って完成する。②よりもさらに強度が高く，やはり桁，梁，土台などに用いられる。

⑤ 金輪継ぎ

④に似た継手であるが，材を落とし込んだ後，軸方向に動かして目違いを効かせ，中央にできる隙間に栓を打って完成する。引張り強度は④と同等であるが，曲げ強度はさらに強くなる。目違いの形状を変えて意匠性を上げた類似のものに，尻狭み継ぎがある。

⑥ 台持ち継ぎ

敷き梁などの上で，小屋梁どうしを継ぐ継手である。形状は略鎌だが，継手の二部材の位置関係が上下である。両材の間にはだぼが入り，継手の上に束が立って小屋の荷重で押さえ付けられる。

一方，仕口は，方向の異なる部材が接する位置に必然的に発生する。ひとつの仕口に3方向，4方向，あるいは斜めも含めてそれ以上の方向から軸材が集まることもあるので，継手に比べ

4・4 手刻みによる加工 **69**

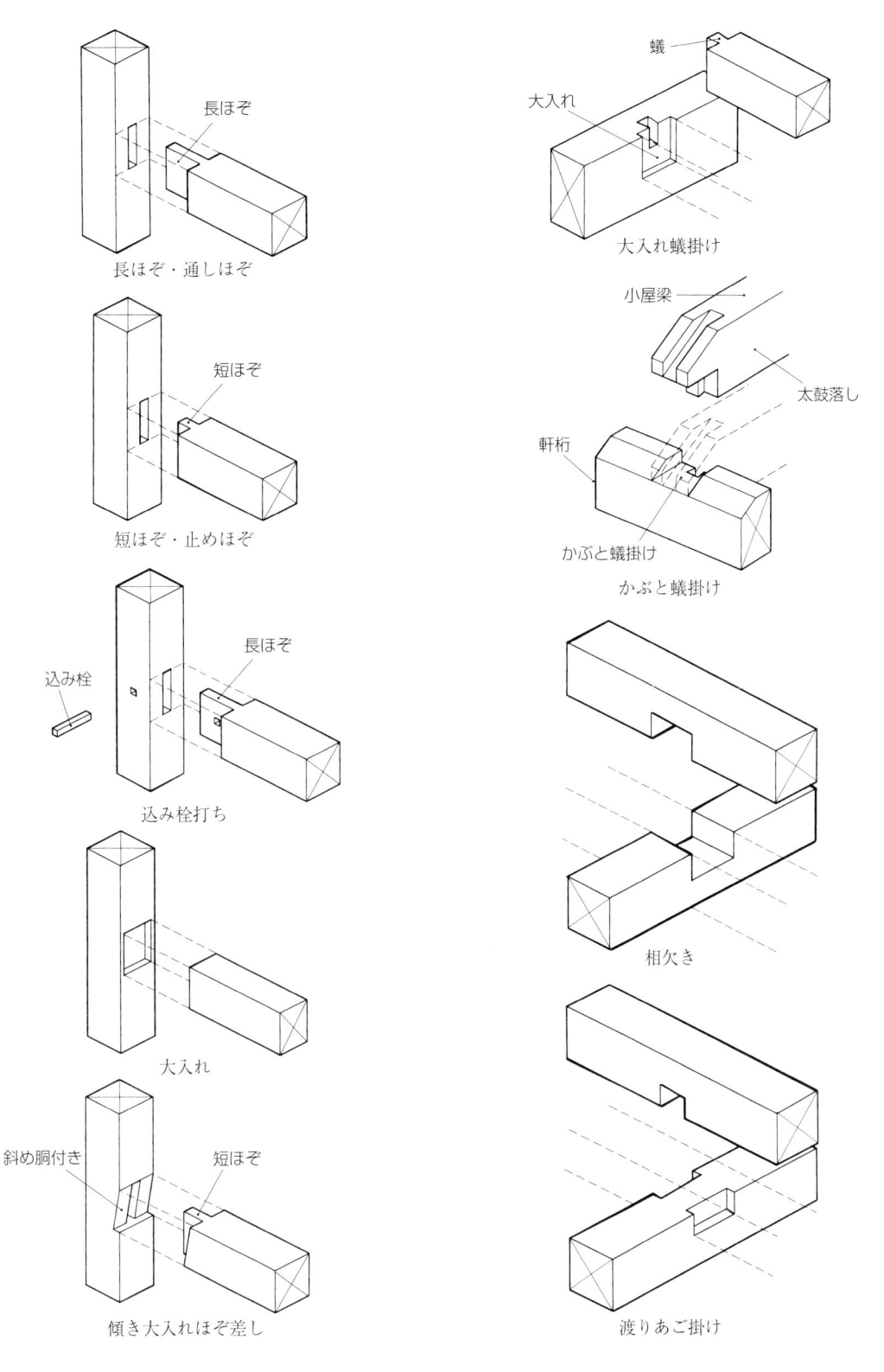

長ほぞ・通しほぞ

短ほぞ・止めほぞ

込み栓打ち

大入れ

傾き大入れほぞ差し

大入れ蟻掛け

かぶと蟻掛け

相欠き

渡りあご掛け

図4・19 仕口の種類

て種類も多く，複雑な仕組みのものも多い。

これらのうち，在来木造住宅で広く用いられている代表的な仕口は，以下のようなものである。

① ほぞ差し，栓打ち

ほぞ差しは，一方の材に突起を造り，もう一方にこれを受ける穴を造って差し込む仕口である。この突起を「ほぞ」，ほぞの根元の平らな部分を「胴付き」，受けるほうの穴を「ほぞ穴」と呼ぶ。

ほぞ差しには，形状やほぞの長さによって非常に多くの種類がある。最も基本的なものとして，ほぞの長さが材の太さと同程度の「長ほぞ」と，その半分程度の長さしかない「短ほぞ」がある。また，ほぞが他方の材を貫通しているものを「通しほぞ」，そうでないものを「止めほぞ（包みほぞ）」と大別する。

いずれにしても，ほぞだけでは，材が横にずれるのは抑えることができるが，引き抜きにはほとんど抵抗することができない。引き抜きを止める方法も各種あるが，基本的には栓を打つ。両方の材をほぞごと通して打つ栓を「込み栓」，通しほぞが貫通して出てきた先に打つ栓を「鼻栓」という。

栓打ちの場合は，概ね，栓部より先のほぞのせん断力で引き抜き強度が決まる。したがって，長いほぞほど強いことになる。

② 大入れ

一方の材をそのまま切り欠くことなく，他方の材に造られた穴あるいは欠き込みにそっくり差し込む仕口である。他の仕口と併用されることが多い。

③ 傾ぎ大入れ

「かたぎおおいれ」あるいは「かしぎおおいれ」と読む。大入れの継目を斜めにした仕口である。

両方の材の太さが同じ程度の場合，完全に大入れにすることができないで横にずれてしまうため，ほぞと組み合わせて「傾ぎ大入れ短ほぞ差し」などとすることも多い。

通し柱に胴差を差す仕口としては，最も一般的なものである。このとき，短冊金物などを併用して引き抜きを止めるのが通常である。その他，柱に差される各種の横材の仕口や，火打材の仕口として広く用いられる。

④ 大入れ蟻掛け

水平材どうしの仕口で，大入れにして，その先端に蟻を設けて引き抜きを抑えるものである。

土台のT字交差部，十字交差部などによく用いられる。また梁と桁の仕口でも，梁のせいが低い場合には，この仕口が用いられる。

⑤ かぶと蟻掛け

京呂組の小屋組で，軒桁の上に小屋梁を掛けるのに一般的に用いられる仕口である。④の大入れ蟻掛けと同じ形状で，小屋梁のせいが高い場合，梁が上にはみ出していると考えてよい。小屋梁端部の上端は，肩状のカーブが付けられて木口を隠すようになっている。

⑥ 相欠き・渡りあご掛け

いずれも水平に交差する2材の仕口で，上側の材の下端と，下側の材の上端を欠き取った仕口である。材のせいの半分ずつを欠き込んで，両材の高さが揃うようにしたものを「相欠き」といい，欠き込みを少なくして高さを違えたものを「渡りあご」という。渡りあご掛けは，梁と胴差，梁と桁，梁と牛梁（中引き）など，あるいは⑤のかぶと蟻掛けと同じ部位などに用いられる。

⑦ 金物を用いた仕口

最も代表的なものは，梁と桁の仕口で，桁に金物を固定しておき，梁を吊るように受ける受け金物である。釘で固定されるもののほか，最近ではボルトやドリフトピンを用いたものなど，仕口の簡略化などの目的で様々なものが開発されている。

その他，通し柱に取り付けて胴差を受ける金物や，梁に取り付けて根太を受ける金物などが一般的である。

なお，通常の仕口でも，鎹（かすがい）や羽子板ボルトなどが盛んに併用されるが，これらはむしろ補強金物であり，応力を伝達して架構自体を支持する目的のものではない。

(3) 墨付け作業

墨付けは，板図や尺杖をもとにして，軸組材1本1本に，所定の寸法の切削ラインや，継手・仕口の形状寸法，各種符号（合印）などをかき入れる作業である。

墨付けには，主にさしがね（曲尺），墨さし，墨壺といった工具が用いられる。

① さしがね

さしがねは，物差しと線引きの役目を兼ねた直角定規である。折れ曲がった定規の，長いほうを長手，短いほうを妻手と呼ぶ。長手と妻手の目盛りを同時に読むことで，屋根などの勾配が容易に墨付けできる。

さしがねには，通常，表と裏で異なる目盛りが刻んである。表目は実寸法が，裏目はそれを$\sqrt{2}$倍した目盛り（角目）になっている。表面と裏面を駆使することにより，3次元の対角方向の勾配や寸法も，複雑な開平計算をすることなく求めることができる。また裏目に円周率目盛り（丸目）の刻まれたさしがねもある。

こうしたさしがねによる図形解法は，古

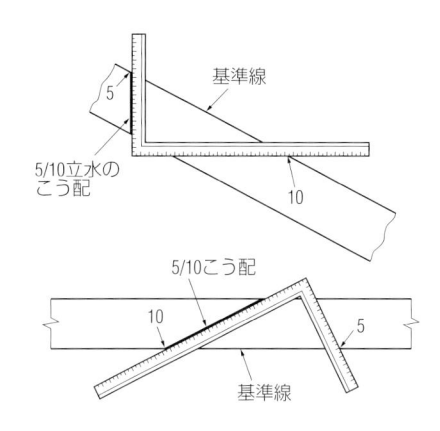

図4・20 さしがねの使い方

(上) 最近の墨壺
(下) 彫り師による手彫りの墨壺

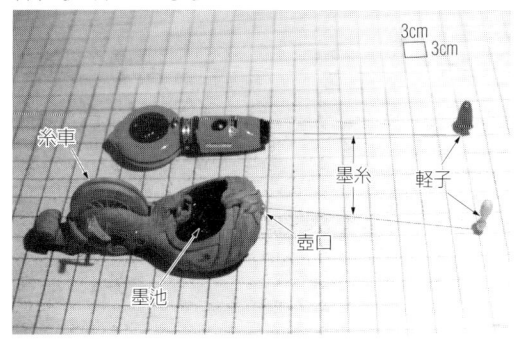

図4・21 墨壺の例*

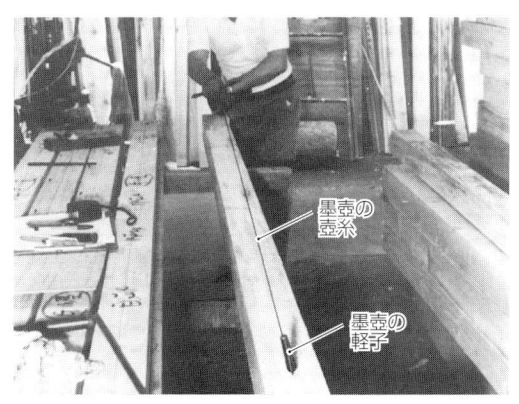

図4・22 柱材の心墨打ち*

72 第4章 躯体工事

くより「規矩（術）」と呼ばれてきた。
② 墨さし・罫引（けびき）

　木材に線を引いたり，合印や文字をかき込むのに用いる，筆代わりの道具である。通常，大工が自ら竹でこしらえる。

　さらに細かくて正確な線が必要な場合は，罫引が用いられる。
③ 墨壺

　墨壺は，墨さしに墨を付けるのに用いられる。さらに，糸を用いて，材面に長い線を引くことができる。これを「墨打ち」という。

　墨壺は，ケヤキ材で造られることが多く，墨汁を浸した真綿を納める壺「墨池」を母体に，糸車を具えたものである。車に巻かれた絹製の丈夫な墨糸が，墨池の中を通過して，糸口から繰り出される。墨糸の先端には軽子というピンがついている。墨打ち作業は，一方の点に軽子を差して墨糸を固定し，糸を強く張ってもう一方の点を手指で押えて固定する。反対の手指で糸を垂直に摘み上げ，これを離すと，糸は勢いよく材面に打ち付けられ，直線が引ける。また投げ墨といって，墨が付くことによって糸を投げるように横に弾いてむくりなどの曲線を引く高等な技法もあるが，一般の住宅ではほとんど用いられない。

　墨の代わりにベンガラを用いた朱壺というものもあるが，これは主に造作材の加工や左官工事に用いられる。

　小屋梁などには，曲がりやねじれのある丸太材なども使われるが，墨付けは材の形状に左右されない基準線を把握して行う。各材にまず，心墨（中心線），峠墨といった基準線を入れ，これをもとに細部の加工墨を入れて行く。また，刻み作業者との共通の理解のもとで，合印と呼

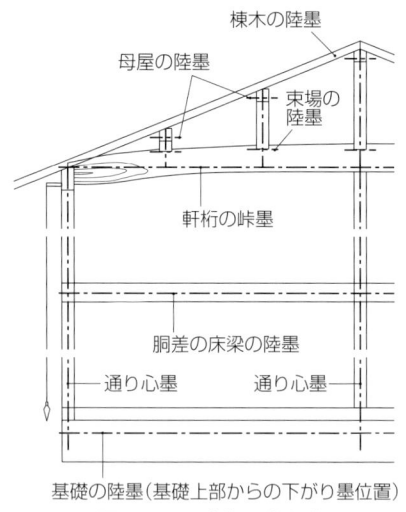

図4・23　建物の基本線

図4・24　継手・仕口の刻み材*

図4・25　継手・仕口の刻み材*

4・4 手刻みによる加工 73

ばれる符号をかき入れていく。

　丸太に墨付けをする場合，木口を基準に行う。一方の木口に心墨（縦線）を引き，そこにさしがねを当てて固定しておき，他方の木口にまわって，さしがねを当てて「にらむ」ことにより，ねじれのない心墨を入れる。両木口の基準線を墨糸で結ぶことで，平らでない曲がった丸太の上下の心墨や，側面の峠墨を打つことができる。最近では，小屋梁でも丸太を用いることは少なくなってきており，通常は，側面を平らにした太鼓落とし材や，製材が用いられる。

表4・12　墨付け合印の例

合印	名称	合印	名称	合印	名称
	心印		包込みほぞ印		重ねほぞ印
	間柱心印		打抜きほぞ印		輪なぎほぞ印
	にじり印（誤線を正す）		打抜きくさび締めほぞ印		小根ほぞ印
	消し印		平ほぞ印		仕掛け墨印（ひかり墨ともいう）
	切り墨印		びんたほぞ印（丸太などの面を写す）		はつり墨印

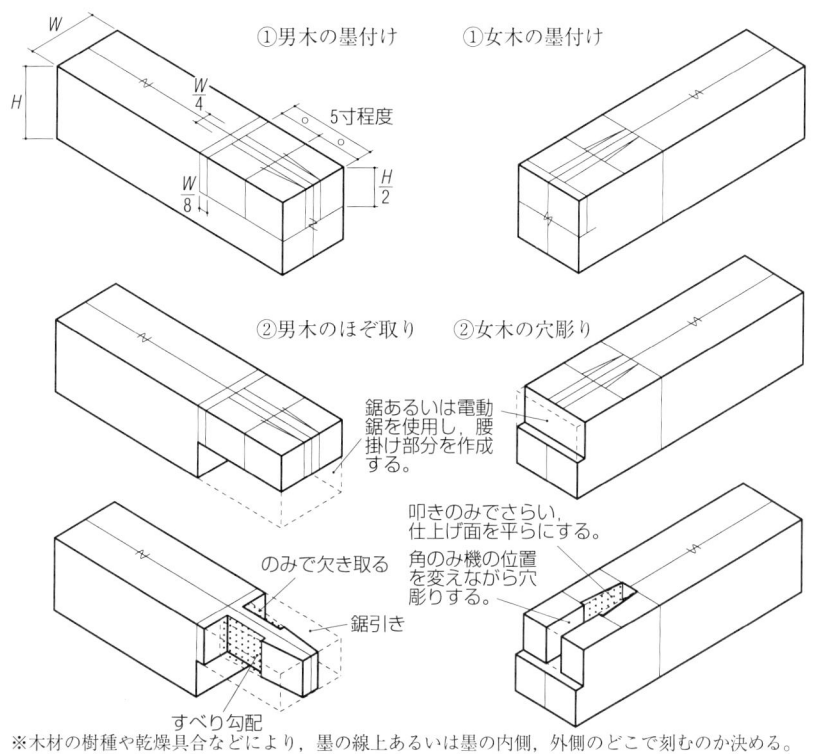

※木材の樹種や乾燥具合などにより，墨の線上あるいは墨の内側，外側のどこで刻むのか決める。

図4・26　継手の加工

(4) 刻み作業

刻み作業では，墨付けされた墨線や合印に従って，継手・仕口を正確に加工し，建方作業が円滑に実施できるようにする。

刻みは，原則的には，まずおおまかな形状を鋸引き加工する。細かい部分を引くことのできるあぜ引き鋸なども用いられる。

継手や仕口では，建方時に入り勝手（締まり勝手）となるように，すべり勾配を設ける。この勾配は，概ね墨線の幅程度とされている。すなわち，材の上端では墨線の外側から，下端では墨線の内側に達するように鋸引きしていく。

その後，不要な部分を，のみを用いて欠き取る。より正確さが必要な継手・仕口では，特殊な小型の鋸類で微調整がなされる。

また既述のように，現在の実際の刻みでは，手加工の場合でも電動工具や木工機械が盛んに用いられる。

4・5 建方作業

4・5・1 先行足場の安全対策

足場には，外部足場と内部足場がある。外部足場は，主として外壁面の作業や作業員の墜落防止のために設けられる。これに加えて，資材破片の落下やほこりなどの飛散防止，近隣に対する目隠しを目的とした養生シート張りの下地としても利用される。この外部足場は，従来は外壁仕上げの直前に設置されていたが，最近の工事現場では，建方時の作業員の安全確保を主目的として，建方作業の前に設置することが一般的になりつつある。特に，狭小敷地などの場合は，作業の効率からも，先に外部足場を設置しておくほうが望ましい。

モデル現場は，周辺に十分な余裕がある敷地であったため比較的容易に作業ができた。また，資材置場等の検討も楽であった。足場には，鋼管ブラケット一側足場，鋼製簡易枠組足場，鋼製枠組足場（本足場）などがあるが，住宅で最も使われているのが，鋼管ブラケット一側足場である。いずれの足場を採用する場合でも，関係法令に従い適切な構造とする必要がある。モデル現場では，鋼管ブラケット一側足場で計画し組み立てた（図4・27）。

4・5・2 建方作業とは

建方とは，軸組を構成する部材を，番付に従って，土台・柱・梁・床組・小屋組の順に組み，棟木を取り付けて，建物の形態を整えるまでの作業であり，建前ともいう。建方を完了させる

図4・27 先行足場の設置*

図4・28 建て方作業終了*

4・5 建方作業 75

ことを棟上げ（むねあげ）もしくは上棟（じょうとう）という。

住宅では慣例として，建前の日は吉日を選んで行うことが多い。棟上げまでの作業が一日で完了するように，前日までに土台敷きを行っておく。また建物が大きい場合などは，前日までにある程度まで組んでおくことも行われる。

4・5・3　搬入計画と重機の手配

建方作業を始めるには資材の搬入が必要である。そのために，工事担当者はあらかじめ，敷地の状況，進入路，荷卸し場所の状況などについて確認し，その状況をプレカット工場や関係者に連絡をしておく。

建築資材は，敷地内へ搬入して積み置きしておくことを原則とするが，敷地内の状況や進入路の都合により，道路への仮置きや第三者の敷地を使用しなければならないことがある。その場合には事前にその旨の了解を得る。

荷卸し作業に道路を使用しなくてはならない場合は，状況に応じパイロンやロープ，標識などの準備をしておく。また，通行人等への安全対策は最優先事項としなければならない。

4・5・4　土 台 敷 き

土台敷きは，プレカットした土台を現場に搬入し，基礎上面に印した土台位置を示す墨に従って，据え付けを行う作業である。

この間には，アンカーボルトや引寄せ金物（ホールダウン）のための穴を土台にあける作業や，防腐剤を現場で一部塗布する作業が行われる。具体的な作業手順は次のようになる。

① 土台・火打土台・防腐剤，ボルト用の座金およびナット金物類・作業用工具類を準備し，現場へ搬入する。

② 基礎の側面に印された通り心墨をもとに，基礎上面に土台の心墨を写し，土台の外側

図4・29　アンカーボルトの穴の位置出し

図4・30　アンカーボルトの穴の位置出し

図4・31　基礎上面からの位置出し

を示す墨を印す。

布基礎のつくり方が悪く外側の墨が印せない箇所には，好ましいことではないが，内側に墨打ちして補う。

③ 布基礎側面に心墨の印のない間仕切りなどの土台位置については，主要な位置に印された基礎上面の墨から寸法を追って土台位置を示す墨を記す。

④ 土台伏図やプレカット加工図に従って，土台を所定の番付位置に並べ，アンカーボルトとホールダウン金物の穴あけをする。

土台にアンカーボルトの位置を印すには，土台を基礎上面の墨に合わせて長さ方向の位置を決め，ボルトの側面に置き，ボルト位置を土台側面に印し，上面に写す。

⑤ ボルトの穴をあけた後，防腐・防蟻処理を行っていない土台の下端には防腐剤を塗布する。土台の腐朽は，基礎コンクリートからの吸湿による影響が大きい。それを防ぐには，土台敷きの際に基礎上面にアスファルトルーフィングを敷き，防腐対策を講ずる方法もある。モデル現場では，この作業は省略している。

近年は，プラスチック製のパッキンを土台と布基礎の間にはさみ込み，床下の通風を図るとともに，土台の腐朽を防ぐ構法が用いられ始めている。

⑥ 継手・仕口部分では，部材の上下関係によって据え付け順序が決まる。土台を並べ，順次据え付け，アンカーボルトに座金・ナットを緩くかけておく。

⑦ 土台の据え付け状況を確認した後，ナットを本締めし，火打土台を大釘で打ち付けて固定する。

図4・32 ボルト用穴あけ

図4・33 土台パッキン*

図4・34 ナットの仮締め*

4・5・4 建方作業

　木造軸組構法は，プレカットや手刻みによってあらかじめ加工した部材を，番付に従って短時間に組み上げることに大きな特徴がある。建前を行う日に，鳶職と大工が集まり，棟上げに向け効率よく作業を進める。

　建方作業は，従来は人力で行っていたが，現在はトラッククレーンなどの揚重機を用いることが多い。

　土台敷きは建方の前日までに済ませ，継手・仕口の加工を済ませた軸組材を，作業順序を考え，番付を見て必要な部材を取り出しやすいように並べておく。

　作業に先立って，大工，鳶職を中心とする作業者全員で，建方順序・方法を打合せ，安全かつ能率よく建方が進行するようにする。建方は，1階の軸組から2階の軸組へと進むが，各階が組み上がったところで，建入れを調べてゆがみを直し，仮の筋かいを打ち付ける。

(1) 1階の建方作業

　建方の基礎となるフレームを決め，土台上で通し柱・柱・胴差（もしくは床梁）を門型に組み，かすがいや仮筋かいなどで固定して建て起こす。この際，柱の根ほぞは，番付に合わせて土台にあけられた穴の近くの建て込みやすい位置に水平に置き，柱の上ほぞを梁などの横架材と接合する。

図4・35　1階の建方作業

図4・36　1階の建方作業

図4・37　1階の建方作業*

図4・38　2階の建方作業*

横架材と柱とは直角になるよう，仮筋かいを打ち付ける。建て起しのあとの垂直を保つための仮筋かいや控えは，建て起しの際にその上端が回転軸となるように，柱面上部へ1本の釘で打ち付けておく。この仮筋かいや控えは，柱の垂直を正してから上下端を釘2本打ちで仮固定する。

この門型フレームに直角方向の梁（もしくは胴差）とその端部や中間部を支える管柱を加え，順次部材の建方を進めて行く。

その後の作業は，建方開始前に打ち合わせた順序に基づき，通し柱，管柱，横架材の仕口・継手の接合位置などを考慮しながら進める。断面の大きな重い床梁や胴差については，その両側の柱とともに門型に組んで建て起こすことが行われていたが，揚重機の導入とともに，継手・仕口部分の部材の上下関係に従って，順を追って組み立てるようになっている。

接合部は，材どうしの密着状態を確認し，所定の金物を用いて仮締めしておく。

1階の骨組みがほぼ組み上がると，2階床の根太を取り付けて2階骨組の建方の足場として用いる。なお，伝統的な軸組構法では，床を張るのは躯体の工程の中では後のほうであったが，最近は作業者の安全性を考え，資材置き場の確保なども狙って，1階部分の建方が終わり建入れなどのチェックを行った後に，2階床を先に施工するケースが増えつつある。モデル現場もそのような方式を採用している。

1階の軸組が組み上がると建入れ直しを行う。建入れ直しとは，建て方直後のゆがんだ軸組を，柱を鉛直にすることにより，正しい形状に矯正することである。建入れ直しは桁行方向と梁間方向とに分けて行い，それぞれの仮筋かいの下端の釘を外して行う。

作業は，柱に専用の定規を当てて垂直を確認する方法で行う。骨組にロープを掛けて引張る

図4・39　2階の建方作業

図4・40　2階の建方作業

図4・41　小屋組の建方作業

などの作業により，定規を当てた柱が垂直になるようにし，すばやく仮筋かいの下部を土台に釘打ちして固定する。最近は，ターンバックルの付いた鋼製の仮筋かいを用いることも多い（図4・39）。

以上の工程が終了した後に，先に仮締め状態であった金物を十分に本締めする。

建入れ直し，仮筋かいの固定，金物の緊結が終わると2階床組へ火打梁を取り付ける。根太を取り付けた床組には，床下地・野地板に用いる合板等の面材を敷き並べて，2階の建方作業の足場にする。

(2) 2階の建方作業

2階の建方作業は，胴差あるいは大梁に刻まれたほぞ穴に管柱を順次差し込みながら立てて行く。柱の倒れを防止するため，柱の中程の高さに木材等を水平に架設したり，先行足場などに縛っておくなどの措置をしておく。軒桁・小屋梁を管柱の上に据え付け，2階の骨組を固める。

横架材は，継手における上下関係と架構図に従って順序よく組み立てる。この段階で補強金物を取り付け，仮締めしておく。横架材の架設は，軒桁・妻梁・間仕切桁などが口の字の平面形になるように組み立て，仮筋かいなどで補強しながら進める。作業の区切りがついた部分に，重い小屋梁を掛け渡す。

2階軸組についても，建方終了後，1階と同様の要領で建入れ直しをする。

建入れ直しの作業が終わると，金物の本締めを行い，その状況を確認した後に，火打を所定位置に取り付ける。

(3) 小屋組の建方作業

建方の最終作業として，小屋梁の上に小屋束を立て，その上に母屋・棟木を載せる。

束の上下端は，梁や母屋に対し，かすがいを打って止めるのが一般的であるが，最近は，T形

図4・42 小屋組の建方作業

図4・43 小屋組上棟

図4・44 上棟式

や山形の金物を取り付ける方法も出始めている。

束の垂直と棟木・母屋の通りを確認し，母屋の両端の妻の位置と中央の継手位置に，垂木を打ち付ける。

建前の日の工程としては，この状態で上棟となる。時間に余裕がある場合や，揚重機類を建方に使用した場合は，垂木や野地板などの屋根面に用いる材料を荷揚げしておくと，後の工程の能率がよくなる。

4・5・5 上 棟 式

上棟式は，施主・設計者・工事請負者と大工・鳶職，主要な協力業者などの作業関係者が集まって行う。地方では近隣の住民が集まることも多い。棟木を取り付け（上げ），建物の骨格の完成を祝い，建物が永持ちすることを願う儀式である。

上棟式は，神式で行う場合は，供物・お神酒を用意し，棟木に幣串を建て，棟上げを祝った後，お神酒で乾杯し，工事関係者の労をねぎら

表4・13 安 全 対 策

1. 関係者の健康状態はよいか。
2. 建て方に必要な人員確保はできているか。
3. 作業方法の順序は決めているか（全作業員によるミーティング）。
4. 安全ネットの準備はされているか（1階床面積分）。
5. 安全帽を使用しているか。
6. 木造建築物の組立等作業主任者の選任はされているか。
7. クレーンを用いる場合，玉掛資格者および運転者は適正か。
8. 合図の設定（統一合図）がなされているか。
9. 移動式クレーンの作業開始前の始業点検は行ったか。
10. 定められたブームの傾斜角の範囲を超える使用をしていないか（作業者を吊り上げる作業をしてはならない。）。
11. 定格荷重を表示し，なおかつ，定格荷重を超える荷を吊らないようにしているか（重心については十分に注意する。）。
12. 高所作業者は適正に配置されていて，安全帯を使用しているか。
13. 材料・器具の揚げ降ろしの方法はよいか。
14. 近接する架空電線等の感電防止措置を確実に講じてあるか。
15. 建物配置から見て，周辺に危険物はないか。
16. 現場および周辺の整理・整頓はなされているか。
17. 服装および履物は適切か。
18. 所定場所以外の禁煙の措置がなされているか。
19. 関係者以外の立入禁止の措置がなされているか。
20. 現場周辺の道路の状況および駐車スペースの確認がなされているか。
21. 作業中に悪天候になった場合（雨・雪・強風など）に作業を中止する手はずになっているか。
22. 足場の設置時期が適切に計画されているか。
23. 資材，特に上階に仮置きした資材の飛散防止措置がなされているか。

って祝宴を開く。施主は，事前に工事担当者などと相談して，必要なものを準備しておく必要がある。上棟式は，工事を進めて行く上での節目のお祝いであり，地域によっては一種の祭りごととして捉えている向きも多い。工事担当者も，建物の規模，構造，施主の要望，地域社会の慣習などを十分把握した上で，施主に対して無理のない内容を助言しておく必要がある（図4・44）。

4・5・6 安 全 対 策

建て方作業は，その性質上，高所での不安定な作業を強いられ，また，上下階を通じての作業となることから，資材や道具類の落下等の危険を伴う作業である。そのため作業の手順を徹底させ，安全な工事を行うことが肝要である。安全を第一に考えることが最も効率的な作業手順であることを認識し，建て方開始前に表4・13にあげるような事項を確認しておく。

4・6 筋かい・根太・垂木等

4・6・1 筋　か　い

筋かいの役割と種類については，4・1・3で述べた。ここでは，筋かいの端部の接合法について説明する。

平成12年6月の建築基準法の改正とそれに伴う施行令の改正および告示により，筋かいの種類ごとに筋かいの端部の接合法が定められた。それ以前は，接合法は具体的には定められておらず，住宅金融公庫の共通仕様書によるか，施工者などの判断によって行われてきた。この改正により，本書の対象とするような木造住宅における継手・仕口の構造方法は，構造計算によって確かめる方法と，以下に述べる方法（仕様

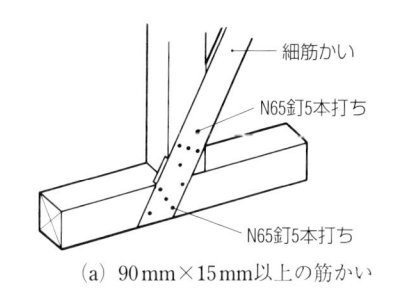

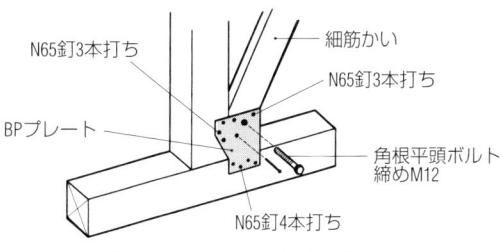

(a) 90 mm×15 mm以上の筋かい

(b) 90 mm×30 mm以上の筋かい

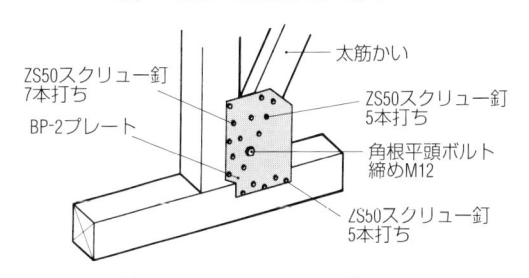

(c) 90 mm×45 mm以上の筋かい

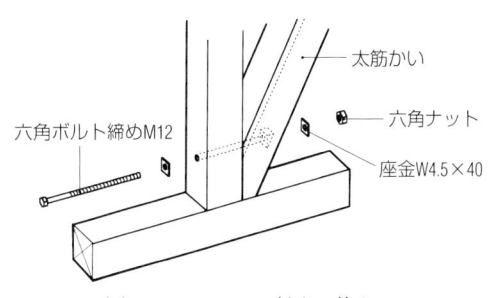

(d) 90 mm×90 mm以上の筋かい

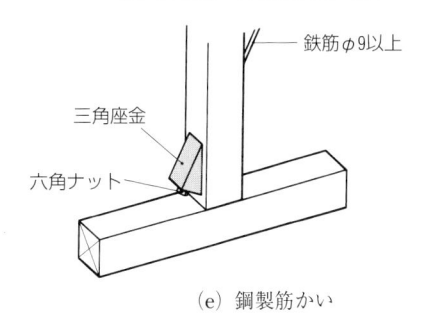

(e) 鋼製筋かい

・上記(a)～(e)のうち，(b)と(c)が主に用いられる。

図4・45　筋かいの種類と金物

規定）のどちらかをとるように定められた。

長年にわたる慣習と異なる場合もあるが，設計法と施工方法（納まり）を習熟する必要がある。

筋かい接合金物については，告示に掲載されており，いわゆるZマーク表示金物がそれに対応するが，そのほかに同等認定金物についても，平成13年3月に（財）日本住宅・木材技術センターより，平成12年建設省告示第1460号に対応した「接合金物一覧」が公表されているので参照するとよい。

筋かいを取り付ける際には，以下の点に注意しなくてはならない。

① 筋かいの位置と方向を安易に変えない今回の基準法改正に伴い，筋かい端部の取り付け方法とともに，軸組端部（一般的に柱の端部）と主要な横架材（梁・胴差や土台）

正しい例

悪い例（柱欠いている）

図4・47 筋かいの施工例*

筋かいの端部における仕口

筋かいの端部における仕口にあっては，次に掲げる筋かいの種類に応じ，それぞれイからホまでに定める接合方法またはこれらと同等以上の引張耐力を有する接合方法によらなければならない。

イ．径9mm以上の鉄筋
　　柱または横架材を貫通した鉄筋を三角座金を介してナット締めしたもの。

ロ．厚さ1.5cm以上で，幅9cm以上の木材
　　柱および横架材を欠き込み，柱および横架材に対してそれぞれ長さ6.5cmの鉄丸釘を5本平打ちしたもの。

ハ．厚さ3cm以上で幅9cm以上の木材
　　厚さ1.6mmの鋼板添え板を，筋かいに対して12mmのボルト締めおよび6.5cmの太め鉄丸釘を3本平打ちし，柱に対して長さ6.5cmの太め鉄丸釘を3本平打ち，横架材に対して長さ6.5cmの太め鉄丸釘を4本平打ちしたもの。

ニ．厚さ4.5cm以上で幅9cm以上の木材
　　厚さ1.6mmの鋼板添え板を，筋かいに対して12mmのボルト締めおよび6.5cmの太め鉄丸釘を3本平打ちし，柱に対して長さ6.5cmの太め鉄丸釘を3本平打ち，横架材に対して長さ6.5cmの太め鉄丸釘を4本平打ちしたもの。

ホ．厚さ9cm以上で幅9cm以上の木材
　　厚さ1.6mmの鋼板添え板を，筋かいに対して12mmのボルト締めおよび6.5cmの太め鉄丸釘を3本平打ちし，柱に対して長さ6.5cmの太め鉄丸釘を3本平打ち，横架材に対して長さ6.5cmの太め鉄丸釘を4本平打ちしたもの。

平成12年建設省告示第1460号（木造の継手および仕口の構造方法）をもとに作成

との仕口も定められた。その仕口の構造を決める条件として、筋かいの方向、筋かいあるいは面材耐力壁の倍率、耐力壁相互の上下関係、出隅かどうかなどがあげられている。したがって、何らかの理由で設計どおりの位置に施工できない場合や、間違って方向を反対向きに施工してしまった場合は、柱と横架材（梁・土台）の接合部の構造も変更しなくてはならない場合も発生する。やむを得ず設計変更を行う場合は、細部まで改めて検討する必要が出てきたわけである。現場で適切な指示を行うためには、施工管理者はその設計法を習熟しておかなくてはならない。

換気扇や、空調設備あるいは電気配管、コンセントボックスの位置など、設備との関係が設計段階で十分に検討されていない場合に設計変更をせざるを得なくなることが多い。筋かいの位置と方向は、設備工事関係者とよく打合せをしておき、工事の後半での手直しは絶対避けるようにしなくてはならない。

なお、部分的な間取りの変更や窓の位置の変更によって、筋かいや耐力壁の位置を変更することは、従来は比較的安易に行われてきたが、柱頭・柱脚接合部の構造の検討を行っておく必要がある。

② 切り欠かない

90mm×90mmの筋かいをたすき掛けに設計した場合、あるいは真壁部分にたすき掛け筋かいを用いた場合などには、筋かいを切り欠くことが行われやすい。筋かいの交点を切り欠く場合には、必要な補強をしなくてはならないが、適切に行わないと、想定している耐力（壁倍率）が半分しか得られなくなってしまう、あるいはなくなってしまうことも起こりうるので十分留意すべきである。

また、工事の最終段階になってコンセントボックス取り付けや、電気配線・給水配管などのために部分的に切り取ったり、穴をあけたりしないよう注意することが必要である（図4・46）。

③ 金物どうしのぶつかり合い

これまでの記述にあるように、近年は接合金物を使用する頻度が高くなってきている。倍率の高い耐力壁の両側の柱の上下端部には、引き寄せ金物を使わなければならないことが多くなる。その場合、筋かい接合用金物がぶつかってしまい納まらないことが起こる。また和室などでは、場合によっては室内に金物が出てくる状況も起こりうる。このような事態を避けるためにも、事前に使用する金物のディテールについて十分検討しておく必要がある。

柱端部と主要な横架材の仕口の設計法

軸組の柱頭および柱脚は、水平方向の外力に有効に抵抗するよう、適切な方法によって緊結することとなっている。

改正前の基準法では、前述したように、筋かい端部と同様、どの部位にどのような接合方法をとるかは、具体的に規定されていなかった。平成12年の改正で、設計時に採用した耐力壁の倍率によって柱に加わる引張力を想定し、柱と横架材の接合に必要とされる金物、釘などの本数、打ち付け方法が規定された。

接合部設計法は、数多くの設計マニュアルが出版されているのでそれを利用すると便利であるが、ここでは、接合方法を決めるための基本となる設計手順を簡単に述べる。

柱の端部を横架材に留め付ける際に、どのような仕口の方法、あるいは金物が必要であるかのチェックを行うのが目的で、手順は以下のよ

うになる。
① すべての耐力壁が取り付いている「柱の端部」について行う。
② 「柱の端部」の横架材と接合部の仕様（構造方法）は，その柱に取り付いている筋かいおよび面材耐力壁の壁倍率のうち最も大きいものと，その柱が隅柱かどうか，また，その上階の柱の有無などの条件によって，告示第1460号第2号表などから選択する。
③ 接合部の仕様は，基本的には，柱頭・柱脚とも同じとする。
④ 耐力壁が片筋かいの場合は，筋かいの方向によって接合部の仕様が異なってくるので留意する。

面材耐力壁の場合は，筋かいによる耐力壁と異なり補正は必要である。

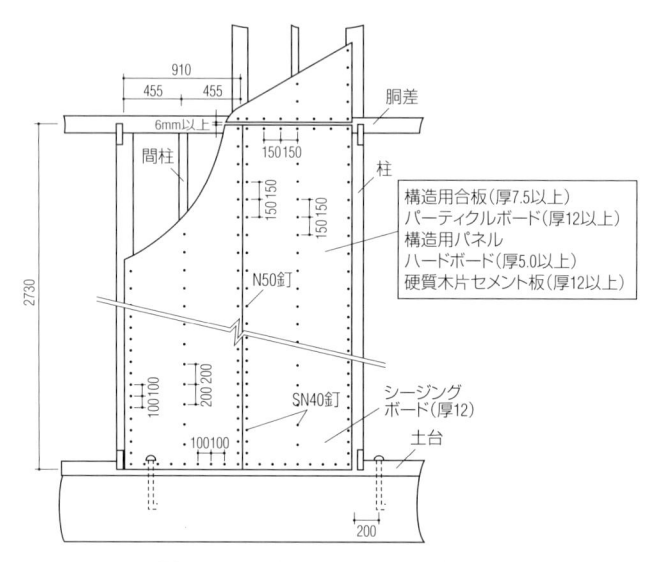

図4・47 耐力壁の一般的な張り方

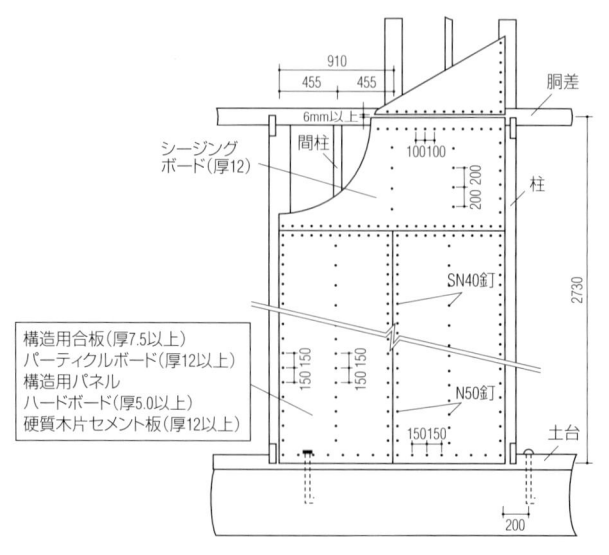

図4・48 耐力壁の張り方

4・6・2 面材耐力壁

　面材耐力壁とは，構造用合板，各種ボード類を用いて，筋かいと同様に地震や風などによる横力に抵抗するために用いられる構造要素である。最近では，施工のしやすさ，あるいは他の材料との取り合いの明快さから，徐々に増加しつつある方法であり，筋かいと併用して耐力を向上させる手法がとられることも多い。

(1) 面材耐力壁の種類

　構造用合板やボード類などの構造用面材には，表4・14のようなものがある。

(2) 施工上の注意事項

① 面材耐力壁は，柱・間柱および土台・梁・桁，その他の横架材に釘で確実に留め付ける（図4・47）。

② 面材耐力壁を，やむを得ず，柱や梁などがない場所で継ぐ場合は，必ずその接合位置の下に45mm×100mm以上の断面をもつ間柱，または胴縁などを設置する（図4・48）。

③ 構造用合板の張り方は，3×9版（910mm×2730mm）の縦張りを原則とする。やむを得ず，3×6版（910mm×

表4・14　面材耐力壁の種類

面材の種類と材料		大壁仕様　軸組の片面に面材を直接打ち付けた壁		胴縁仕様　1.5cm×4.5cm以上の木材を，31cm以下の間隔で，軸組にN50釘で打ち付けた胴縁に，面材を打ち付けた壁		受け材仕様　3cm×4cm以上の木材を，軸組にN75釘 間隔30cm以下）で打ち付けた受け材に，面材を打ち付けた壁		貫仕様　1.5cm×9cm以上の木材を，61cm以下の間隔で，5本以上設けた貫に，面材を打ち付けた壁	
面材の種類	材料	釘の種類	倍率	釘の種類	倍率	釘の種類	倍率	釘の種類	倍率
構造用合板	JAS特類，7.5mm以上	N50	2.5	N32	0.5	N50	2.5	N50	1.5
パーティクルボード	JIS(8タイプ以外)，12mm以上								
構造用パネル(OSB)	JAS(規定するものに限る)								
ハードボード	JIS(450または350)，5mm以上		2.0			—		—	
硬質木片セメント板	JIS(0.9C)，12mm以上					—		—	
せっこうボード	JIS，12mm以上	GNF40またはGNC40	1.0			GNF40またはGNC40	1.0	GNF32またはGNC32	0.5
シージングボード	JIS，12mm以上	SN40※				—		—	
せっこうラスボード	JIS，9mm以上，せっこうプラスター15mm以上	—		—		GNF32またはGNC32	1.5	GNF32またはGNC32	1.0

　釘の間隔はいずれも15cm以下である。ただし，シージングボードの大壁仕様※に限り「1枚の壁材につき外周部分は10cm以下，その他の部分は20cm以下」である。
　表に示す面材耐力壁のうち2つを併用することができる（両面張り）。また，土塗壁，木ずり，筋かいとの併用もできる。いずれの場合もそれぞれの倍率を加算して用いるが，その上限は5.0である。
　表に示す面材耐力壁のほかに，国土交通大臣がこれらと同等以上の耐力をを有すると認めたものがあり，それぞれ倍率が定められている。

1820mm）を用いる場合は，継手の下には前項と同様の措置を講ずる。

④　パーティクルボード，構造用パネル，ハードボード，シージングボードの張り方は，構造用合板と同様とし，胴差部分以外の継目部分は2〜3mmの間隔をあける。

⑤　せっこうボードの張り方は，3×8版または3×9版を縦張りとし，やむを得ず，3×6版を用いる場合は，接合部に構造用合板と同様の措置を講じておく。

真壁に面材耐力壁を用いる場合は，納まりが異なり，耐力壁としての扱いも変わってくるので留意する必要がある。

図4・49　1階床の根太の取り付け作業

4・6・3　根　　太

根太を取り付ける前に，1階部分においては，大引および根太掛け，2階部分においては床梁・胴差の水平を確認しておく。これらの上端が床を水平に仕上げる基準となるので，正確に取り付けておく必要がある。

それらの上に取り付ける根太は，せいの揃ったものとし，なるべく継手をつくらないように3.6mまたは4mの材を使用することが望ましい。

根太は，1階の床の場合は大引，2階床の場合は床梁の上に掛け渡す。大引や床梁の間隔が910mm前後の場合はせいが54〜75mm程度のものを用い，床梁の間隔が1820mm前後の場合は，せいが105mm程度のものを用いる。

水平な床を構築するために，大引および根太掛けは，上面が水平になるよう正確に取り付けておく。

従前より行われている床の組み方（柔な床組と呼ばれている）に対して，構造上の合理性を求めて，床の組み方（床構面あるいは水平構面）にいくつかの新しい方法が採用され始めている。

一つは，木造3階建建物が普及し始めた昭和63年頃から，水平構面の堅さ（剛性）が十分期

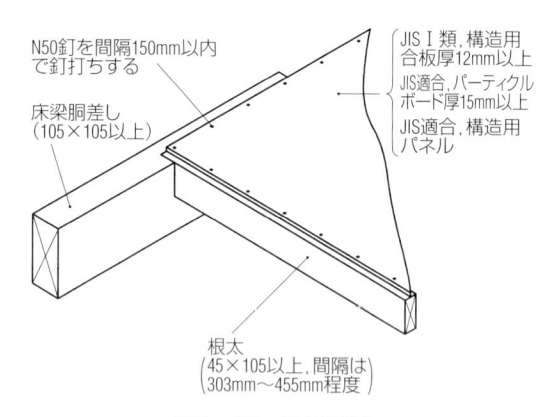

図4・50　剛な床組み

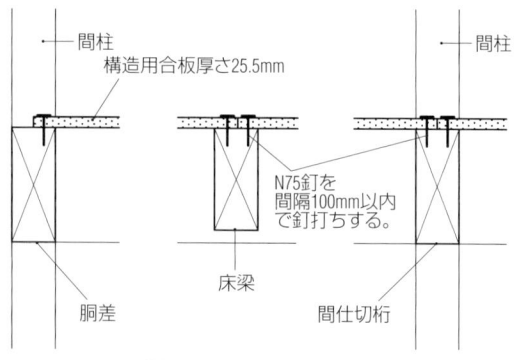

図4・51　根太レス構法

4・6 筋かい・根太・垂木等　**87**

待できる床組みとして用いられるようになり，2階建にも採用され始めている「剛な床組」，もしくは「剛床」と呼ばれている構法である。

具体的には，根太を床梁あるいは胴差に大入れで落とし込み，この上に床下地板（構造用合板12mm以上）を直接釘打ちする。根太は大入れとしないで，根太金物を用いて床梁・胴差に掛け渡してもよい。

この構法で重要なことは，床梁・胴差上端と根太上端が揃っていることと，床下地板に使用する構造用合板が床梁・胴差に直接釘打ちされていることである。また，床梁・胴差と根太の上端が異なる場合においては，側根太，または，受け材などを用いて床下地の構造用合板の四周を確実に留める必要がある。

二つ目の構法は，「剛な床組み」の施工の合理化を図ることを目的として使われ始めているものであり，「根太レス」とも呼ばれている。床梁のピッチを910mm以内とし，その床梁に，厚手の構造用合板（24mm〜36mm）を直接張る。この方法は，根太を省略することによって施工の合理化を図っているが，火打梁を省略する場合もある（図4・50）。

4・6・4 垂　　木

垂木は，一般部では母屋と母屋に掛け渡されており，そのスパンは910mm程度が普通である。また，垂木のピッチは455mm前後であり，負担する荷重もそれほど大きくない。モデル現場では，45mm×90mmのものが用いられているが，一般的には，45mm×54mmまたは45mm×60mm程度の断面のものが用いられることが多い。施工上注意すべきは軒先部分で，この部分は大きな吹き上げ風圧を受けることから，その留め付けが十分でないと屋根全体を浮き上がらせてしまう恐れがある。したがって，垂木と母屋の留め付けは，一般部分は，N75程

図4・52　垂木の留め付け

図4・53　防護ネット

図4・54　床張り先行

度の釘を用いて両面斜め打ちで十分であるが，軒先部分では，軒桁ひねり金物またはくら金物で取り付ける必要がある．

4・6・5 作業床等

建物の外部は，先行足場工法を採用することで建て方時の足場が確保されるが，建物内部側には足場が設置されていないことから，この部分についても墜落防止対策を講ずることが必要である．

その手順としては，2階床梁の組立が終了した時点で，その梁を利用して墜落を防止するためのネットを張り巡らすか（図4・53, 54），もしくは合板などで2階の床を仮に施工してから，小屋梁の組立などの作業に着手する．

墜落防止ネットの設置方法は，労働安全衛生法が定めた，「墜落による危険を防止するためのネットの構造等の安全基準に関する技術上の指針」で定められているので，これに基づいて設置すればよい．

第5章

板金工事・屋根工事

- 5・1　板　金　工　事　　　　　　　　　90
- 5・2　屋根葺き工事　　　　　　　　　92
- 5・3　バルコニー・陸屋根工事　　　　98
- 5・4　樋　　工　　事　　　　　　　　100

5・1 板 金 工 事

板金工事は，屋根全体を金属板葺きにしない限り，工事金額や全体工程における所要日数などの割合からみると，ごく少ない工程である。しかし，建物の耐久性を担保するための条件の一つである，雨水の浸入防止という点からみると，きわめて重要な工事である。また，板金工事部分が主因とは必ずしもいえないが，雨漏りあるいは雨水の浸入が，工事後のクレーム項目の中で常に上位にあることも事実である。

平成12年4月より施行された「住宅の品質確保の促進等に関する法律」の中の瑕疵担保責任の特例の中で定められた，瑕疵担保責任10年間義務付けの部分で，構造躯体と併せて，雨水の浸入防止の項目が示されており，防・止水を目的とする板金工事の重要性はますます高くなっている。

5・1・1 屋根面の板金工事

(1) 部 位

屋根面の板金工事の対象となる部位には，谷樋，きわ谷樋，隅棟，棟，雨押さえ板金などがある（図5・1）。

この屋根面の板金工事のうち，特に谷樋の作業日程は，後工程の屋根葺き工事に大きく関わってくるので，関係者と打合せを行い，谷樋，きわ谷樋の取り付けの日程を調整しておく。

(2) 材 料

板金に用いる材料は，屋根葺き材によって異なるが，一般的には，屋根用塗装溶融亜鉛めっき鋼板（カラー鉄板），銅板，塗装ステンレス鋼板，ポリ塩化ビニル被覆金属板（塩ビ鋼板）などが用いられる。

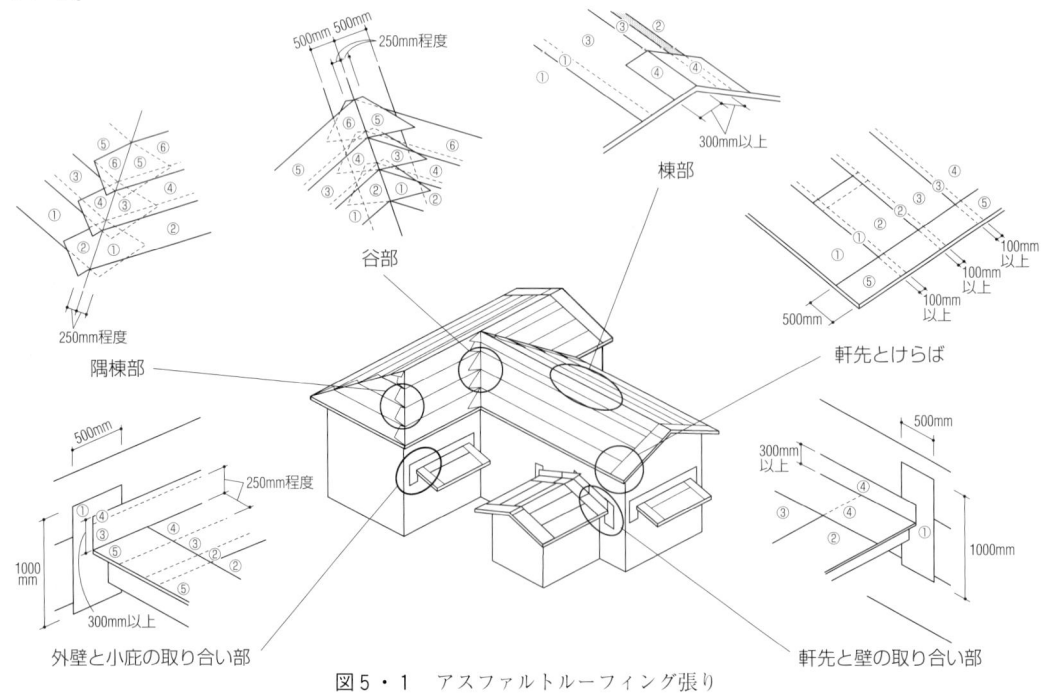

図5・1　アスファルトルーフィング張り

(3) 部位ごとの仕様
① 谷樋，捨谷

谷樋（谷葺き板）は，金属板葺き屋根の場合，屋根葺き材と同質の材料を用いる。また瓦葺きの場合は，(2)にあげた材料より選択し，原則として全長通し葺きとする。また防水補強として捨て板を用いるか，アスファルトルーフィングの増し張りを行う（図5・2）。

壁の立ち上がりの入隅部におけるアスファルトルーフィングの増し張りは，特に入念に施工する。

② 壁との取り合い

流れ方向で壁面と取り合う場合は，捨て谷を設け，壁ぎわののし瓦積みの上に板金工事で雨押さえを設ける。

捨て谷の上の壁ぎわののし瓦積みを省略した場合は，捨て谷の壁ぎわ立ち上がりを雨押さえ板の上まで伸ばし，雨押さえ鉄板の立ち上がり部分と重ね合わせる（図5・3）。

屋根面の水上部分が壁面と取り合うところでは，のし瓦の上に雨押さえを設ける。

5・1・2 その他の板金

(1) 土台水切り

外壁などを伝わって落ちてきた雨水などが，土台の下端から浸入しないように設ける部材である。現場加工する場合の材料は，先に述べた谷樋や捨て谷と同じものを使用する。施工手順は，加工された水切り板を，土台脇に打ち付けた見切り縁を包むように釘打ちして取り付ける。特に施工上注意する必要があるのは，外壁出隅あるいは入隅の隅角部や，玄関・勝手口などの開口部に接する部分の水切り板が連続しない部分の納め方である。

最近は，外壁通気構法や仕上げ材の種類に対応した水切り材が，既製品として多くできてお

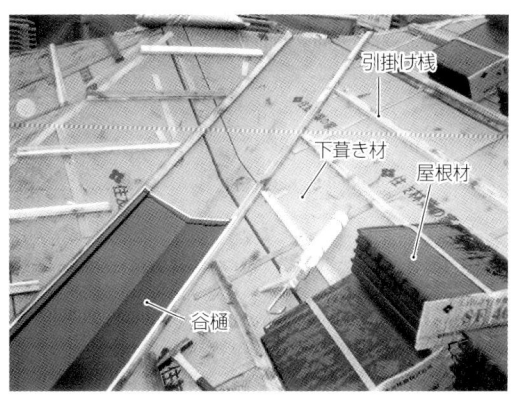

図5・2 谷樋

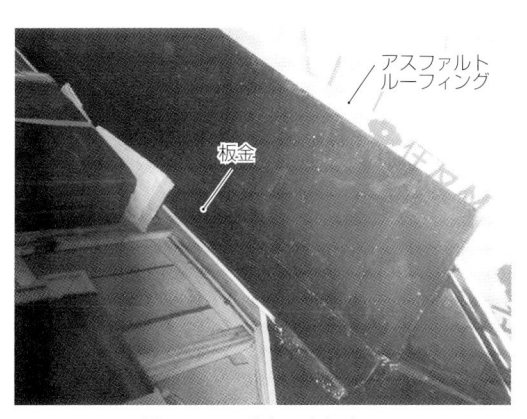

図5・3 壁との取り合い

図5・4 ルーフィングの増し張り

(2) 霧除け庇等の板金

庇は，下葺きにアスファルトルーフィングを用い，その上に金属板を加工して葺き上げる。

外部造作作業（大工工事）終了後に板金加工のための採寸作業を行い，板金業者などの作業場で加工を行う。最近は，既製品の霧除け庇を用いる場合も多い。壁面への立ち上がりは，下葺きのルーフィングとともに十分な高さを取り，立ち上がりの先端部は防水テープなどを張り付けておく。

出窓，屋根，換気扇の枠回り，外部付け梁などの上端なども，これと同様の作業を行う（図5・6）。

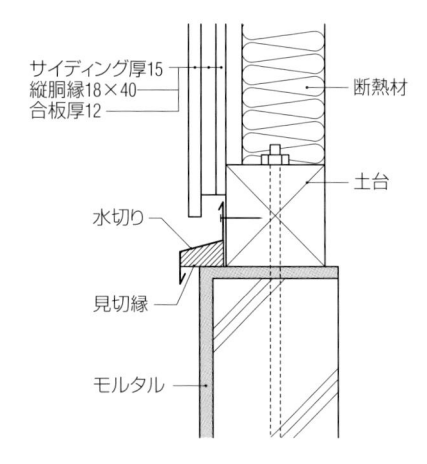

図5・5 水切り雨押さえ

5・2 屋根葺き工事

5・2・1 下葺き

(1) 材料

屋根葺き仕上げに先立ち，防水機能の向上を目的として下葺き工事が行われる。一般的に使用される材料はアスファルトルーフィングであり，940g/m（旧22kg製品）以上の製品を用いる。

最近は下葺き材の防水性を高めるため，アスファルトルーフィングの原紙を不織布に変え，アスファルトを合成高分子材料などを浸透させた改良アスファルトルーフィング（ゴムアス）の使用が増加しつつある。

(2) 施工

外壁と屋根の取り合い部分では，アスファルトルーフィングなどの下葺き材を壁面に立ち上げるが，それを受けるために，壁下地として面材を施工する。この面材には，耐水合板など耐

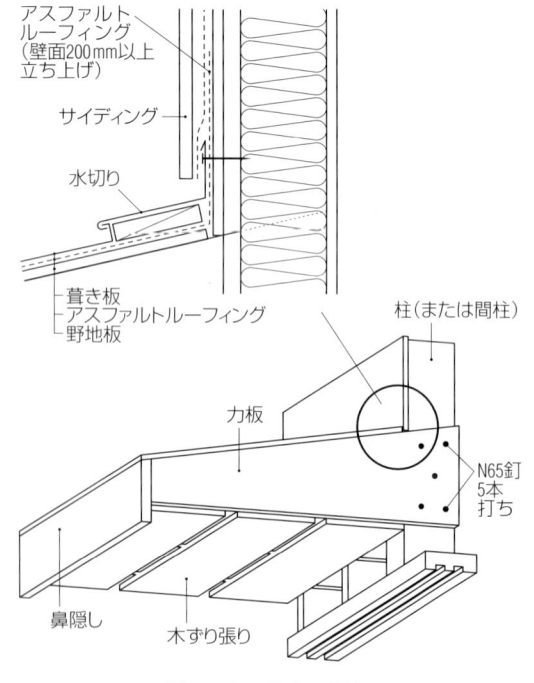

図5・6 陸庇の板金

水性に優れた材を使用する。壁面への立ち上げは，300mm以上とする（図5・8）。

特に注意する点は，屋根面より張り上げてきた部分と壁面から張り下げてきた部分の重ねである。あらかじめ捨て張り（幅500mm程度）をしておくなどの配慮が望ましい。

軒先・棟・けらば・谷と壁の取り合い部分の雨仕舞は，平らな部分に比べてより慎重な施工が必要である。施工中に材がずれないようにアスファルトルーフィングなどの下葺きの裏面に粘着材などを使用して施工性の向上を図ることが望ましい。取り付け方法は，タッカー釘または座金付き釘打ちとする。タッカー釘などを打ち込む際は，たるみやしわが生じないようにしなければならない。しわやたるみができると，ルーフィングが破損したり無用の隙間が生まれ，防水機能を大きく損なってしまうからである。また，必要以上にタッカー釘などを打ち込むと，アスファルトルーフィングなどに貫通する穴が多くなり，やはり防水機能を損なうので避けたい。

棟は左右に300mm以上の折り掛けとする（図5・9）。また，谷は幅500mm程度に筋葺きとする（図5・10）。

下葺き終了後は，不必要な歩行を避けるとともに，突風などの被害を避けるために，できるだけ早い時期に屋根葺き工事に着手する。

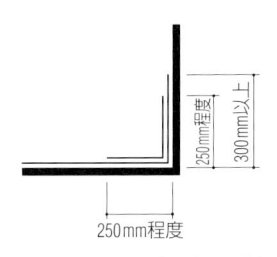

図5・7　谷樋下葺き

図5・8　壁面取り合い部の張り方

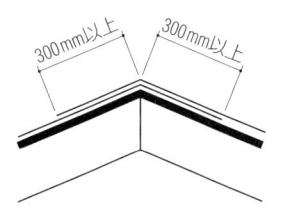

図5・9　棟の張り方

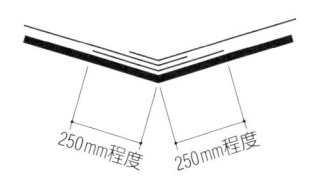

図5・10　谷の張り方

5・2・2　和　瓦

和瓦は，粘土を焼いた伝統的な屋根葺き材料で，その耐久性は屋根材料の中で長い実績をもっており，最も優れているといえる。

(1)　材　料

粘土瓦は，JISに適合する品質のものあるいは同等以上の性能を有するもの（相当品）を使用する。和瓦は，それぞれの地域ごとに特徴のある製品があるが，一般的に使用頻度の高いも

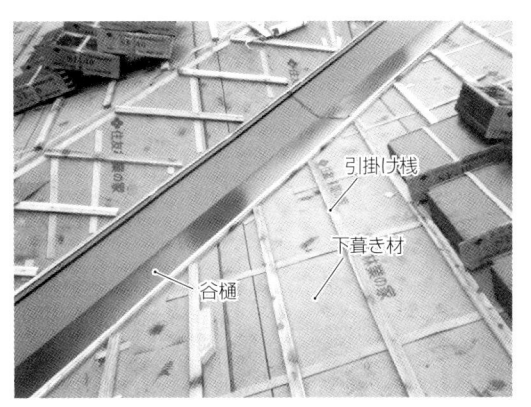

のは，いぶし瓦，釉薬瓦であり，塩焼き瓦，無釉薬瓦（素焼き瓦）が用いられることもある。

和瓦には，本瓦葺きと桟瓦葺きとがあるが，住宅に一般的に用いられるのは，引掛け桟瓦葺きである。

桟瓦葺きに用いられる瓦を使用部位によって分類すると，桟瓦，軒瓦，けらば瓦，がんぶり瓦，鬼瓦などとなる（図5・11）。

屋根の性能を長期に維持していくためには，釘や緊結線も重要な材料である。多く使われる材料は，銅釘，ステンレス釘，真鍮釘であり，緊結線としては，銅やステンレスが用いられる。

(2) 施 工

和瓦は，瓦職によって施工される。

まず，使用する瓦の寸法に応じて働き幅と流れ寸法を決め，屋根面における割り付けを定める。それに従って，瓦桟を屋根下地の垂木当たりに釘打ちする。この瓦桟に引掛けるように瓦を葺いていく。一般的には，軒先から右側の瓦の下に差し込むように葺いていく。

屋根の葺き方については，国土交通大臣の定めた基準（告示）に従うとされている。その内容は，以下のとおりである。

① 屋根葺き材は，垂木・梁・桁あるいは野地板などの構造部材に取り付けること。
② 屋根葺き材の緊結に使用する金物などについては，腐食の恐れがある場合は，さび止めなどの措置を講ずること。
③ 屋根瓦の緊結部分と緊結方法については，具体的には，軒およびけらばから2枚通りまでを1枚ごとに，棟部分は1枚おきごとに，銅線，鉄線，釘などで緊結する。

この仕様規定に加え，従来は，風圧力に対して安全上支障がないこととのみ示されていたが，平成12年の建築基準法改正により，新たに屋根葺き材の安全性を確かめるための構造計算の基準が示された（平成12年建設省告示第1458号）。

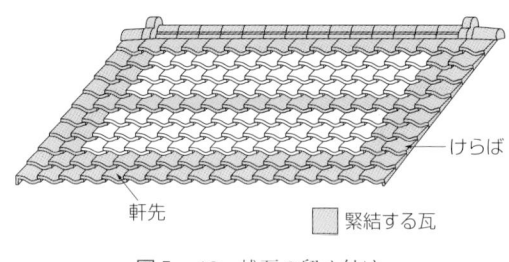

図5・11 各種の瓦

図5・12 桟瓦の留め付け

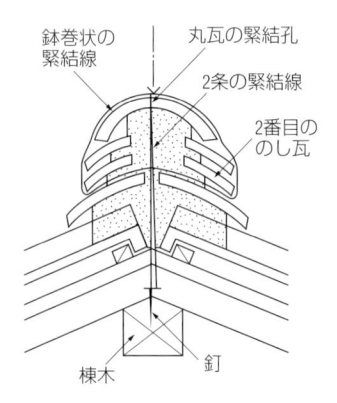

図5・13 伝統的な棟の留め付け方法の例

瓦葺きは，伝統的な構法であるので，施工方法は確立しているが，次にあげるような点に留意する必要がある。

① 一般部の緊結法（図5・12）
② 棟部分および鬼瓦の施工法（図5・13）
③ 面戸部分の施工法
④ 谷部，壁との取り合い部の納まり（図5・15）
⑤ 特に風当たりの強い箇所の納まり

なお，急勾配屋根では，すべての瓦を野地板などの下地に釘打ちしておく必要がある。また，釘も一般的な勾配の屋根に比べて，長いものを用いるかスクリュー釘を用いなければならない。

図5・14　一般的な桟瓦*

5・2・3　洋　　瓦

瓦は，材質と製法，形状によって分類できるが，和瓦と洋瓦は，主として形状によって分けられる。洋瓦の形状の主なものとして，S型瓦，スパニッシュ瓦，フランス瓦などがある。平瓦を洋瓦に含める場合もある。

施工上の納め方については，形状からくる相違点以外は和瓦とほとんど変わりはない。

モデル現場で使用された屋根材は，洋瓦の一種である陶器釉薬平板瓦を使用している（図5・17，18）。材料に求められる性能，施工方法は，和瓦の引掛け桟瓦葺きとほとんど変わりはない（5・2・2参照）。

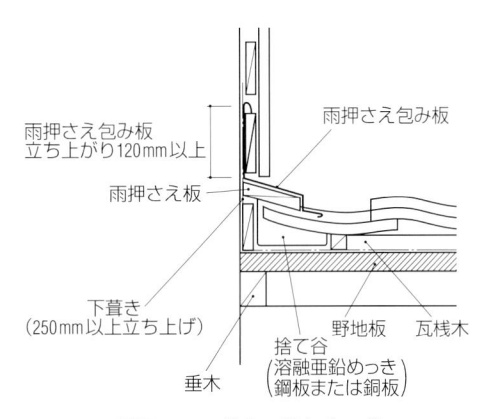

図5・15　壁との取り合い部

5・2・4　住宅屋根用化粧スレート葺き

(1) 材　料

住宅屋根用化粧スレートは，セメントに各種の繊維材料を補強材として混入し，平板状に成形した屋根葺き材料である（商品名：カラーベストなど）。従来は補強材料に石綿が使われていたが，近年，石綿粉塵の人体への有害性が指摘され，石綿以外の繊維で強化したセメント板を用いた製品が供給されている。

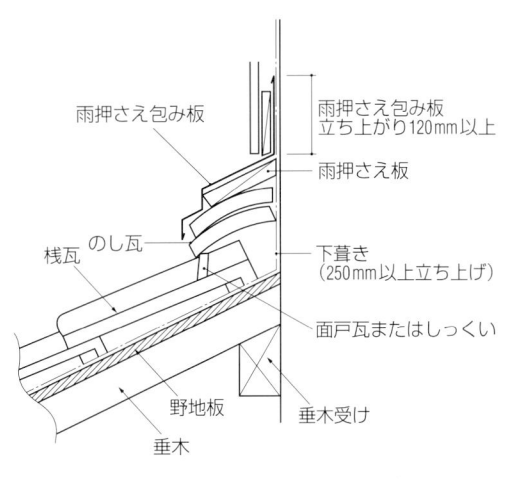

図5・16　水上部分の壁面との取り合い部

(2) 施 工

化粧スレート葺きの施工法は，一般的には材料供給メーカーの仕様で行われる。各メーカーは，施工地域の気象条件などに対応した屋根勾配と流れ長さの基準を定め，各部の標準納まりを示している。

材料の切断は，専用の切断機を用い，切断面がきれいに仕上がるようにする。また，切断した材は，固定用の釘穴が不足する場合が多いので，その場合は切断機に付属している穴あけ装置で必要な箇所に釘穴をあけておく。

棟やけらばは，同質の役物か，溶融亜鉛めっき鋼板などを用い，標準納まりに従って施工する。

図5・17 平板瓦（平部）

図5・18 平板瓦（棟部）

5・2・5 金属板葺き

金属板は屋根葺き材料としてはきわめて薄く，軽量で強度があり，現場で折り曲げ加工が可能であることから，緩い勾配の屋根に用いることができる。一方で，断熱性・遮音性に難点があるので，その特性を十分理解した上で採用することが肝要である。

(1) 材 料

金属板葺きに使われる材料には，次のようなものがある。

① 溶融亜鉛めっき鋼板
② 塗装溶融亜鉛めっき鋼板（カラー鉄板）
③ 溶融亜鉛5％－アルミニウム合金めっき鋼板（ガルバリウム鋼板）
④ 塗装溶融亜鉛5％－アルミニウム合金めっき鋼板
⑤ 塗装ステンレス鋼板
⑥ 銅および銅合金の板
⑦ ポリ塩化ビニル被覆金属板（塩ビ鋼板）

いずれの材もJIS製品として規格化されている。

図5・19 化粧ストレート葺きの例*

(2) 加 工

金属板の折り曲げ加工は，原則として機械で加工されるが，めっき鋼板や塗装鋼板の折り曲げに際しては，めっきや塗膜に損傷や剥離を生じさせないよう十分注意する。万が一損傷を生じさせてしまったときは，各メーカーの仕様に従って補修する。

(3) 葺き方の種類

金属板の葺き方には，次のような種類がある。

① 心木あり瓦棒葺き（図5・20）
② 心木なし瓦棒葺き（図5・21）
③ 一文字葺き（図5・22）
④ 段葺き（横葺き）（図5・23）

(4) 施 工

金属板葺きの施工方法は，屋根の種類と葺き材によって異なる部分が多いが，ここでは共通している基本的な方法について記述する。

金属板葺きは「はぜ」を用いて板どうしを接合していくが，その際，はぜをつぶしすぎないことが重要である。はぜには，次のような種類がある。

① 一重はぜ（こはぜまたは平はぜ）
② 二重はぜ（巻はぜ）

金属板の留め付けには，吊り子，通し吊り子，通し付け子などの方法がある。なお，釘打ちした部分の釘頭には必ずシーリング処理を行う。

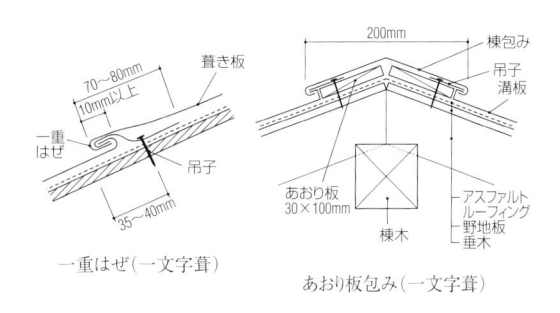

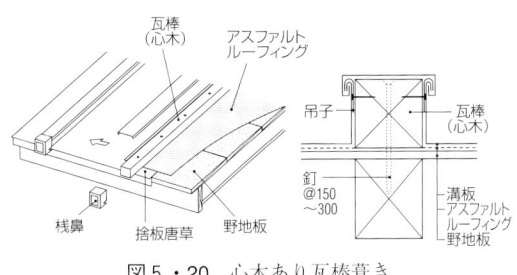

図5・20 心木あり瓦棒葺き

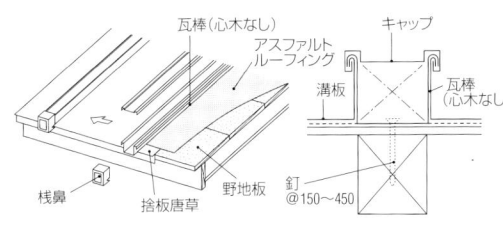

図5・21 心木なし瓦棒葺き

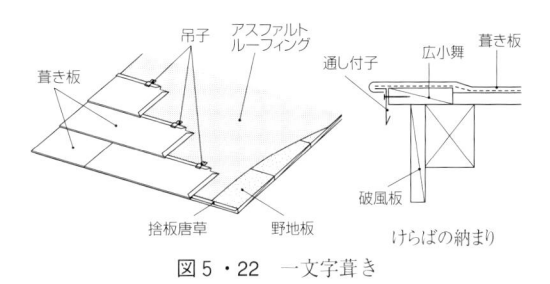

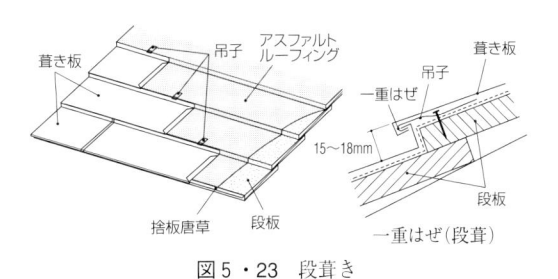

図5・22 一文字葺き

図5・23 段葺き

5・3 バルコニー・陸屋根工事

5・3・1 バルコニー・陸屋根の防水工事

　木造住宅では，従来は部屋の上部にバルコニーを設置することは避けていたが，防水技術の進歩とともに，そのようなプランが増えてきている。一般的には，跳ね出しバルコニーと呼ばれる屋根のない形状（図5・24）が多いが，バルコニー先端まで軒が伸びた設計もみられる（図5・25）。1階の部屋上部にバルコニーを設けている場合には，防・止水，あるいは排水措置を適切に行っておかないと雨漏りを発生させてしまう。

　直下に屋内部分を有する場合の下葺きは，アスファルトルーフィングを敷き詰める。壁面との取り合い部分では，壁面に沿って300mm以上立ち上げておく。

　次にバルコニーや水平な屋根（陸屋根）の防・止水に多く使われているシート防水とFRP防水について述べる。

　木造軸組構法においては，いずれの防・止水工法においても，下地は一般的に合板（耐水合板）が使われることが多い。水勾配は根太などの大きさで調整し，1/30程度の勾配を取っておく（図5・24）。

　床面をきれいに清掃し，ルーフィングを敷き詰める。壁面の立ち上がり（幅木部分，はき出し窓下部分）は，200mm〜300mm程度とする（図5・25）。排水ドレンは，なるべく下の階の室内部分から離して設ける。

(1) シート防水

　不織布にゴムアスファルトや塩化ビニルなどの高分子化合物を塗り込んで防水層を構成した

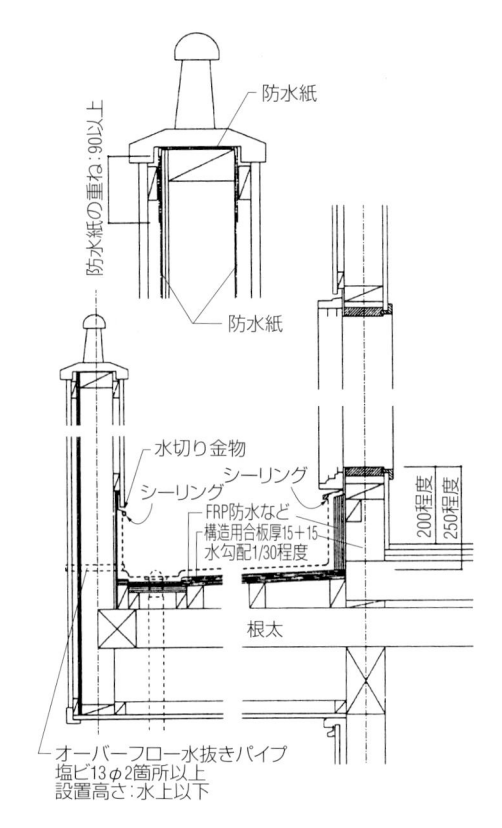

図5・24　跳ね出しバルコニーの防水例

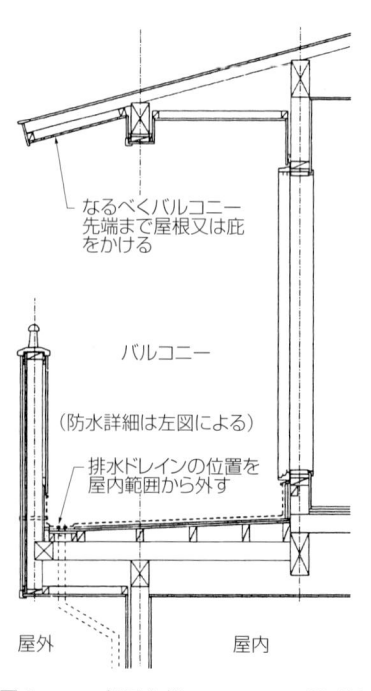

図5・25　部屋上部バルコニーの断面例

ものである。最も大きな特徴は冷工法であることで、アスファルトなどの熱工法に対して火を使用することが不要なことや、施工時に悪臭を放たないなどの利点がある。施工上最も注意することは、ジョイント部分を入念に施工することである。

施工上の手順と注意事項は、以下のとおりである。

① 合板下地が多く採用されていることから、合板の目違い払いを行うとともに、釘頭を十分に打ち込んでおくこと。

② 下地が十分乾燥していることを確認する。雨天後の施工には、十分に注意する。

③ 排水ドレンの取り付けをする。

④ 排水ドレン周辺、出隅・入隅部に増し張り防水層を施工する。

⑤ 防水シートの敷き込みをする。シートと下地の間に空気が入らないように注意し、ローラーで押さえながら張り付けていく。

⑥ 通常は、一次の防水シートの上に押さえモルタルなどを施工し、二次防水シートを施工することが多いが、基本的にはこの一次防水層で完全に止水しておくことが肝要である。

(2) ＦＲＰ防水

ＦＲＰとはFibre Reinforced Plasticの略称で、代表例としてガラス繊維強化プラスチックがある。かつては、住宅の浴槽に多く使われていた材料である。

最近の住宅に多く採用されている建物と一体化したバルコニーや、ルーフバルコニーの防水層として、工場で成形された部品を現場で組み合わせて施工される。

施工手順は以下のとおりである。

① ドレン位置の決定

最初に決定しなければならないことは、排水ドレンの位置である。設計図に基づい

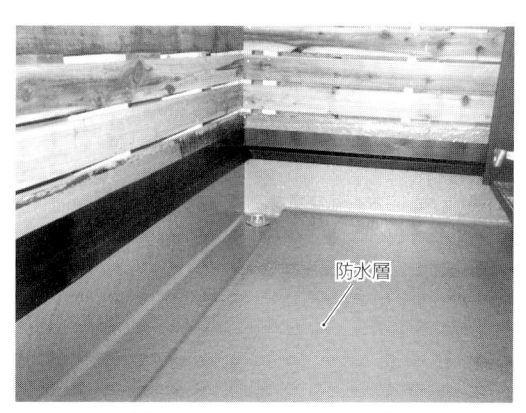

図5・26 バルコニーの防水

て決定するわけであるが、一般的には、バルコニーの面積20m²程度にドレンは2箇所設ける。

② 下地の点検

下地が十分乾燥していること。特に、工事日の前に降雨があったときは、十分に点検する必要がある。板金工事の腰水切り板がついていないことを確認する。下地材の目違いや、釘頭などの突起物がないことを確認する。また、立ち上がり部の下地防火板が確実に施工されているかを確認する。さらに、サッシの取り付けを確認するとともに、雨戸枠がついていないことを確認しておく。

③ 材料

・下地断熱パネル

・排水溝用パネル（スターターパネルとも呼ばれ、一番最初に取り付ける部材）

・平部用パネル（勾配付きパネルとも呼ばれる）

・各種の部品（ＦＲＰバックアップ材、防水テープ、ＦＲＰ製排水ドレン、コーナーアングル等の金属部品）

④ 防火板の施工

防火板の寸法取りを行い切断する。一般的には、設計図から割り出すことよりも現

場で採寸することが多い。各コーナー部から取り付けを行い，順次中央部へと進めていく。

　⑤　平部パネル取り付け

　パネルの割り付けを行い，下地断熱パネルを敷き込む。排水溝用パネルをドレン位置より水上へ向かって敷き並べる。排水溝用パネルの取り付け終了後，平部用勾配パネルを接着剤を塗布しながら順次敷き並べ，ステンレススクリュービスで固定する。

　出・入隅部に絶縁テープを張り付け，ルーフマット（不燃材）を敷き込む。

5・4　樋　工　事

5・4・1　概　　　要

　樋工事には，軒樋・竪樋の取り付け作業がある。いずれも一般的には，合成樹脂製の材料を用い，そのメーカーの仕様に基づいて施工する。軒樋は，鼻隠し部分の塗装工事の終了後，竪樋は，サイディングあるいは外壁の左官工事などの完了後に行うのが一般的である。しかし，板金工の作業量が少ない場合には，庇などの板金工事と同時に行うことも多い。雨水の垂れ流しによる汚染防止の観点から，比較的早めに作業を行うこともある。このような場合は，適切な養生を行い，場合によっては，取り外しが可能なような措置を講じておく必要がある。

5・4・2　軒　　　樋

　軒樋は，屋根面の雨水を軒先で受け止め，竪樋へ導く役割をもつ。したがって，竪樋に向けて適切な勾配を付けて取り付ける（1/100～1/120程度）。

　作業手順は，軒樋の両端部を定めた後に，鼻隠しに軒樋受け金物を取り付ける。これに水糸を張り，竪樋の位置に向けて水勾配の方向と勾配を決める。この水糸に従って，軒樋に合った形の軒樋受け金物を70cmから90cmの間隔で取り付けていく。また，竪樋の近くでは，あんこうから5cm程度離して鼻隠しに取り付ける。

　次に，軒樋にあんこうを取り付ける。軒樋の継手は専用のものを用い，その接合には接着剤を使用する。また，軒樋受け金物との緊結は伸縮を妨げない程度の固さとする。

5・4・3　竪　　　樋

　竪樋は，軒樋で集めた雨水を，あんこう・呼び樋を経て受け，壁面に沿って地盤面に設置された排水枡まで導く役割をもつ。

　作業手順は，軒樋に取り付けられているあんこうの位置を上部の基点とし，竪樋にあった竪樋受け金物（でんでん）を，壁面に100cm程度の間隔で垂直に壁面に打ち込んで取り付ける。竪樋は呼び樋を経由してあんこうに接合される。

図5・27　樋

第6章

外部建具工事

6・1　アルミサッシ　　　　　　　　　　102

6・2　雨戸・網戸　　　　　　　　　　　104

6・3　木製建具　　　　　　　　　　　　105

6・1 アルミサッシ

木造住宅の外部建具には，主としてアルミサッシが用いられている。アルミサッシは，開閉が軽く，気密性が高い上に，耐久性があるため，昭和40年代以降急速に普及した。

6・1・1 種　類

アルミサッシを開閉方式によって分類すると，次のようになる。

① 引き違い
　　左右2枚のガラス障子がレールおよびガイドに沿って水平方向に移動することによって開閉する方式。わが国では，最も一般的に用いられている。4枚のガラス障子を入れたサッシも用いられる。

② 片引き
　　1枚のガラス障子がレールおよびガイドに沿って水平方向に移動することによって開閉する方式。はめ殺しと組み合わされることが多い。

③ 上げ下げ
　　障子の両端が縦枠のガイド溝に沿って上下にスライドすることによって開閉する方式。

④ 外開き
　　障子の片側を丁番やピボットヒンジなどで吊り込み，これを回転軸として，外側に開く方式。障子の枚数により，1枚のものを片開き，2枚のものを両開きという。

⑤ 突き出し
　　障子の上部を丁番などで枠に留め付け，下部を突き出して開く方式。

⑥ 内倒し
　　障子の下部を丁番などで枠に留め付け，上部を内側に倒して開く方式。

⑦ すべり出し
　　障子を外側へ突き出すに従って，障子上部のスライディングピボットが，縦枠に沿って下がる開閉方式。

⑧ 縦軸すべり出し
　　障子を外側に開くに従って，障子端部のスライディングピボットが，上下枠に沿って横に移動する開閉方式。

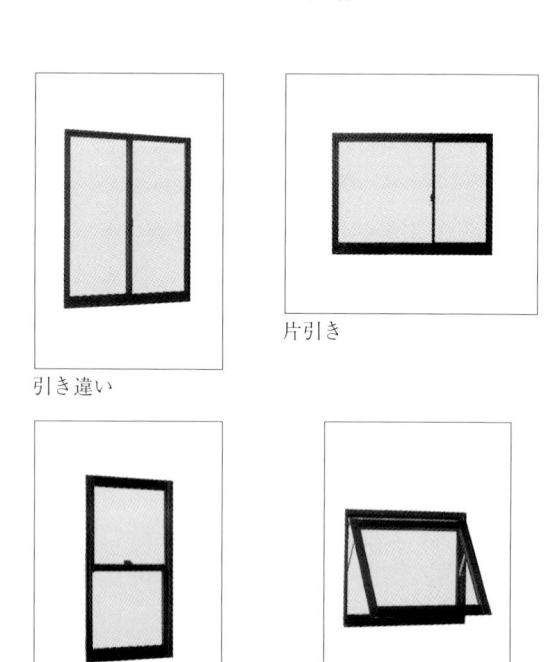

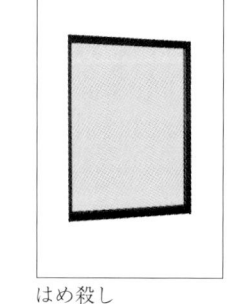

引き違い　　　　　　片引き

上げ下げ　　　　　　横すべり出し

縦すべり出し　　　　はめ殺し

図6・1　アルミサッシの種類

⑨ はめ殺し

可動部がなく，枠に直接ガラスなどをはめ込む方式。

また，アルミサッシには，柱との位置関係によって，次のような種類がある（図6・3，6・4）。

① 内付けサッシ

大壁の洋室に主として用いられる。

内側に額縁を取り付けることが多い。

② 半外付けサッシ

大壁の洋室にも真壁の和室にも用いられる。

③ 外付けサッシ

真壁の和室に主として用いられる。

柱の間に明り障子を入れる場合は，外付けサッシとする。雨戸が一体となったものもある。

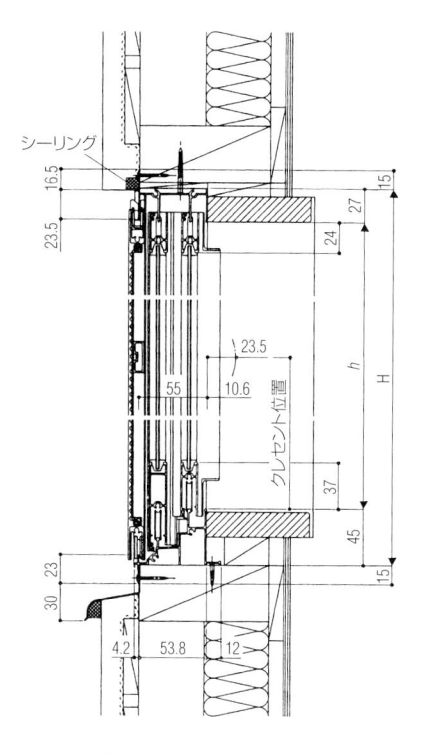

図6・2　内付けサッシ断面図

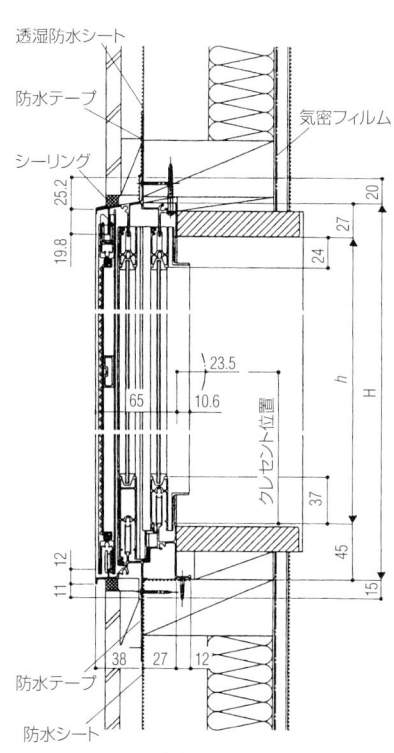

図6・3　半外付けサッシ断面図

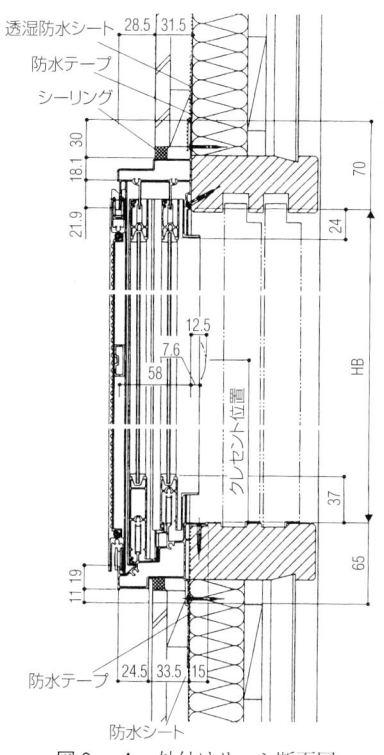

図6・4　外付けサッシ断面図

6・1・2　アルミサッシの取り付け

① サッシを取り付ける前に，取り付ける柱，あるいは間柱が垂直かどうか，窓台が水平かどうか，面違いがないかを確認しておく。面違いがある場合は飼い木を当てる。

② サッシ枠と柱との隙間を，木片を飼うなどして調節し，水平・垂直を確認した後に，下枠をステンレス釘で本付けする。水切り板を用いる場合は，先に取り付けておく。

③ 障子を吊り込んだ状態で納まりを調整した後に，縦枠，上枠の順にステンレス釘で固定する。

④ 障子を外し，上枠とまぐさ，縦枠と柱との隙間に飼木を入れ，木ねじで留める。下枠の固定は内装仕上げに合わせて木ねじ留めとする。

⑤ 障子の建て付けの良否，開閉の具合を点検し，建て付けの調整と錠の調整を行う。

⑥ 枠と外装材との接合面には目地を設け，シーリング材を充填し，雨仕舞する。

⑦ サッシの取り付け後，建物完成までは相当の時間がかかるので，物をぶつけたりして破損させないよう，注意書きを貼り付けておく。

図6・5　アルミサッシ

図6・6　面格子

6・2　雨戸・網戸

雨戸は，飛来物による窓ガラスの破損防止，防犯などを目的として取り付けられていたが，最近では，防音性や断熱性を付加した製品が多くなってきている。

網戸は，アルミサッシに付属したものを用いることが多い。

図6・7　雨戸

6・3 木製建具

6・3・1 種類

外部に使用される木製建具を大別すると、建具職が現場で採寸した後に製作して現場で吊り込みまで行う、伝統的に用いられてきたものと、工場で作られた建具を建具職が吊り込むもの、そして、建具枠と建具が工場で製作されるものとがある。

外部に使用される木製建具は、アルミサッシの普及に押されて、その使用する機会が少なくなってきている。しかし、金属製建具にはない木肌のもつ趣をもっている。また、結露をほとんど起こさないなどの特徴をもっている。

住宅の開口部をすべて木製建具にすることはほとんどなくなり、南側などの大きな開口をもつ部分だけに使用されることが多い。したがって、大きな枠とガラス面で構成される引き違い戸が中心となる。工場で生産される建具は、種類やデザインも豊富であるが、洋風のものが多い。

外部木製建具の中で、枠材と建具が一体となって工場で製作されるものの中心は、玄関建具である。片開き、両開き、親子ドア、引違いなど、メーカーがデザインと性能を競っている。

6・3・2 木製建具の取り付け

ここでは、建具工事店が製作して取り付ける方式の建具工事について記述する。

この場合の木製建具工事の作業は、寸法取り・工場製作・現場作業の3つの工程に分けられる。

(1) 寸法取り

建具の寸法取りは、開口部枠や内法材の取り付けが終わったころに行い、建具の開閉方式、形状寸法、使用材料および取り付け金物類を確認しながら実施する。

(2) 工場製作

建具は、設計図書および打合せ事項に従って、所定の品質の材料を用い、寸法取りしてきた資料に基づいた部材寸法になるよう、正しく加工する。建具金物は、用途に適したものを選定し、建具の機能を最適に発揮できるようにする。

(3) 現場作業

建具吊り込みは、建具職人が自分の作業のしやすい手順で行うのが通例で、特に定められた方式はない。

建具の吊り込み終了後、金物をチェックし、建て付け・すべり具合・召し合わせ・寸法などの確認を行う。

また外部建具は、比較的早い時期に吊り込まれるので、後工程による汚れや傷などに対する養生を十分に行っておく。ガラスにも注意札を貼り、破損を防ぐよう注意を喚起しておく。

第7章

外部仕上げ工事

7・1　準備作業　　　　　　　　　108

7・2　左官工事　　　　　　　　　108

7・3　窯業系サイディング工事　　112

7・4　その他の乾式外壁工事　　　117

7・5　タイル工事　　　　　　　　118

7・6　外部塗装工事　　　　　　　120

7・1 準備作業

外壁などの外部仕上げ工事に先立ち，準備作業として，次にあげるような箇所が確実に施工されているかを確認する。

① 間柱や入隅に打ち付ける胴縁受け材などの取り付け
② 軒天の下地組みと壁下地との取り合い
③ 筋かいなどの取り付け状況
④ 構造金物の取り付け漏れやボルトなどのゆるみ
⑤ 土台・基礎取り合いの納まり
⑥ 屋根・開口部回りの雨仕舞のための納まり
⑦ 霧除け庇・換気フードなどの取り付け状況
⑧ 設備配管・配線類の状況
⑨ 設備器具取り付けのための下地補強
⑩ 足場控えなどの仮設の状況

以上の前工程作業の点検・確認や必要な手直しを行い，モルタル塗り・タイル張り・サイディング張りなどの外部仕上げの種類に応じ，下地板や胴縁・防水紙などの下地の施工を行う。

下地面の垂直性や水平性の精度も，この段階でチェックする。見え隠れになるからといっていい加減に処理すると，仕上がり状態に大きな影響が出ることがある。

7・2 左官工事

7・2・1 概要

住宅の外壁は，窯業系サイディングなど乾式工事によるものの割合が増加したため，外部仕上げ工事に占める左官工事の役割は低下している。ラスモルタル外壁のクラックの問題は，長年，高順位のクレーム項目となっていた。最近は下地材や混和材などの工夫をしたり，弾性吹き付け材の採用などによって解決を図る努力が続けられてきたことにより，クレームも減少し，左官工事も見直されつつある。

左官工事は，ラスモルタルなどの外壁工事として行われるほか，勝手口の踏み段，土間，犬走り，布基礎の仕上げ，軒天回りなどで，モルタル仕上げや塗装・吹き付けの下地として利用されている。

代表的な左官工事であるモルタル仕上げの最大の課題はクラックであり，以下のような要因があげられる。

施工のされ方に起因するクラック
① 不適切な下地の選択
② 下地の取り付け不良
③ 調合不良
④ 目地などの不適切な処理

建物の揺れに起因するクラック
① 自動車などの交通による振動
② 生活に伴う振動
③ 風・地震などによる振動
④ 建物の剛性の低さによる振動

特に開口部回りでは，クラックが発生しやすく，入念な施工が求められる。

7・2・2 下地の構成と材料

木造住宅の外部で使用される下地材の代表的なものは

① 下地板（小幅板・合板）＋防水紙＋ラス
② モルタル下地用合板（商品名：ラスカット）
③ 鉄筋コンクリート，コンクリートブロック

などである。

下地板としては，10cm程度の幅の板（小幅板）を隙間をあけて柱や間柱に打ち付けるが，現在は合板を用いることも多い。

下地板の上に防水紙をステイプルで止め付ける。防水紙は，上下に重ねをとり，雨仕舞を完全にする。

防水紙の上にワイヤラスもしくはメタルラスをステイプルで止め付け，モルタル塗りの下地とする。

図7・1　小幅板による下地*

7・2・3　施　　工

左官工事は，無定形の材料を使用し，こて（鏝）やその他の道具を用いて施工する。したがって，材料の特性や施工者の技量に左右される部分が大きい。

(1) 材　料

外壁に用いられる左官材料で，最も一般的な

図7・2　下地板と防水紙*

図7・3　ワイヤラス*

図7・4　開口部回りの防水

ものはモルタルである。

モルタルは，JIS R 5210に適合する普通ポルトランドセメントを使用する。砂は，有害量の鉄分や塩分，ゴミなどの不純物が混じっていないものを用い，水も上水道水など清浄なものを使用する。

また，従来からある材料に加えて，作業中の施工性や硬化後のクラックを防止し，弾性・強度や耐久性などを向上させる混和材（剤）が開発されている。

調合は，下地や塗り込む層によって多少異なるが，標準的には表7・1による。

最近は，モルタルを現場で調合する方法のほかに，現場で練るだけでよい袋詰め既調合モルタルも普及している。この場合は，メーカーの指定する練り合わせ方法に従って作業を進める。

(2) 施工手順

材料の調合や，仕上げの時期，あるいは天候などによって硬化時間には差がある。気温や乾燥時間など工程間隔には十分留意し，乾燥収縮などの動きが安定するまで各工程において養生を行う。モルタル塗りの基本的な施工手順は，以下のとおりである。

① 下塗り（ラスこすり）

塗り厚さは，ラス面より1～2mmとし，こて押さえを十分にしながらこすり塗りを行う。水引き加減を見ながら木ごてでおおよそ平滑に均し，金ぐしなどで全面に荒し目を付ける。

② むら直し

著しいひび割れを目止めし，凹凸が大きい部分をつけ送りして，再度金ぐしなどで全面に荒し目を付ける。隅角部，ちり際などに定規を当て，仕上がり面全体の厚さと納まりを決める。

③ 中塗り

下塗りから中塗りまでの養生期間は，2

表7・1 標準的なモルタル調合（容積比）

下地	塗り付け場所	下塗り・ラスこすり セメント：砂	むら直し・中塗り セメント：砂	上塗り セメント・砂：混和剤
コンクリートまたはコンクリートブロック	床	—	—	1：2
	内壁	1：2	1：3	1：3：適量
	外壁その他	1：2	1：3	1：3：適量
ワイヤラスメタルラスラスシート	内壁	1：3	1：3	1：3：適量
	天井	1：2	1：3	1：3：適量
	外壁その他	1：3	1：3	1：3
木毛セメント板	内壁	1：2	1：3	1：3適量
	外壁その他	1：2	1：3	1：3

表7・2 標準的モルタル塗厚

下地	塗り付け場所	塗り厚（mm）			
		下塗り・ラスこすり	むら直し	中塗り	上塗り
コンクリートコンクリートブロック木毛セメント板	床	—	—	—	25
	内壁	6	0～6	6	3
	外壁その他	6	0～9	0～9	6
ワイヤラスメタルラスラスシート	内壁	ラス面より0.1mm程度厚くする	0～6	6	6
	天井・庇		—	0～6	3
	外壁その他		0～9	0～9	6

図7・5 下塗り

週間程度見ておく。先に取り付けた定規に合わせて，平坦に塗り上げる。ここでの作業が最終仕上がりに大きく影響することから，定規ずりをしながら平滑に仕上げる。

④ 上塗り

中塗り終了後，硬化の程度を確認し，十分に押さえながら仕上げモルタルを塗る。モルタルの水引き具合を見ながら，こてむらなどのないように平均に塗り上げる。

⑤ 最終仕上げの仕様により，刷毛引き，木ごてずりなどの仕上げを施しておく。

⑥ 吹き付けなどの仕上げ

吹き付けなどの化粧をすることで，和風から洋風まで幅の広い外観表現に対応が可能である。

(3) 施工上の留意点

① 布基礎の仕上げ塗りは，美観上，ＧＬよりも塗り下げておく。また，換気口回りは，外側に向けて水勾配を付ける。換気口の上面の塗り忘れにも注意しなくてはならない。

② 左官工事の壁面には，亀裂防止のため目地を設けるが，その目地割りや目地の垂直性に留意しなくてはならない。また，足場が接近していた部分は作業が難しく，凹凸ができやすい。完成後に光線の具合で目立つので注意しなくてはならない。

図7・6　開口部回り*

図7・7　換気扇回り*

図7・8　腰モルタル塗り

図7・9　腰モルタル刷毛引き仕上げ

③ 庇と取り合う部分では，塗り不足が生じやすい。水切りなどとの取り合いや出隅部における膨れにも留意する。

7・3　窯業系サイディング工事

住宅の乾式外壁には，木質系・金属系・窯業系のサイディング，ＡＬＣ版，木材の板などの材料が用いられる。窯業系サイディングが使用されるようになったのは昭和40年頃からであるが，現在では5割を超える割合になっている。

7・3・1　材　　　料
(1) 主材料

窯業系サイディングは，主原料にセメント質原料と繊維質原料を用い，板状に成型し，養生・硬化させたもので，JIS規格では，素板，塗装用，化粧サイディングの3種に区分されている。

最近は塗装品の比率が増えるとともに，塗料そのものも高級化しており，表面をガラス化した防・耐火性能の高いものも商品化されている。また，板の厚物化によりテクスチュアデザインの多様化も進んで，選択の幅も広がりを見せている。

ここでは，一般に，3階建以下もしくは高さ13m以下の建築物の標準的な外装に使われているものを対象に記述するが，詳細はメーカーの仕様書などを参照されたい。

また，使用条件が特殊な場合は，特別な配慮が必要となるので，事前にメーカーに相談・確認するとよい。禁止された場所へ使用することを避けるのは当然である。

(2) 副資材
① 留め付け釘・ビス

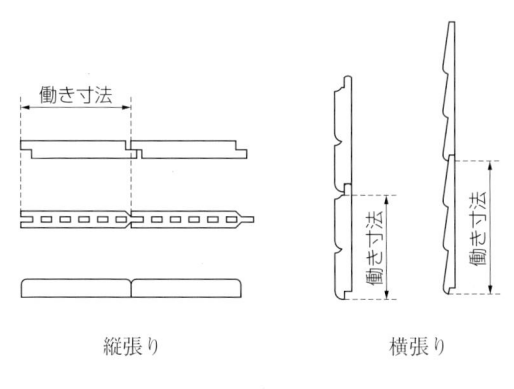

図7・10　サイディングの張り方

表7・3　サイディング用役物

サイディングの留め付けには釘またはビスを用いるのが一般的である。金具工法の場合でも，張り仕舞などでは補助的に釘やビスを用いて固定する。

② 留め付け金具

金具工法では，留め付け金具を用いる。

金具工法は，一般部分の仕上げ面に釘やビスの頭が出ず，雨仕舞のよい工法である。金具はメーカーによって材質・形状が異なる。

③ 同質役物

サイディングと同質の出隅材などの役物が用意された製品もあるので，納まりに応じて使い分ける。

④ 水切り・軒天見切り類

出隅・入隅，水切り・軒天見切りなど，使用部位に応じてカラー鋼板・塩ビ鋼板・アルミ製などの役物部品がある。それらを必要に応じて使い分ける。

⑤ ジョイナー

横張り工法の縦目地に用いる接続用止水材で，カラー鋼板・塩ビ鋼板製のものがある。シーリングの3面接着を避けるため，ボンドブレーカー付きのタイプを使用する。

⑥ 防水紙類

サイディングと下地板の間に用いる防水紙類には，アスファルトフェルトや透湿防水シート（商品名：タイベック）などがある。最近は通気工法が一般的になり，透湿防水シートが多用されている。紫外線による劣化や破損に注意する。

⑦ 防水テープ

防水紙の継手やサッシ回りなど，防水面の一体化に使われる。両面接着と片面接着のものがある。部位によって使い分け，適切な幅のものを選択する。

図7・11 防水シートの施工*

図7・12 防水シート

図7・13 サイディングの施工*

(3) シーリング

シーリングの材料は，原則として，サイディングメーカーの純正品または推奨品を使用する。

シーリング材は，目地部の動きによく追従し，破断や剥離の起こらないものでなくてはならない。長期にわたって接着性・弾力性に低下がなく，サイディングの汚染や劣化・変色を起こさないものが求められる。適切なプライマーを組み合わせることにより，接着面によく接着させる。季節を問わず作業性がよいものであることが望ましい。

(4) 塗料

塗装の目的は，無塗装のサイディングを保護すると同時に，色彩とテクスチュアを与え，見映えよくすることである。塗装品のサイディングの切断面にも塗装が行われる，サイディングメーカー推奨の塗料もしくは同等以上の性能の塗料を使用する。

モデル現場では，塗装品の横張りサイディングを金具工法で施工した。また，同質同柄の出隅役物を採用した。

7・3・2 施工上の留意点

(1) 施工手順

サイディング工事は，図7・14に示すようなフローに従って行われる。

工事の各工程において留意すべき様々なポイントがあるので，作業の漏れや不具合などがないようにチェックシートなども参考にして工事を進める。

① 工法

材料には、縦張り・横張りそれぞれに専用のタイプのものとどちらにも使えるタイプのものとがあり，仕上げの方法・デザインなどによって選択する。

一般に，100mm以下の小幅のものは使

図7・14 サイディング工事のフロー

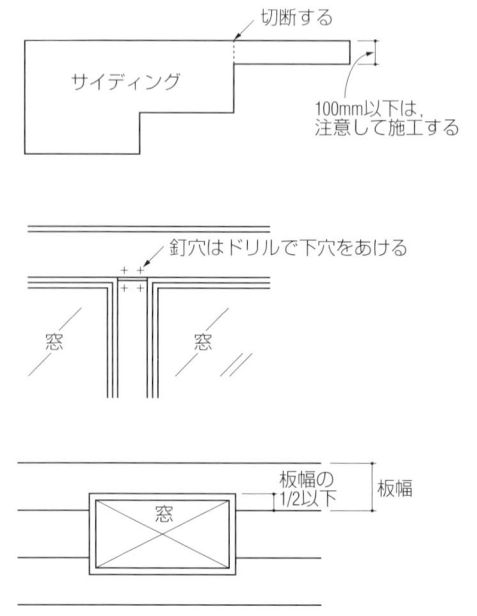

図7・15 窓回りの割り付け

わないほうが望ましい。図7・15のように段のついた形状になり，折損の恐れがある場合は，あらかじめ切断して施工する。

目地部は，メーカーが推奨するシーリング材で処理する。防火規制などの必要に応じてハット型ジョイナーを使用する。

釘工法の場合は，メーカー指定の純正品の釘を用い，455mm幅の場合は板幅方向に3本，910mm幅の場合は5本留めとする。破損を避けるため，材端から一定寸法（20mm以上）を確保して釘打ちする。

金具工法の場合は，金具の留め付け間隔は通常455mm以下とするが，納まり上，金具が使用できない部分は釘止めとする。

② 割り付け（図7・16, 17）

サイディング板の割り付けは，雨仕舞や見映えをポイントに行うが，材料の有効利用にも配慮する。

最近では，コンピュータを利用して比較的簡単に割り付け作業が行えるようなソフトも開発され用いられている。

③ サッシなどの取り付け（図7・18）

サッシの選定に当たっては，外付けまたは半外付けタイプのものの使用を原則とする。内付けサッシの場合には，シーリング処理の可能な納まりを工夫しなくてはならない。サイディング面よりもサッシ枠が出るように調整して取り付けるとともに，水切り部分は30mm以上の出を確保する。サイディングの厚さによっては，取り合い部のシーリング施工が困難な場合もあるので，事前に確認の上対処しておく。

④ 換気フードなどの取り付け（図7・19）

通常，換気フード類は先付けとする。やむを得ず後付けとする場合は，シーリング処理などを確実に実行し，定期的にメンテナンスを行う。

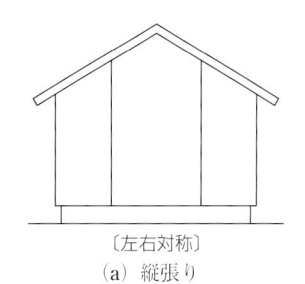

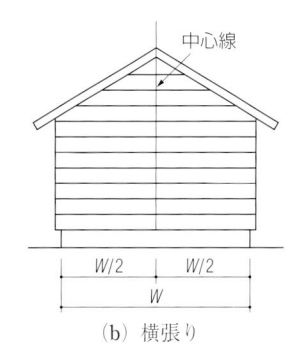

図7・16 サイディングの張り方
(a) 縦張り〔左右対称〕
(b) 横張り

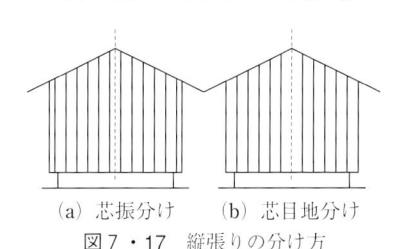

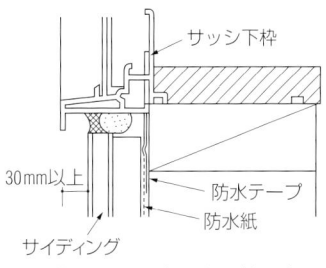

図7・17 縦張りの分け方
(a) 芯振分け
(b) 芯目地分け

図7・18 窓回りの納め方

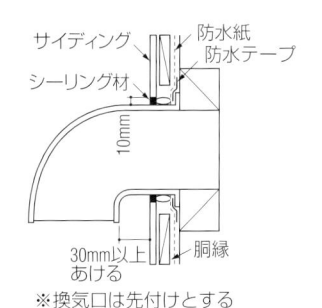

図7・19 換気扇回りの納め方
※換気口は先付けとする

⑤ 樋などの取り付け（図7・20）

雨樋などの取り付けは，ドリルで外向きの勾配をもつ穴をあけておき，丁寧に行う。プライマー塗布後シーリング処理を行う。

⑥ 保管・養生・運搬

サイディングを保管する場合は，屋内の水平な場所を用意し，柱角程度の飼い木の上に不陸のないように置く。積み重ね高さは，1m以内とする。野積みは，反りや通り不良の原因となるので，原則として避けるが，やむを得ない場合は，雨などに濡れないよう防水シートなどで厳重に養生・保護する。

積み降ろしに際しては，角などが損傷しないようにし，運搬の場合も板は垂直（木端立て）にして運ぶ。汚染を避けるため，汚れた手で触らないように注意する。

⑦ 地域特性

積雪地では，一般地域に比べ基礎寸法を大きくし，サイディング下端の高さを，犬走りやGLより600mm以上とする。また，軒の出や庇の出も450mm以上とする。

また，一般地域では，柱・間柱間隔や胴縁間隔は455mm以下とするが，積雪地の胴縁については，積雪高さの位置まで，間隔を1/2に細かくして補強する（図7・21）。

(2) 通気工法

壁体内に断熱材を入れると，冬季に外壁材の裏側の温度がより低温になるため，室内側から外壁に浸透した水蒸気が壁体内で結露することがある。これを，壁体内結露という。柱や土台の腐朽などの劣化を促進するので避けなくてはならず，対策として室内側に防湿層を設ける。これに加えて，外装材と断熱材の間に通気層を設け壁体内の通気を図ることで内部を乾燥させ，結露を防いで建物の劣化を防止するという考え

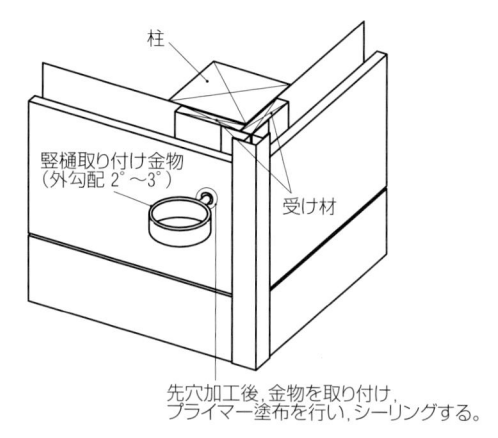

図7・20 堅樋の施工

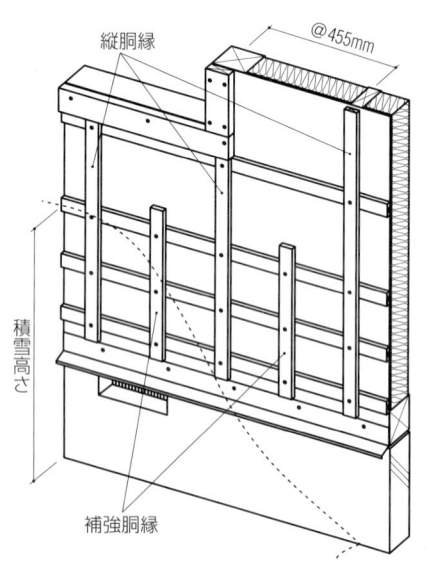

図7・21 積雪地方の下地

方を通気工法という。

今や一般的な工法となったが，基本的には，風力や対流といった自然の力に依存している。したがって，通気層の下部に空気の入り口を設け上部に出口をつくるとともに，この通気層を連続させ滞留する淀みをつくらないことがポイントとなる。通気工法に用いる防水シートは，外部からの冷気侵入を防止する防風機能と防水機能をもつとともに，室内側からの水蒸気を通しやすいという性質を併せもったものが必要である（透湿防水シート）。

(3) シーリング

シーリング材には，2成分系のものと1成分系のものとがある。

2成分系の材は，混合および施工に特殊技術が必要となるので専門業者に依頼する。そうでなければ，1成分系をメーカー仕様に基づいて施工する。

塗装材・無塗装材を問わず，シーリングをしない切断面つまり塗装処理を要する切断面は必ずシーラー処理とする。

(4) 塗　装

窯業系サイディングに現場塗装を行う場合は，アクリル樹脂系やウレタン樹脂系などの塗料を用いる。サイディングメーカーの推奨する塗料を採用し，トラブルの発生を極力避けるようにしたい。塗膜の厚い塗料は，剥離の可能性が高いので使用しないほうがよい。

バルコニー内側の壁の下端など，雨の跳ね返りを受ける部分のシーラー処理を忘れると，入居後しばらくして吸水による反りが出て手直しをすることになる場合が多いので，特に注意する。きちんとシーラー処理をしておけば，まず防げる現象である。

7・4　その他の乾式外壁工事

7・4・1　材　　料

窯業系サイディング以外の乾式外壁材料としては，木材の下見板，木質系のサイディング，金属系のサイディングなどが用いられ，外壁用の既製品として用意されているものもある。耐久性や経済性・デザイン面を勘案して選択するが，生産地や気象条件などに配慮して，地域に合わせた使い方がなされるべきである。

7・4・2　施工上の留意点

施工に際しては，材料の特徴や長所・短所に対応した工法を選択する必要がある。

既製品の場合は，事前に図面上で割り付けを行う。歩留まりによってコストが変わることもあるが，外装材の場合，割り付けが美観に大きな影響を与えることに留意する。

今後は，産業廃棄物の処理も困難になるため，できるだけ廃材を出さないためにも，必要以上の材料は現場に持ち込まない工夫が求められる。

材料に応じた下地を作り，工法や仕様に基づいて取り付けなどの作業を進める。雨仕舞のための水切りなどの付属部材も，必要に応じて納まりよく取り付ける。

7・5 タイル工事

7・5・1 材 料

タイルは、耐水性・防水性・耐火性・耐候性・耐磨耗性などに優れた建築材料であるが、木造住宅の外部に使用されることは比較的少ない。玄関や外壁全体に使用して重厚感を高める役割などを果たす。

色合い・テクスチュア・サイズなどのバリエーションは、既製品でも豊富で、表現の可能性は高い。量がまとまれば特注も可能で、原料の土の成分による色合いや焼成法による色幅など、デザインの幅には広がりがある。

タイルの形状については、JISの規格があるが、実際に市場に出ているサイズは様々である。表面も、施釉・無釉の別、ツヤを加減したもの、焼成しないで200度以下の高温蒸気養生(オートクレーブ)したものなど多彩である。

図7・22 外壁タイルの例*

7・5・2 施工上の留意点

タイルは、構造・部位・下地・施工条件などを検討して選択する。

(1) 床

床用のタイルは、建物の外部では、ポーチ回りやテラスなどに利用される。

下地作りの階段で、土間コンクリートの陥没などによる沈下のないように、基礎にアンカーを取ったり、亀裂防止のメッシュ等を打込むなどの対策をしておく。

(2) 壁

壁用のタイルは、基礎幅木や外壁に使われ、工法としては湿式と乾式がある。

乾式工法の場合は、メーカーの施工要領書に従って施工する。メーカーによって金具や固定

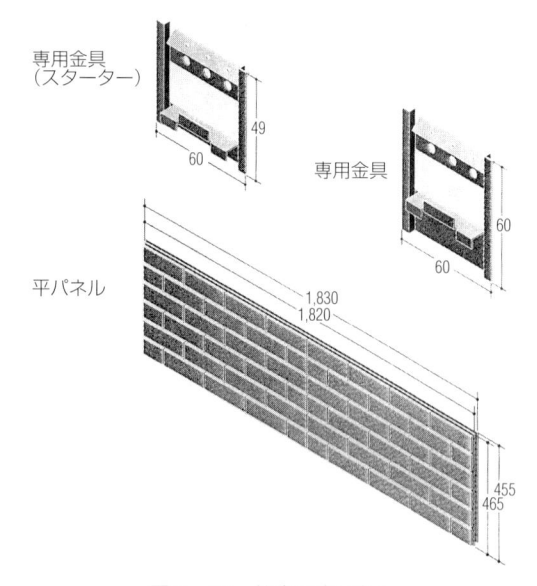

図7・23 乾式工法パネル

図7・24 玄関ポーチのタイル貼り

材などに差があるので注意する。

(3) 施工手順

どのような部位でも，タイル貼り工事は割り付けが重要なデザイン要素となるので，十分検討して決定する。

湿式の場合，施工に当たっては，モルタル塗りなどの左官工事で調整された下地に，割り付けに従って平物・役物などを有効に使い，目地の通りに注意して施工する。

床の工事の場合には，GLとの蹴上げ部分や玄関建具との取り合い部分など，高さ関係と水勾配にも配慮が必要である。

特に，外壁の場合には，躯体の振動や変形などによって割れや剥離が起こる恐れがあるので，乾式工法を採用するか，目地と下地材を揃えることにより動きを吸収する工法を採用するなどの工夫が必要である。開口部との取り合い部分は，雨仕舞に配慮し，乾式工法の場合には，施工マニュアルに従って金具や接着剤などの使い方等に留意し，慎重に施工する。目地詰めに当たっては，空隙などができないよう，なじみよく丁寧に仕上げる。

(4) 養　生

タイル貼り付け後は，床の場合は合板などで養生し，セメントペーストや目地モルタルが硬化するまで，通行できないようにバリケードなどを設けておく。壁の場合も，不具合の起きないように同様に手当てをしておく。建物の完成時には，希塩酸で表面を洗い，施工中のセメント分などの汚れを洗い落とす。

図7・25　目地詰め

図7・26　モルタルの除去

図7・27　仕上がり（養生前）

7・6 外部塗装工事

7・6・1 塗装部位と材料

(1) 部位

外部仕上げとしての塗装の対象となる部位には，次のものがある。
① 外壁
② 軒裏天井
③ 破風・鼻隠し
④ 庇，霧除け
⑤ 見切り金物，水切り金物

(2) 材料選定

木質系，金属系，セメント系などの下地（基材）の種類に応じて，それぞれ適切な塗料を選択する。最近は，住宅の性能に関連して，室内空気汚染対応，環境汚染対応などの健康上の問題や，耐熱・耐火・防火などの熱的機能，防虫・防カビ・抗菌などの生物抵抗機能も検討される。

一般的に住宅に使われる塗料は，以下のようなものである。

① 合成樹脂調合ペイント（SOP）
　下塗りから中塗りまで24時間以上の放置時間を必要とするが，油性ペイント（OP）より短くてすむ。
② 合成樹脂エマルションペイント（EP）
　木質面やモルタル面に使用する。1種と2種があり，1種は外部用，2種は内部用である。注意点は釘頭の処理で，釘は下地材に十分打ち込むとともに，必ず錆止め塗料を施した上にエマルションペイントを塗る。
③ フタル酸樹脂エナメル（FE）
　木材の素地面に使用する。モルタル面には不適である。
④ クリアラッカー（CL）
　一般的には内部に使用する。塗装時に湿度が高いと塗装面に白化現象が起こりやすく注意を要する。塗装後の乾燥が速く，作業には熟練を要する。
⑤ オイルステイン（OS）
　主に木材面の着色剤として使用される油性の塗料である。外部ではそのまま仕上げとして用いることが多い。
⑥ 木材保護着色剤（商品：キシラデコール等）

また，吹き付け工事の仕上げの方法には，次のようなものがある。

① 薄付け仕上げ
　いわゆる吹き付けリシンである。結合材により5種類ある。砂・柚子肌・じゅらく状の凹凸がある。
② 厚付け仕上げ
　スタッコ状の仕上げで，結合材により3種類ある。ALC版など表面強度の弱いものには不向きである。凹凸が大きいので汚れが付着しやすい。
⑨ 複層仕上げ
　いわゆる吹き付けタイルである。柚子肌・クレーター状の凹凸がある。

塗装材料の選択に当たっては，塗装の目的である材の保護や美装に加え，下地調整材との相性や作業性，下地の隠蔽性などについて考慮する。塗り色決定に際しては，太陽光線下で，できるだけ大きなサンプルで確認して進めるとよい。

モデル現場においては，既塗装部材の採用が

多く，外部塗装の必要な部位はなかった。

7・6・2 施工上の留意点

(1) 工程上の留意点

塗装工事の施工は，気象条件に留意して行う。特に，気温が5℃以下の場合は工事を避けるべきである。また，塗膜の急激な乾燥は，剥離や割れなどの不具合の原因になるので，直射日光や強風に対しても十分配慮する。

塗装の種類により表現やテクスチュアに差があるが，足場などが作業の妨げとなって塗装むら・吹きむらや色違いなどが出ないように注意する。

(2) 施工手順

① 下地処理

塗装作業に先立ち，専用のシーラーやプライマーなどを用いて下地処理を行い，防水性や付着性の向上を図る。汚れや付着物などの処理は不可欠であるが，基材によってはクラックなどの不具合が発見されることもあり，的確な対処が必要になる。住宅の品質確保の促進等に関する法律により，雨漏りについての保証が義務化されており，念入りな処理が求められている。

② 仕上げ

塗装の工法には様々な種類があり，材料や表現・テクスチュアに応じて，刷毛塗りや吹き付け・ローラー押さえなどから選択する。

(3) 養　生

吹き付け塗装などの施工に際しては，作業部位周辺や汚染すると具合の悪い部分を養生しておく。同時に，近隣への汚染・飛散を防止するために，養生シートなどを用い，事前に対策をしておく。ただし，養生シートを張ると，強風時などは，風切り音が近隣の迷惑になるので，気象情報などに留意し，必要によっては巻き取りなどの対処をする。

また，塗料が硬化するまでは十分な養生を施す。

(4) その他

最近は，バルコニーの内側などに用いる，塗布防水を目的とした製品が増えてきている。溶剤を用いるものが主流である。

図7・28　吹き付け塗装*

第8章

断熱工事

8・1　住宅における断熱　　　　　　124

8・2　材　　　料　　　　　　　　　124

8・3　施 工 手 順　　　　　　　　　126

8・4　高気密施工　　　　　　　　　130

8・5　通 気 工 法　　　　　　　　　131

8・1 住宅における断熱

伝統的な木造住宅の造り方では，部位を構成する材料そのもの，たとえば小舞壁の壁土に，ある程度の断熱性を期待していた。しかし現在では，各部位の構成要素に断熱材を加えることにより，高い断熱性能を求めるのが一般的である。具体的には，屋根または天井・壁・床の各部位に断熱材を敷き込んだり挿入することにより，必要な断熱性能を確保している。

断熱材を使用することによる熱負荷の軽減に関しては，天井裏部分に敷き込むことが最も効果を得やすい。外壁部分は屋根・天井部分に次いで効果があるが，壁面のみでは限界があり，窓などの開口部の断熱性能についても，併せて配慮しておく必要がある。床部分の断熱は，一般的には，最下階の床に行われるが，熱負荷の軽減もさることながら，冬季の床表面温度を保つことによって快適性を得ることにねらいがある。

建物全体の断熱保温性能は，屋根・天井，壁・床の各部位での断熱性能とともに，窓の気密性や建物全体の気密性などを含めて総合的に評価される。

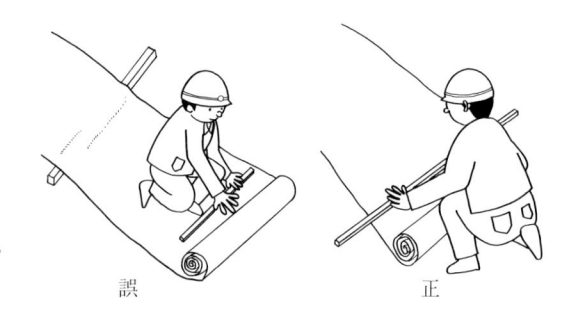

図8・1　床の防水シートの貼り方

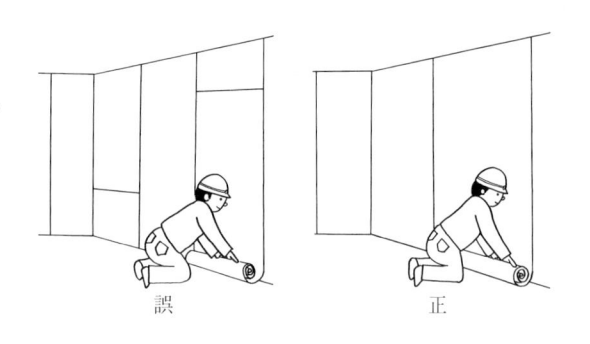

図8・2　壁の防水シートの貼り方

8・2　材　　　料

断熱工事に用いられる断熱材には，次のようなものがある。
① 　無機繊維系断熱材
・グラスウール：綿状のガラス繊維で，不燃性である。水分・湿気に弱く，吸水す

図8・3　グラスウール*

ると断熱性能が低下する。
- ロックウール：岩綿の繊維で，グラスウールと類似の性質をもつ。

② 木質系断熱材
- インシュレーションボード：木質繊維の可燃性断熱材で，密度は0.2未満である。吸湿性があり水分に弱い。アスファルトを含浸させ，水に強くした材料がシージングボードである。

③ 発泡プラスチック系断熱材
- 発泡ポリスチレン，硬質発泡ポリウレタンフォームなど，樹脂を発泡させ気泡を構成し断熱性をもたせたものである。水に強く，湿気があっても断熱性は変わらない。加工しやすく板状のものが多いことから，パネル用や1階の床断熱用に多用されている。

④ 現場発泡樹脂系断熱材
- 発泡ポリウレタン：現場で壁材などに吹き付け，発泡させる断熱材である。コンクリート面などに用いられる。

⑤ ブローイング
   専用機械によって壁体内や天井裏に吹き込む断熱工法である。

天井，外壁には，無機繊維系断熱材を使用することが多く，床には，発泡樹脂系のものを使用することが多い。外壁に無機繊維系断熱材を使用する場合の注意として，壁体内に結露をさせないことが肝要である。壁体内に結露が生じると断熱材が吸水し，断熱性能が大きく低下してしまうからである。その対策としては，室内側に防湿材を設け湿気を遮断するとともに，壁体内換気の空気層を設けるなどの配慮が必要である。

断熱材の外側には，雨水と外気の浸入を防ぐために，防風・透湿防水層を設ける。

図8・4　グラスウール*

図8・5　無機繊維系断熱材*

図8・6　発泡ポリスチレン*

8・3 施工手順

8・3・1 施工部位

住宅の省エネルギー基準は，平成4年2月に改正された「住宅にかかわるエネルギーの使用の合理化に関する建築主の判断の基準」（新省エネ基準）が主に用いられてきたが，現在は次世代省エネ基準が示され，市町村を単位として，全国を6つの地域に区分している。それぞれの地域ごとに，断熱を行う部位や使用する材料の性能などについての指標を示している。

以下に，断熱を必要とする部位について，住宅金融公庫木造住宅工事共通仕様書を中心にまとめておく。この仕様書では，沖縄県を除いて，Ⅰ～Ⅴまでの5地域に区分している。

① 屋根面または天井

屋根直下の部屋の上部の断熱を意味する。一般的には天井裏に断熱材を敷き詰めている。天井を設けない，あるいは，屋根面の直下が天井であるような設計の場合には，屋根面に断熱材を挿入することになる。この部位は，防暑用にも防寒用にも断熱材を用いることの効果がきわめて高いので，Ⅰ～Ⅴ地域までかなりの厚さの断熱材を使用することになっている。

② 外壁面

外壁面の断熱は，屋根・天井に次いで効果の高い部位で，Ⅰ～Ⅴ地域まで断熱材を使用することになっている。

③ 床の断熱

最下階の床の断熱という意味である。主目的は冬季の保温性の確保であり，他の部位に比べて緩やかな基準となっている。特

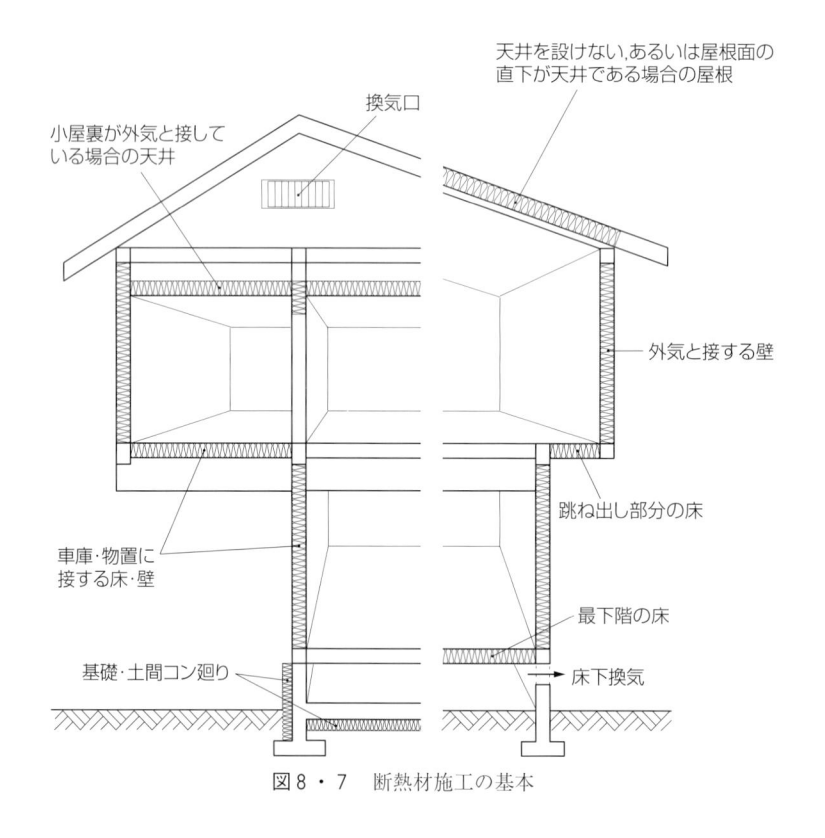

図8・7 断熱材施工の基本

に畳敷きの床の場合，畳そのものの断熱性能が高いことから，Ⅳ・Ⅴ地域では断熱材を入れなくてもよいことになっている。

8・3・2　部位ごとの納まり

(1) 一般的注意事項

内部結露の発生を防止するため，各部位の断熱材の室内側に防湿材を張る。

次に掲げる部位では，断熱材および防湿材に隙間が生じないよう，納まりと施工に特に注意する。

① 外壁と天井および屋根との取り合い部
② 外壁と床との取り合い部
③ 天井または床と間仕切壁との取り合い部
④ 下屋の小屋裏の天井と壁との取り合い部

(2) 床の施工

床の断熱材の施工に当たっては，施工後，たるみ，ずれ，隙間などが生じないように，適切な受け材を設ける。

床下からの湿気を防ぐため，床下の防湿を次にあげるいずれかの方法で行う。べた基礎を用いる場合は，行わなくてよい。

① 床下の地盤全面に厚さ60mm以上のコンクリートを打設する。なお，コンクリート打設に先立ち，床下地盤は地盤面より盛土し十分突き固める（図8・8）。

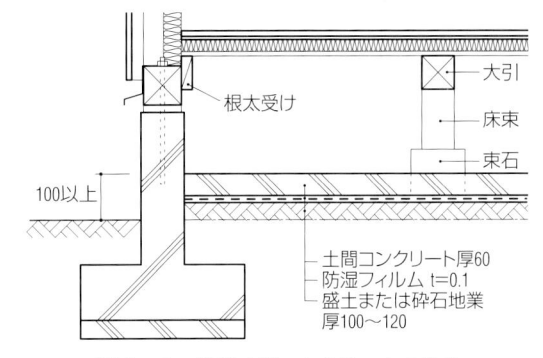

図8・8　防湿土間コンクリートの施工

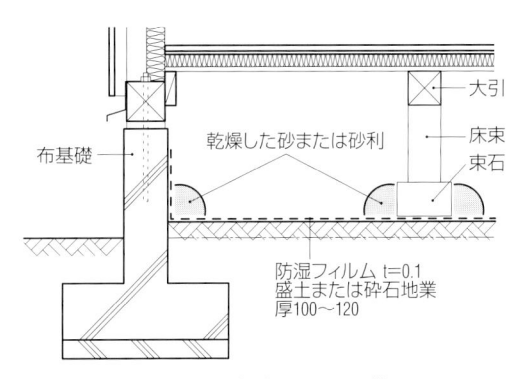

図8・9　防湿フィルムの施工

図8・10　1階床断熱材の施工*

図8・11　1階床断熱材の施工*

② 床下の地盤面に，ビニルフィルムまたはポリエチレンフィルムを敷き詰める。なお，防湿フィルムの重ね幅は150mm以上とし，重ね部分，布基礎および束石に接する部分は，乾燥した砂または砂利で押さえる（図8・9）。

(3) **壁の施工**

壁の断熱材の施工に当たっては，長期間経過してもずれ落ちないよう注意する。

防湿層付きの断熱材(袋状になったものなど)を用いる場合は，防湿層を室内側に向け，柱と間柱の間および間柱と間柱の間にはめ込み，耳部を柱，間柱の室内側見付け面にタッカー釘などを用いて間隔200mm程度で留め付ける。

断熱材は，原則として，土台から桁もしくは胴差の下端まで，2階の場合は，胴差から桁下端まで隙間なくはめ込む。

筋かいや配管がある部分では，隙間ができないように注意して施工する。配管部は，管の防露措置を行い，断熱材は配管の室外側に施工する。

間仕切り壁上部・下部には，通気止めを付ける。下部は，床断熱材の継ぎ目上に断熱材の端材を充填する。また上部は，無機繊維系断熱材を防湿材側の向きに留意して野縁間にはめ込む。

外壁断熱材と天井断熱材の取り合いは，十分に重ねをとる。

(4) **天井の施工**

天井の断熱材は，野縁と野縁の間に納め，天井全面を覆うようにする。野縁をまたいで天井全面に敷き込む方法もある。

断熱材を屋根の垂木間に施工する場合は，施工後にたるみ，ずれ，隙間などを生じないよう，原則として受け材を設ける。また屋根面に断熱材を入れる場合は，必ず断熱材の室外側に通気層を設ける。

断熱材を施工した天井面に埋め込み照明を設置する場合は，S形ダウンライトを用いる。一

図8・12 壁断熱材の施工例*

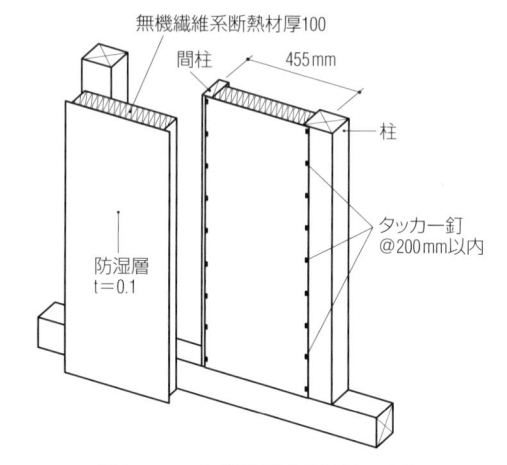

図8・13 無機繊維系断熱材の充填

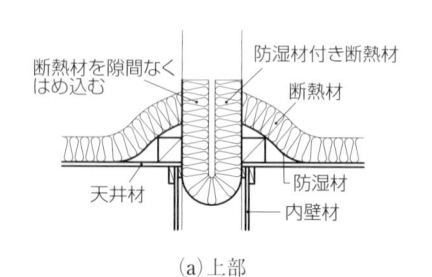

図8・14 間仕切り壁上部・下部の通気止め

般のダウンライトは，過熱による発火を防止するため断熱材で覆ってはいけない。しかし，その場合は断熱性能が低下する。

(5) 浴室回り

浴室回りの壁および天井は，防湿材を全面に張り込む。防湿材を継ぐ場合は，重ね幅は150mm～200mmとする。

給湯・給水の配管は，なるべく断熱材を入れない間仕切り壁側に設け，配管によって断熱材が破損しないように心がける。やむを得ず配管が断熱材を貫通するときは，防湿・気密層に欠陥を生じさせることが多いので，必ず検査を行い，破損のあるときは補修する。

便所・厨房などの機器，設備配管についても，同様に断熱材を破損することが多いので，工事終了後，必ず検査を行う。

(6) その他の注意事項

発泡プラスチック系断熱材を用いる場合は，火気に十分注意して施工する。

断熱工事終了後，後続の工事によって断熱材および防湿材が損傷を受けないように，必要に応じて養生を行う。

外部に面する断熱材は，施工中，雨水による濡れ，あるいは直射日光による劣化などによって損傷を受けないよう，必要に応じてシート類で養生する。

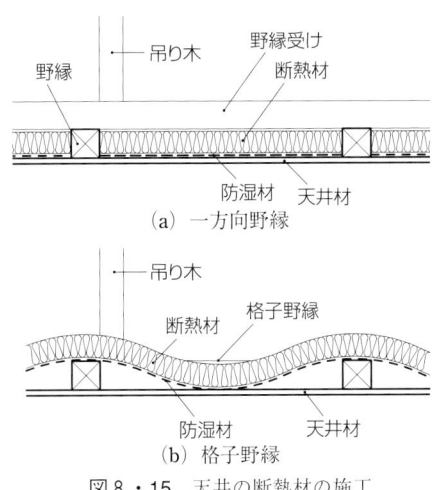

図8・15 天井の断熱材の施工
(a) 一方向野縁
(b) 格子野縁

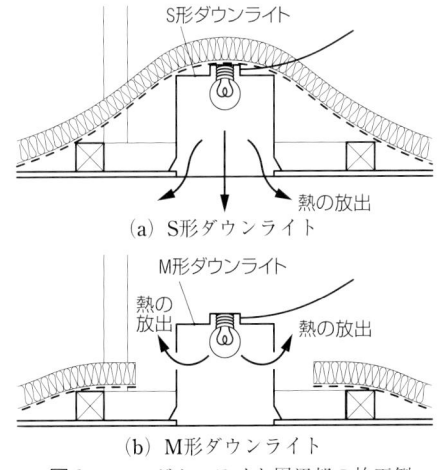

図8・16 ダウンライト周辺部の施工例
(a) S形ダウンライト
(b) M形ダウンライト

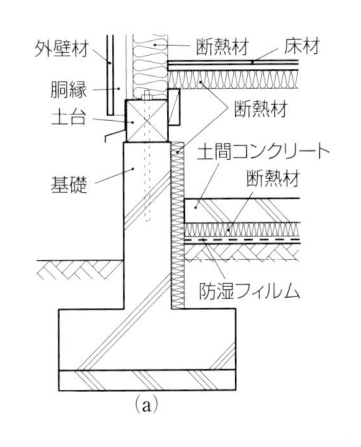

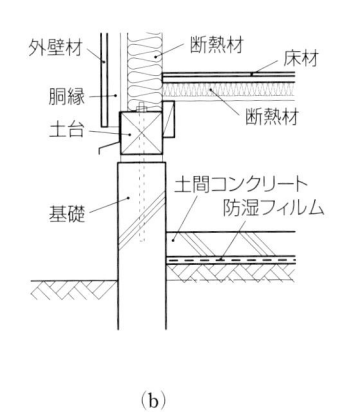

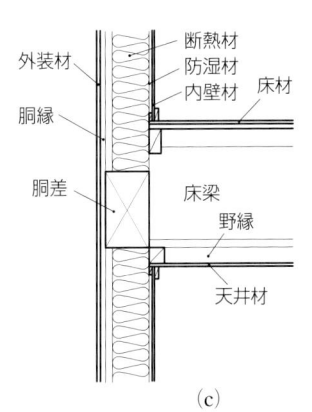

図8・17 桁・土台との取り合い

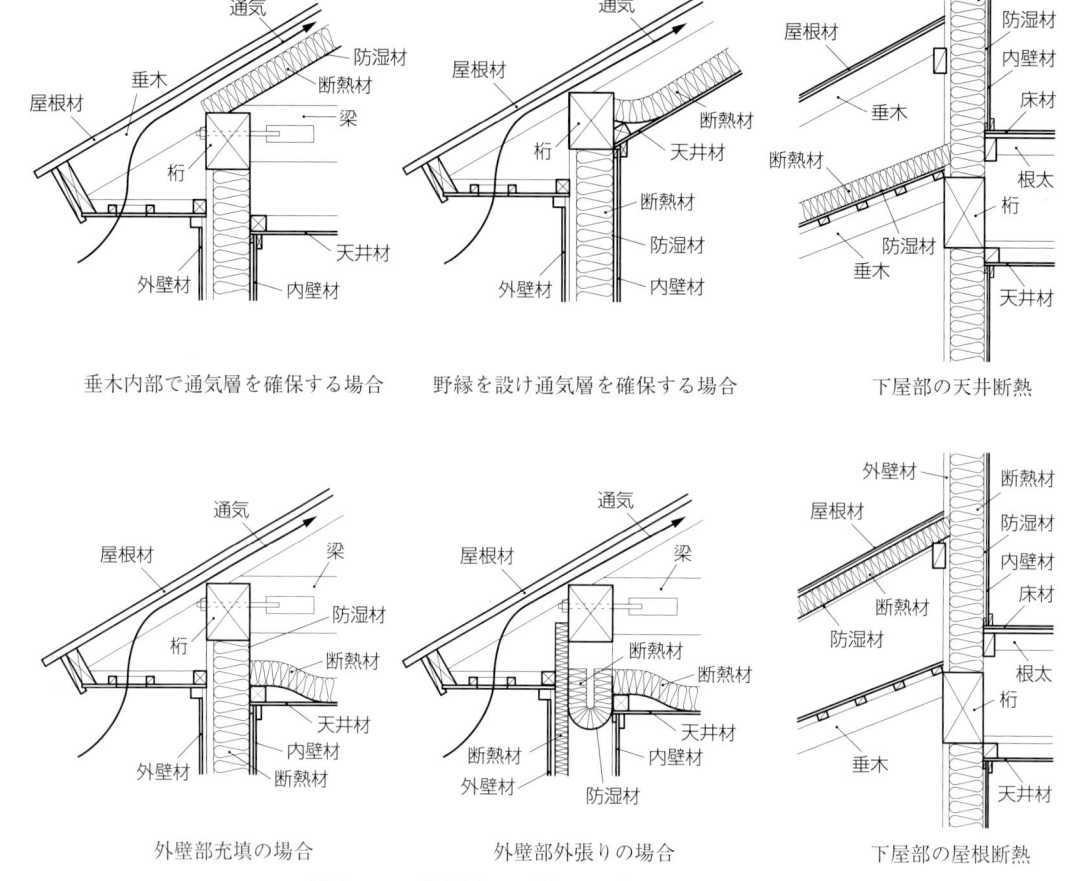

垂木内部で通気層を確保する場合　　野縁を設け通気層を確保する場合　　下屋部の天井断熱

外壁部充填の場合　　外壁部外張りの場合　　下屋部の屋根断熱

図8・18　垂木内部・野縁・下屋部・天井の施工例

8・4　高気密施工

(1) 気密性能

　気密性能とは，その建物がどの程度気密であるか，逆にいうとどの程度隙間があるかを示す住宅性能の一つである。窓や扉などの開口部を構成する部品についても，その隙間の程度を気密性能と呼ぶが，一般的には建物全体についての性能を単に気密性能と呼んでいる。

　住宅金融公庫の基準においては，気密性能に関して，次のように定めている。

　床面積1m²当たりの相当隙間面積によって気密性能を表示し，その値が5cm²/m²以下のものを気密住宅という。

　地域区分Ⅰでは気密住宅とする。地域区分Ⅱでは気密住宅とするよう努めるものとする。

(2) 気密施工の考え方

　気密住宅の工事に使用する材料として，「住宅金融公庫木造住宅工事共通仕様書」では，次のようなものがあげられている。

　① 防湿気密フィルム

　　相当隙間面積5cm²/m²以下にする場合は，厚さ0.1mm以上でJIS A 6930（住宅用プラスチック系防湿フィルム）かそれと同等品を使用する。隙間面積2cm²/m²以下にする場合は厚さ0.2mm以上のものとする。

② 気密テープ

テープには，ブチルゴム系，アスファルト系の防湿性をもつもので，かつ経年劣化によって粘着性能の低下しない材を用いる。

③ 気密パッキン材

ゴム成形のものか，アスファルト含浸のフォーム状の材で，経年劣化で弾性と付着力の低下しない材を用いる。

④ 乾燥材

構造材や下地材に使う木材が乾燥していないと，木材が乾燥収縮し防湿気密層が破損し気密性が保てなくなってしまう。このような事態を防ぐためには，乾燥した木材を使用する。

(3) 施工上の注意点

防湿気密フィルム相互の重ねは100mm以上確保し，下地材がある位置で行う。その部分を合板，乾燥木材，せっこうボードなどの材料で挟み付ける。

板状の気密材を使用した場合は，相互の継目とその他の材料との継目に，気密補助材を用い隙間が生じないようにする。

相当隙間面積を$2cm^2/m^2$以下とする場合は，配管・配線その他が貫通する部分に気密補助材を用い，特に気密層の周囲に隙間が生じないようにする。床下および小屋裏の点検口においては，気密性の高い建具を使用する。また，開口部の枠の周囲には気密補助材を施工しておく。

防腐または防蟻措置を施した構造材から人体に影響をおよぼす物質が放出される懸念があるときは，室内に高濃度で流入したり壁体内に滞留したりしないようにする。

8・5 通 気 工 法

モルタルなどの仕上げ材によって密閉された壁体内は，条件によっては，内部で結露しやすく，それによって軸組が腐朽したり，断熱性能を低下させる原因にもなる。断熱材を施工することにより，内部結露の危険性は増加するので，注意しなくてはならない。壁体内の水蒸気を排出しやすくし，内部結露による悪影響を低減するために，断熱材の外側に通気層を設けるのが通気工法である。

8・5・1 通気工法の種類

(1) 棟換気を設けない場合

土台または下屋と壁との取り合い部に専用の水切りなどを用いて吸気口を設け，壁体内に通気層を作り，軒天から排気する。

(2) 棟換気を設ける場合

土台部から吸気し，壁体内の通気層を通った外気を小屋裏に入れ，棟部分から排気する。この場合でも小屋裏換気用吸気口は必要である。

8・5・2 施 工 部 位

(1) 通気層

通気層の厚さは，18mm程度確保するように努め，横桟，防水層・防風層などで通気が妨げられないように注意する。特に，開口部回りに注意が必要である。

(2) 透湿防水層

断熱材の通気層に接する面に，雨水と外気の浸入を防ぐための防風・透湿防水層を設ける。防風・透湿防水層とは，一つの層が防風と防水の機能を兼ねるもので，かつ透湿性が大きく，水蒸気の排出を妨げないものをいう。

防風・透湿防水層としては，シート状や板状のものが使用される。シート状のものは，高い透湿性・防水性・防風性が求められ，同時に高い引き裂き強度も要求される。

透湿防水シートは，たるみのないように張り上げる。風などによるバタつき，変形や破損が生じないよう，細心の注意を払い，施工を行うことが重要である。

(3) 縦胴縁下地

シージングボードなどの板状透湿防水材の上から，柱や間柱の位置にN50以上の釘を用いて胴縁を縦に打ち付ける。開口部回りは，横胴縁を開口部上下に配し，縦胴縁との間に50mm以上の隙間を設ける。

(4) 横胴縁下地

横胴縁の継手部を1820mmに1箇所程度，隙間をあけて設ける。できるだけ柱上に継手を設け，50mm程度の隙間をあける。間柱上で継ぐ場合は，10mm以上の隙間を設ける。

最上部と最下部の胴縁は，910mmごとに100mm程度の隙間を設ける。

土台水切り板も通気工法専用のものを使用する。

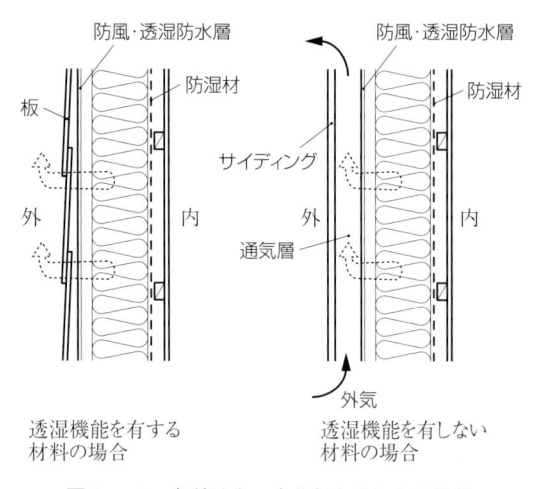

図8・19 各種壁内の水蒸気を放出する措置

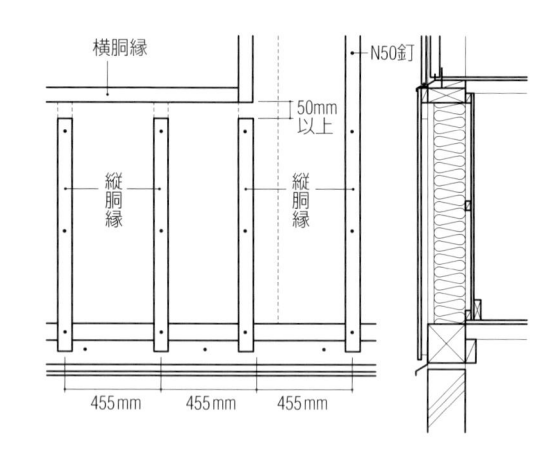

(a) 縦胴縁下地

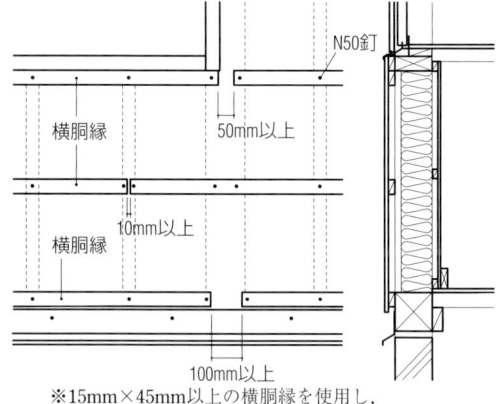

※15mm×45mm以上の横胴縁を使用し，N50釘をを310mm以内で打ちつけるのが望ましい。

(b) 横胴縁下地

図8・20 縦・横胴縁通気工法

第9章

造作工事

9・1　和室造作　　　　　　　　　　　134

9・2　洋室造作　　　　　　　　　　　139

9・3　階　　段　　　　　　　　　　　140

9・4　工場生産による造作部品　　　　142

9・5　外部造作　　　　　　　　　　　144

9・1 和室造作

　造作とは，一般に大工が加工・取り付けを行う構造材以外の木製の部材とその工事をさす。
　特に和室には，長い年月を経て定型化された造作が用いられる。

9・1・1 伝統的な和室造作

　伝統的な和室の様式は，室町時代の書院造りに起源を遡るといわれているが，長い年月の間に，その用途や格式によって様々なタイプに発展・分化してきた。現代においても，住宅には和室が設けられることが多い。しかしその内容は，単に畳さえ敷いてあればよいといったものから，本格的な書院座敷や数寄屋まで千差万別であり，構法的にも簡易なものから高度な技能を凝らしたものまで多岐にわたっている。ここでは，それらのうちの一般的なものを紹介する。
　造作は，通常，装飾として扱われるが，歴史的にみると，構造材から分化してきたものが少なくない。特に長押は，古建築においては主要な構造材であったが，現代では完全に装飾材である。鴨居や敷居は現代でも構造材としてつくられることもある。
　また造作材は，構造材に比べて部品化されるのが早かったといえる。元来，大工は原木などを購入して所定の材寸に製材して用いていたが，次第に，柱用，長押用というようにあらかじめ製材された部品を購入して用いるように市場が変化していった。造作材ではこの変化の起きるのが早かった。また現代では，構造・造作を問わず集成材を用いることが一般的になってきているが，この対応についても造作材が先行している。特に長押は早く，古くから化粧張りの長押材が流通している。

(1) 敷居・鴨居

　和風の造作で，明り障子・襖などの開口部の上部を構成する横材を鴨居，下部を構成する横材を敷居といい，柱と柱の間に渡して取り付けられる。通常，襖などの引き戸が建て込まれるため，溝が設けられている。2本溝に引き違い建具を建て込む場合が多いが，建具の枚数や開閉方法により，溝の本数は1本から数本まであり，特に1本のものを一筋鴨居，一筋敷居，あるいは単に一筋と呼んでいる。一筋は雨戸などに多く用いられる。また，建具が設けられず溝のないものは，無目鴨居，無目敷居，あるいは単に無目と呼ぶ。
　鴨居は，時代を追って見付けが薄くなる傾向がある。見付けが薄い鴨居は，剛性が不足して垂れ下がり，建具の開閉に支障が出るので，これを防ぐため，中央部を梁などから吊ることが多い。茶室などに用いられるもので通常より特に薄いものを薄鴨居と呼ぶ，また，後述する差し鴨居と区別するために，普通の鴨居を薄鴨居と呼ぶこともある。
　敷居は，建具の開閉による摩耗を防ぐため，溝の底に埋め樫と称する堅木（カシに限らない）の薄板をはめ込む。
　雨戸などの外部建具の敷居では，溝に水が溜まるのを防ぐため，挟み敷居と呼ばれる構法が用いられることがある。これは1本の横材を建物本体から離して小材で点状に留め付け，建具を挟み込むように建て込むものである。
　敷居の上端から鴨居の下端までの距離を内法高もしくは単に内法と呼ぶ。伝統的に5尺7寸

(1,727mm) か 5 尺 8 寸 (1,757mm) が用いられ，地方によって傾向が異なる．最近では，5 尺 9 寸から 6 尺が採用されることが多くなっており，洋間に合わせて 6 尺 6 寸（2,000mm）が用いられることもある．

(2) 差し鴨居

差し鴨居は，造作というより構造材である．せい 1 尺（303mm）程度あるいはそれ以上の梁材並みの材を，大黒柱などの太い柱に差して，ラーメン構造に近い架構を構成するもので，梁と鴨居を兼ねたような構法である．地方によっては現代でもしばしば用いられている．

(3) 長 押

長押は，元来は構造材であり，蟻壁長押，内法長押，腰長押，切目長押，地長押といった何段もの長押材で柱を挟んで一種のラーメン構造を構成したものである．貫材が導入されるようになると長押は構造上不要になってくるが，内法長押だけが装飾として残り，現代まで続いて用いられて，単に「長押」と呼ばれている．

長押は，主に格の高い座敷などで用いられるが，それ以外の和室では省略されることも多い．断面形状は楔状の台形ないし五角形で，このような断面を「長押挽き」と呼んでいる．

長押には，目の通った柾目の材が用いられる．こうした材は稀少であるため，化粧張りのものが古くから普及したわけである．ただし，拭き漆などの塗装がなされる場合には，あえて板目の長押が用いられる．

長押は，その木口を見せないのが原則である．したがって，床柱と取り合う部分では，「ひな留め」という加工をして木口を隠す．上等な仕事になると，留めを連続させて床柱の後ろまで長押を回す「枕捌き」という細工がなされる．

(4) 天井の構法

現代の和室の天井は，合板に突き板を張ってパネル化した天井板を目透かしに張る構法が主

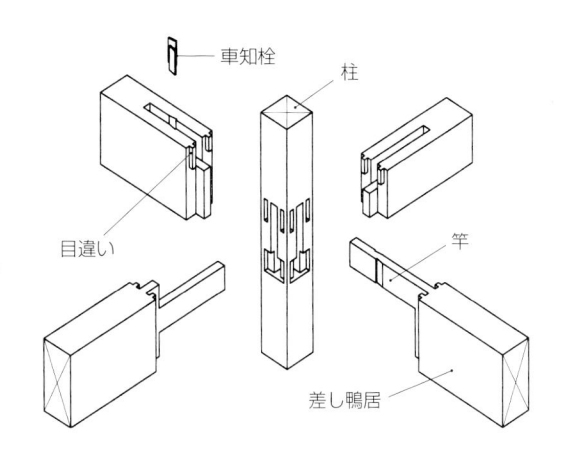

図 9・1 差し鴨居

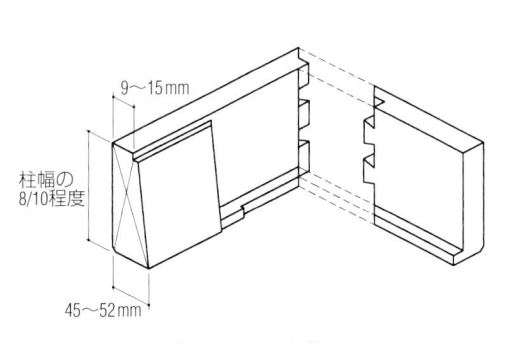

図 9・2 ひな留め

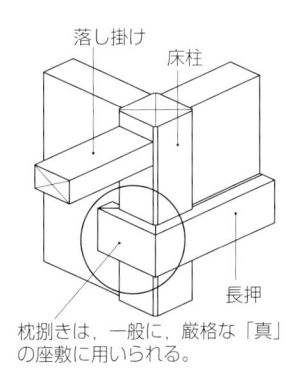

図 9・3 枕捌き

流である。伝統的には，回り縁に竿縁を掛け渡し，その上に厚さおよそ7mm（二分三厘）の無垢板を羽重ねに張った「竿縁天井」が一般的であった。

天井と壁との取り合い部には，回り縁と呼ばれる材を回す。上等な座敷では，これを二重に設けることもある。回り縁に細い材を一方向に掛け渡したものを竿縁という。竿縁だけでは剛性が不足し天井が下がるので，途中何箇所かを吊り木で梁などから吊る。竿縁は床の間と平行させて掛け渡すのが通常で，逆に床の間に直交するものを「床差し」と呼んで嫌う。

竿縁の断面は，正方形あるいはやや縦長の長方形で，下端に小さな面を取るのが一般的であり，また六角形断面となる猿頬面とすることも多い。竿縁の継手には，「いすか継ぎ」，「宮島継ぎ」といった竿縁独特のものがある。

また，天井縁を縦横の格子に組んだものを格縁と呼び，その天井を「格天井」という。格天井は，社寺建築などでよく見られ，通常の住宅の和室に用いられることは稀であるが，玄関などにアクセント的に用いられることは少なくない。

竿縁に天井板を羽重ねに載せる場合，ずれを抑えるため「稲子」という楔状の木片で天井板どうしを連結する。元来の稲子は，天井板に仕口を刻んで取り付けるものであるが，より簡易な構法も用いられる。

(5) 欄　間

欄間とは，鴨居や内法長押の上方に設けられた開口のことである。和室と外部（縁側）との境に設けて通風や採光を目的とする明かり欄間や，和室の続き間の襖の上部に設ける間仕切り欄間などがある。

明かり欄間には，開閉機構をもつ無双が取り付けられるなどしたが，明治以降はガラス欄間が一般的になり，現代ではサッシに置き換わっ

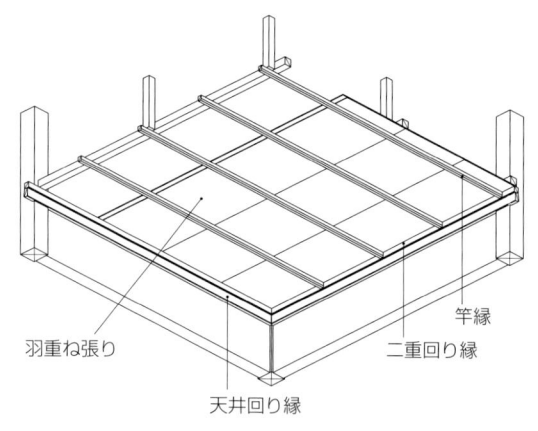

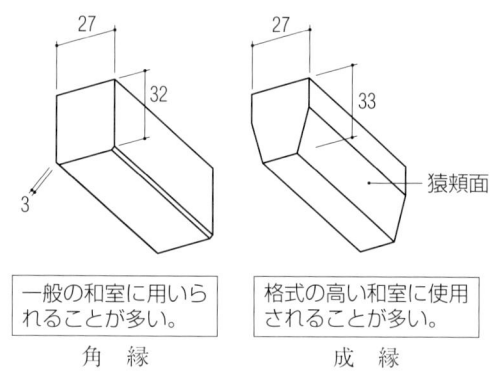

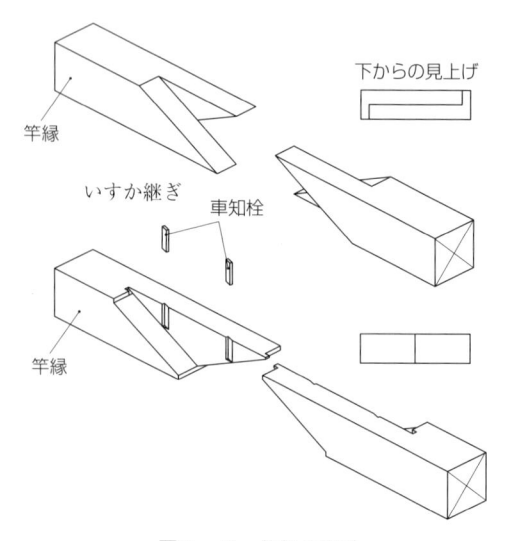

図9・4　竿縁天井

図9・5　竿縁の断面形状

図9・6　竿縁の継手

てあまり見られなくなってきている。一方，間仕切り欄間は，続き間がある場合には現代でも普通に設けられる。

通常，欄間には様々な装飾が施される。縦の組子を繁に入れた筬欄間（おさらんま）や，透かし彫りの板をはめ込んだ板欄間（透かし彫り欄間）などが一般的であるが，立体的な彫刻をはめ込んだ欄間もある。

(6) 面取り

柱などの角材の，角を落として面を付けることを「面取り」という。

社寺建築などの柱では，断面寸法の1割あるいはそれ以上の大きな面を取って実質の八角形断面とすることもあったが，現代の住宅の柱にはほとんど見られない。面の幅が2mm程度の糸面取りや，6〜15mm程度の大面取りはしばしば用いられる。

また，床の間回りの造作や建具などでは，几帳面，銀杏面といった，より装飾的な面が取られることがある。前述の天井竿縁における猿頬面もこの一種である。

(7) ひかり付け

丸桁どうしの交差部などでは，複雑な曲面形状が組み合う仕口が発生する。特に数寄屋や茶室建築では，丸太による造作が多くなる。こうした曲面仕口や，複雑な形状の仕口では，特殊な墨付け加工が必要となり，この作業を「ひかる」あるいは「ひかり付ける」という。

ひかり付けには「ひかり竿」などの特殊な道具が用いられる。

(8) ちりじゃくり

土壁などの湿式の壁が，柱などの造作材に対し少しひっ込んで接する部分を「ちり」という。ちり部分は，壁の乾燥や木材の乾燥によって隙間などが発生しやすいため，何らかのちり処理を行う。

ちり処理の多くは左官仕事によるものである

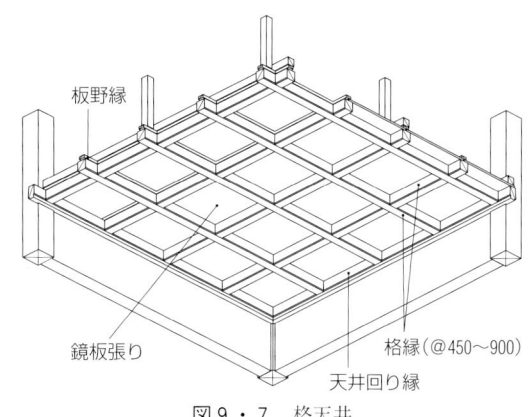

図9・7　格天井

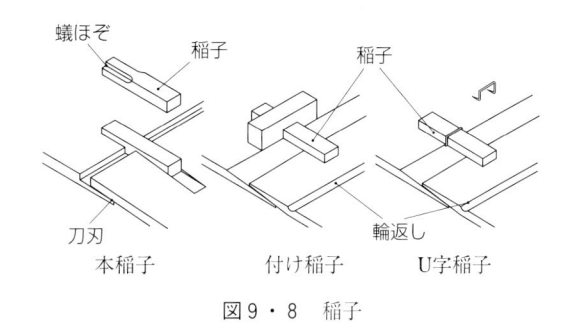

図9・8　稲子

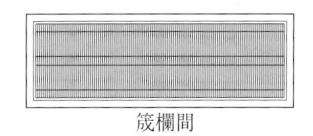

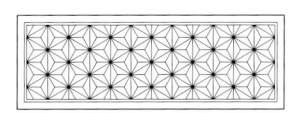

図9・10　筬欄間

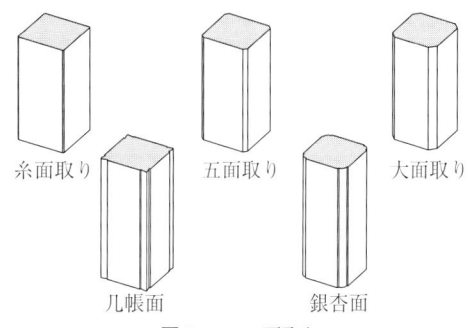

図9・11　面取り

が，大工造作が加わる「ちりじゃくり」という構法がある。これは，ちり部分の木材に幅・深さ2〜3mmの溝を予めしゃくり込んでおくものである。この溝が壁仕上げを飲み込むかたちになり，また左官工事の際の定規になる。

ちりじゃくりはたいへん上等な仕事であったが，電動工具の発達により，以前より容易に施工できるようになっている。

(9) 床の間・床脇

床の間は，座敷の飾りとして一般的なものであり，座敷より一段上げて，床柱，床框，落とし掛け，無双四分一（印籠四分一）などによって構成される。起源は諸説あるが，一般に近世の書院造りの流れを汲むとされる。

床の間と隣接して床脇が設けられ，その境の柱を床柱という。床柱には，書院，数寄屋といった座敷の様式によって様々な樹種の銘木が使い分けられるが，近年の一般住宅では絞り丸太が用いられることが多い。

床の間に掛け軸などを吊すための装置が無双四分一で，天井回り縁に取り付けられる一種のピクチャーレールである。

床脇には天袋，地袋，違い棚などが設けられ，その組合せは多様である。

図9・12 ちりじゃくり

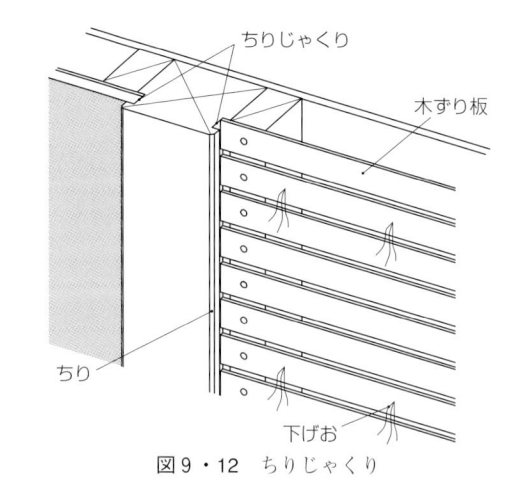

図9・13 床の間*

9・1・2 現代の和室造作

本格的な座敷の和室造作は，現代でも大工による伝統的な木工事として製作されるが，最近は部品化されたセット商品を用いることも少なくない。

和室や和風玄関・廊下などに使用される見え掛かりの造作材には，次のようなものがある。

上がり框，出入り口セット（敷居・鴨居・方立て），窓セット（敷居・方立て・鴨居），押し入れセット，畳寄せ，付け鴨居，長押，回り縁，付け柱，床の間セット（床框・地板・雑巾ずり・落し掛け・幕板）

図9・14 床の間セット*

9・1・3 和室造作材の施工

和室造作材には，単品で取り付けるものとユニットなどの形で取り付けできるものとがある。一般的には，取り付け部位に合わせて，長さ切断や仕口加工などの微調整が必要である。見え掛かりの部分の留め付け固定に，釘・ビス・金物などと接着剤を併用する場合には，仮押さえ用の道具を利用する。

一般に和室造作材は白木の無垢材や化粧張り集成材が多いので，作業者は汚れのないきれいな手袋を使用し，時間の経過とともに手の油汚れの跡などが出ないようにすることが肝要である。傷なども付けないよう注意して作業したい。作業後は速やかにフノリを用い，ハトロン紙などで表面保護をしたり，必要により養生カバーなどで覆うなどの配慮が必要である。

造作工事では，水平・垂直の確保や納まりに注意するのはもちろんであるが，ちり寸法を揃えるなど，仕上がり全体のバランスに留意する。

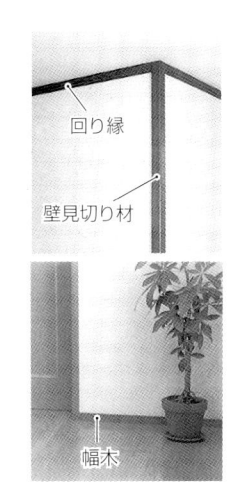

図9・15 洋室造作材*

9・2 洋室造作

9・2・1 洋室造作材

洋風の玄関・廊下や洋室，水回りの空間などに使用される造作材には，次のようなものがある。

上がり框，出入り口セット（敷居または沓ずり・縦枠・上枠・建具），幅木，回り縁，壁見切り材・天井見切り材，カーテンボックス，カウンター，階段・手すり類，笠木類，物入れセット。

住み手の体が直接触れたり，掃除機があたる，上がり框や幅木などには，できるだけ堅木の材料を用いるようにする。

化粧張りした木質系材料や人工木材を用い

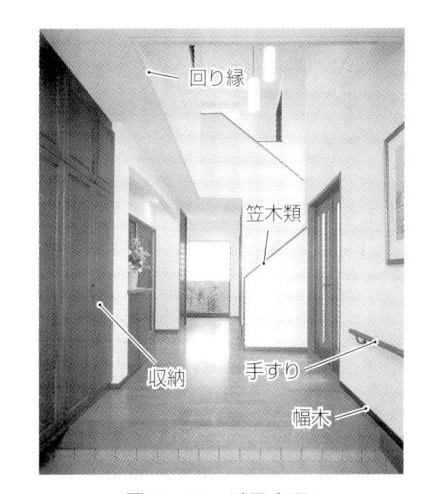

図9・16 洋風玄関*

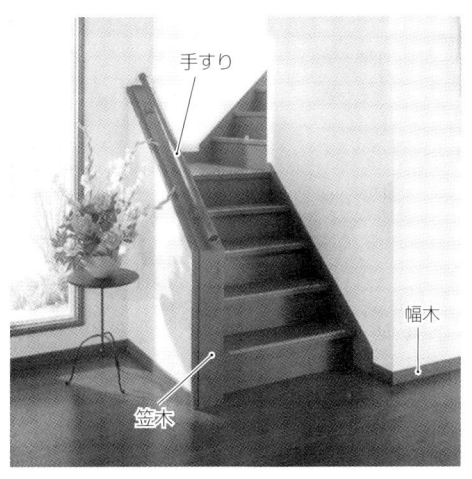

図9・17 階　　　段*

製品が使われることも多い。

9・2・2 洋室造作材の施工

造作材は，正しい取り付け位置に，水平・垂直・平行・通りなどを十分留意し，納まりよく取り付ける。見え掛かりで留め付け固定に釘・ビス・金物などを使う場合は，高さを揃えたり使用位置を割り付けるなど，見映えよく納める。

枠付き建具は，建具本体を定規にして取り付けることになるので，採寸後に建具を吊り込んだ従来のやり方に比べ，取り付け精度が格段に高くなっている。大壁にドア枠を取り付ける場合は，枠と下地の柱や間柱の間にパッキンを挟んで固定するが，丁番部分には適切な寸法のものを入れておかないと後で建て付けが悪くなるので慎重に行う。また，パッキンの間隔が粗かったり，ねじれがあって平行でなかったりすると，建具の開閉でガタついたりすることになる。最近は，調整丁番付きの建具など，入居後の建て付け調整が便利な商品も使われるようになってきている。

収納用部品など，取り合い部の納まりが複雑なものは，添付説明書などを参照し，手際よく取り付ける。

額縁材などL型断面をした部材の切断に当たっては，内側に角材などを補って切断するときれいな仕上がりになる。

塗装品の場合は，取り付け中はもちろんのこと，取り付け後も十分注意して作業し，傷を付けたりしないよう養生を行う。

材に曲がりなどの欠点がある場合は，切り使いができる長さのものは可能な範囲で使い，ねじれや二方曲がりなどの不具合のあるものは返品・交換の措置を取る。

9・3 階　　段

9・3・1 ユニット（プレカット）階段

最近は，建材メーカーなどが，プレカット（刻み加工）を施した階段セットを販売している。また，従来のように，段板や側桁用の部材としての製造・販売もしている。いずれにせよ，工期短縮や納まりの統一，現場廃材の削減などを目的として利用が増えているようである。しかし，特殊な納まりの場合や，寸法的な限界などから機械加工されたもので対応ができない場合は，手刻みで対処する。

建材メーカーなどの製品は，段板に集成材を用いたものが一般的で，表面を突き板で仕上げたものもある。従来のいわゆる無垢材の木取りによるものは，少なくなっている。耐摩耗性など耐久性を考えると，堅木の樹種を選びたいものである。

ユニット階段の使用に当たっての留意点を以下に示す。

① カラーコーディネートを考慮した材の選択

　床仕上げや壁仕上げに合わせた材種・色彩を選択し，統一感ある空間を演出する。材種を統一することが望ましいが，不可能な場合もできるだけ同系統で揃える。

② 使用場所に応じたデザインとパターン

　間取りに合わせた昇降形式を選択し，用意されたバリエーションの中から勾配などにも配慮してデザインパターンを選ぶ。

③ 安全面への配慮

　ノンスリップ溝加工や滑り止め塗装・樹脂など，様々な工夫のなされたものがメーカーにより用意されているので，必要性や

好みなどを勘案して選択する。

④ 取扱い上の注意事項

塗装品の場合は，作業中は丁寧に取り扱うと同時に，取り付け後も養生を十分にする必要がある。階段を構成する部材は，最終的に養生材をはずしたときに目立つ部位に傷などがあっても，交換することが困難なためである。

階段は，取り付け場所の近くの支障のない場所で地組みをした上で，所定の位置に設置する。

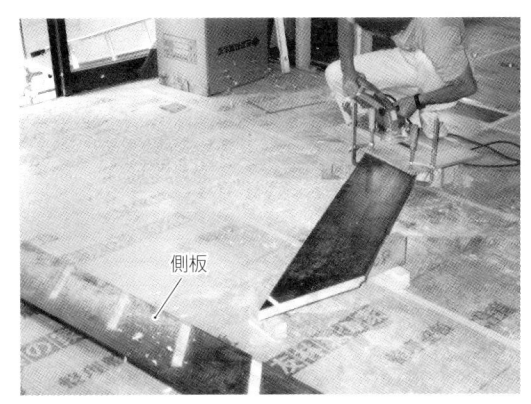

図9・18 側板の加工

モデル現場では，折り返しタイプの階段を採用しているので，上下の直線部分と踊り場部分の3個のユニットを地組みして，下部から順に取り付けを行った。

水平・垂直の基準線に基づいて部材ごとに取り付け施工することもできるが，ユニットに組んだほうがユニット化の効果を生かすことになる。

階段の幅寸法は，微調整ができるように柱内々寸法よりも一定寸法（今回の場合は5mm）小さめに作り，柱などへの固定に当たってはパッキンを挟み，調整して取り付ける。

製品のタイプによっては，後付けの段板が梁と干渉して取り付けできない場合もあるので，事前に確認して梁の位置を移動するなどの手配が必要である。運搬中に破損の可能性のある部分については，事前に加工していない場合があるので，取り付け時に注意して加工を行う。

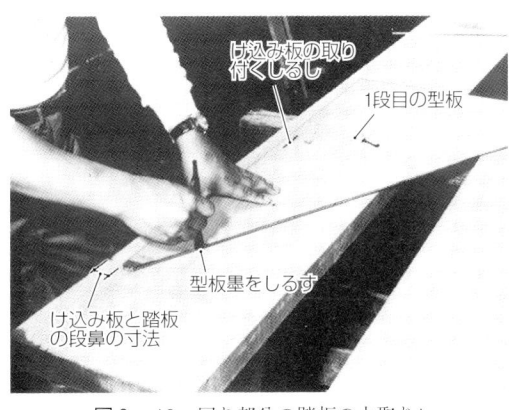

図9・19 回り部分の踏板の木取り*

9・3・2 現場施工による階段

木造住宅に一般的に用いられる階段は，側桁階段である。

階段の形状・スタイルによっては，現場や下小屋の広い場所で原寸図に従って部材を作成することもある。同じ階高・段数で型板が残っている場合を除き，間違いを避けるためにも原寸

図9・20 組み立て

図を作成したほうがよい。

側桁加工に当たっては，材料の乾燥状況を確認し，所定の厚さと幅寸法に削り仕上げをする。次に，実際の階高・柱間寸法や幅・納まりなどに基づき，朱または白墨を用いて墨付けをした後に，組立前の必要な溝加工・長さ切断などの下ごしらえをする。

取り付けは，大壁・真壁のいずれかによって細部の納まりは異なるが，基本的な部分は同じである。厚い側桁を用い，柱に欠き込みを入れて固定するところが，ユニット階段と異なるところである。

工事の手順は，おおむね次のようになる。

① 水平・垂直の基準線に基づき，一段目と上り切りの位置を確認する。
② 側桁の取り付けを行う。段板を差し込む側板のしゃくりの部分で，柱や間柱などにビス揉みをして固定する。
③ 段板（踏み板）は，1段目から，奥（蹴込み側）より側桁の溝に大入れで差し込む形で取り付ける。固定は段板から側桁に斜めにビス止めとする。
④ 蹴込み板は，段板の裏面に彫られた小穴（溝）に差し入れ，釘打ちで固定する。
⑤ 上り切りの框は，2階床面と平らに納まるように取り付ける。
⑥ 施工の終わった部分から薄合板などで養生しながら作業を進め，傷などが付くことを防止する。

9・4 工場生産による造作部品

9・4・1 造作部品の概要

従来は，造作材も軸組材と同じように，いわゆる下小屋といわれる作業場などや現場で機

図9・21 建材部品*

械・工具などを用いて木取り・形状加工・削り・定寸カットなどの下ごしらえを行っていた。

しかし現在では，工場で予め加工をした枠付き建具のセットものや，予め加工され梱包された幅木・回り縁などの利用が増えている。特に，外部造作材は，耐久性や雨仕舞などの点から窯業系・金属系の製品が多く使われるようになっている。また，内部に用いられる和室造作材には突き板貼り集成材が，洋室造作材には突き板

に加えてシート貼り（ラッピング）の製品が多用されるようになっている。さらに、タンスなどの置き家具に代わる造り付けの収納セットや枠付き建具などが開発されている。

9・4・2 生産体制

造作部品の生産体制は、非常に複雑である。総合建材メーカーといわれる大手製造業者でも、すべての製品を網羅しているわけではない。したがって、いくつかのメーカーのものを組み合せる必要があるし、特別な場合には素材を加工し、既製品に合わせた塗装をするなどの調整をすることもある。

メーカーを大別すれば、総合建材メーカー（主に見え掛かり材）と各種専門メーカーに分かれる。また、専門メーカーはその主たる製品により、外部造作材、和室造作材・化粧ばり造作用集成材、ドアなどの洋室造作材、カウンターや階段、収納などの箱物、というように、分業体制で製品化している。

造作用部材については商品にもよるが、メーカーからの現場直送も増えている。さらに、従来の物流に加え、一部商品の直接施工や設計・施工支援などのサービスでその役割を強化している。特に、外部のサイディングに関しては、水切りに始まって破風・鼻隠しや付け梁など、造作についてもメーカーの果たす役割が大きくなりつつある。

9・4・3 最近の傾向

最近の造作材に関しては、住まいづくりのテーマを反映して、次のようなことに焦点をあてた開発が行われている。

① 低ホルムアルデヒド、抗菌、非塩ビ、環境にやさしい化粧シートなどの健康志向
② バリアフリーからユニバーサルデザインへの安全・安心志向

(a) 洋室用収納

(b) 書棚

(c) 玄関用収納

図9・22 造作部分の生産*

段差の解消，廊下の幅員の確保，出入口の幅員の確保，手すりの設置など
面取り加工，建具類の強化ガラス化，引き戸などの埋め込みレール，操作性の良いハンドル・引き手などのデザイン，視認性の高い表示など

③ 素材感の本物志向
重量感を実現する無垢材（または化粧ばりしない集成材）の使用，突き板面材の使用，天然木の質感に近づけた化粧シートの採用

④ 環境共生志向
集成材の使用，材料無駄のない設計，非塩ビ系樹脂化粧シートの使用

9・5 外部造作

9・5・1 外部造作材

外部に用いられる造作材には，次のようなものがある。

霧除け庇（勝手口庇・玄関庇），付け土台，付け柱，付け梁・幕板，破風・鼻隠し，面戸板，面格子，換気扇枠，戸袋，バルコニー，窓手すり，フラワーボックス，濡れ縁。

近年は，木質とは限らず，アルミなどの金属系のものや窯業系・樹脂系のものなど，用途やデザインによって種々のものが製品化されている。

9・5・2 外部造作材の施工

外部造作材の施工に際しては，内外の関連性を考え，手戻りが起きないよう適切な作業計画を立案し工事を行う。下ごしらえされたものをそのまま取り付けることができるものと，長さ方向の切断や削り合わせなどの必要なものがあり，手当たり次第に取り付けるのではなく，割り付けなどの下準備をした上で工事に取り掛かる。外部造作は雨仕舞に注意する必要があり，また，高所作業となるので安全には十分配慮して手際よく進める。

外部造作材は，外壁材などとともに，火災・風雨・音の侵入を防止する機能をもっている。また，耐久性や美観にも注意する必要があり，中でも雨仕舞には特に気を使うべきである。細かいことであるが，釘などの使い方にしても雨仕舞に配慮し，外勾配に使わなくてはならない。また，傷や汚れが付いてはならないので，必要に応じて養生カバーなどを用いて養生する。

図9・23 外部造作材（金属性窓手すり）

第10章

内部仕上げ工事

10・1	準備作業	146
10・2	左官工事	146
10・3	塗装工事	148
10・4	クロス工事	150
10・5	床仕上げ	153
10・6	タイル工事	155

10・1 準備作業

内部の仕上げ工事に先立ち,外部同様,次のような準備作業を行う。
① 根太以外の,床下地の受け材などの取り付けと確認
② 間柱や入り隅における胴縁受け材などの取り付け
③ 天井下地組み工事
④ 筋かいなどの取り付け状況の確認
⑤ 構造金物の取り付け漏れやボルトなどのゆるみのチェック
⑥ 断熱材や気密シートなどの施工状態の確認
⑦ 開口部回りなどの納まりのチェック
⑧ 幅木・回り縁・見切りなど,造作部材の納まりの確認
⑨ 設備配管・配線などのチェック
⑩ 設備関連の下地補強工事
⑪ 壁の目地割りなどの計画

以上のような前工程作業の点検・確認や必要な手直しなどを済ませた上で,モルタル塗りなどの左官工事・タイル工事・クロス貼り工事など,それぞれの工事に必要な下地の施工を行う。設備関連の下地材の取り付け位置については,将来の生活の変化にも対応できるよう,ある程度の融通性をもたせる必要がある。

垂直性や水平性の精度の確保も,この段階で確認する必要がある。見え掛かりになる部分は,特にきちんと処理しておかなくてはならない。

10・2 左官工事

近年,左官工事は減る傾向にあるが,不定形の材料で面を覆うので,自由な形状に対応できるなど,捨てがたい魅力がある。

その反面,作業者の腕に依存する部分も多く,十分な施工管理を行わなくてはならない。

10・2・1 仕上げ部位と材料

左官工事の対象となる部位には,次のようなものがある。

(1) 床

勝手口の土間や犬走りなどの床仕上げは,モルタル塗りが一般的で,狭い空間のわりに凹凸も比較的多いため,きちんとした仕事をするのが難しい部位である。それだけによく目立つため,細部にも注意して作業する。

(2) 床・壁のタイル下地

タイル張りは,コンクリートやモルタル下地用合板などを下地とするが,その張り付け面の調整として下地モルタルの左官工事が行われる。納まりなどに配慮し,後で手戻りのないようにする。

(3) 和風壁

和室の壁は,伝統的には竹小舞を下地とする土壁であったが,せっこうラスボードを下地とする塗り壁に変わってきた。しかし,最近の住宅は和室が少なくなっており,都市部では和室がない場合もある。

ただし,最近の健康志向の影響もあって,土塗り壁系の左官仕上げも増えてきている。また,いわゆるじゅらく風の壁も相変わらず使用されている。

(4) 洋風壁

モルタルを塗り下地として、4～10mmの厚付け模様仕上げの上塗りを施すことがある。伝統的には、漆喰などが用いられた。天井も同じように塗り回しで仕上げることもある。

モデル現場では、内部の左官工事として、玄関回りとキッチン流し前のタイル下地、そして和室のじゅらく風仕上げが用いられている。

10・2・2 施 工

(1) 工法の種類と下地

内部の左官工事の下地と工法の組合せには、次のようなものがある。

① コンクリート＋モルタル塗り
② モルタル下地合板（商品名：ラスカット）＋モルタル塗り
③ 下地板＋防水紙＋ラス＋モルタル塗り
④ せっこうラスボード＋（下・中塗り）せっこうプラスター＋（上塗り）せっこうプラスター、ドロマイトプラスター、じゅらく風塗り壁、繊維壁など
⑤ 荒壁塗り＋裏返し＋ちり回り＋むら直し＋中塗り＋（漆喰、土、砂など）仕上げ

それぞれ、下地を不具合のないように造ると同時に、材料の特性に応じた塗り厚や工法を選択し、素地・仕上げなどの仕様に応じて、こて（鏝）・くし・刷毛などの道具を使い分ける。

(2) 施工上の留意点

内部仕上げ工事の中でも和室の壁については、造作材の汚損に留意して慎重に作業を進める必要がある。

左官工事は湿式の作業であり、材料の調合や塗った後の乾燥のさせ方が大きなポイントになる。したがって、できるだけ早い時期に下地工事などの作業を終わらせ、仕上げ段階で工程に無理のないようにしたいものである。必要に応

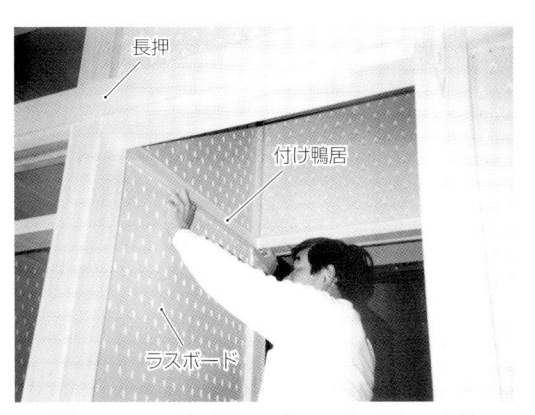

図10・1　下地（せっこうラスボード）の点検

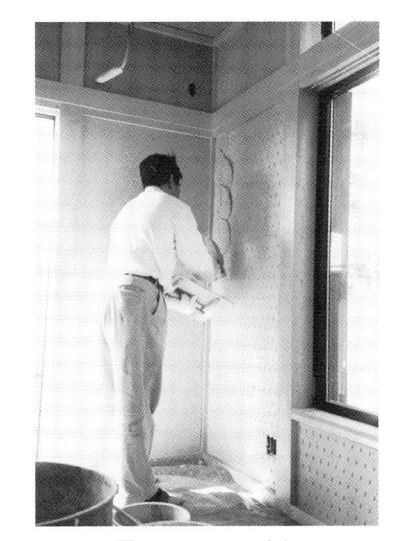

図10・2　下こすり

図10・3　中塗り

148　第10章　内部仕上げ工事

じて，通風や換気を図り，仕上げ後にカビの発生などのないようにする。

　同じ左官工事でもタイル下地のモルタルの場合は，仕上げ材で覆われるため問題はないが，そのまま仕上げ材として表面に出るじゅらく風塗り壁や漆喰などの左官仕上げの場合は，剥離や傷は致命的な不具合となるので十分注意する。

　スイッチやコンセントなど設備関係との取り合い部分は，思い切ったこて捌きができないため，塗りむら・凹凸・押さえ不良などの不具合を起こしやすいので注意が必要である。また，造作材との取り合い部分は，目に付きやすく，ちり寸法の不揃いがあったり，ちり周辺に左官仕上げの汚れが付着したままであると見苦しいので注意して施工する。

　左官工事の終了後，材料によって硬化には差があるので，それぞれ必要な時間を確保して養生する。

10・3　塗装工事

10・3・1　部位と材料

　内部仕上げとして塗装工事が行われる部位には，次のようなものがある。

　幅木，回り縁，見切り類，腰壁，壁，天井，床，建具枠，額縁，建具。

　最近は，工場などで仕上げのなされた部材が多く用いられ，現場での塗装工事は減りつつある。

　なお，塗料には，外部と同様，木質系・金属系・セメント系などの基材（下地）や使用場所に対応して様々な種類のものがある。

　特に，基材が木質系の場合には，木目が見えなくなるような着色塗料のほかに，木材の肌目を生かすことを目的とした透明着色塗料などが用いられる。ワックスなどの仕上げも塗装工事

(a)　むら直し

(b)　仕上げ塗り

(c)　ちり掃除

図10・4　仕上げ作業*

に含まれる。

塗料の選択については，塗料の目的である保護や美装に加え，下地調整材との相性や作業性・下地の隠蔽性などについても配慮し，適切に行う。塗り色の決定に際しては，太陽光線下で，できるだけ大きなサンプルで確認して進めるとよい。

内部塗装工事に用いられる塗料には，基材別に次のようなものがある。

① ワニス

主として木材表面のつや出し用として用いられる。

② オイルペイント（OP）

ボイル油に顔料を加えたもので，かつては塗料（ペンキ）といえばこのことであった。外部に使用しても十分な耐候性があるが，乾燥が遅いなどの施工上の問題がある。

③ クリアラッカー（CL）

木部の仕上げ面に使用する。刷毛塗りもしくは吹き付けで施工するが，塗装時の乾燥が速いことから熟練を要する。塗装施工時に湿度が高い場合は，塗膜の白化が起こりやすく，湿度が75％を超えるような状況下では作業を中止することが望ましい。

④ 合成樹脂調合ペイント（SOP）

鉄，亜鉛めっき面に主に使われるが，木質の素地面にも用いられる。下塗り後24時間以上の放置時間を必要とするが，オイルペイントより乾燥が速い。刷毛目が目立たず光沢がよい。乾燥後の表面の汚れは，石鹸水で簡単に落とすことができる。

⑤ 合成樹脂エマルションペイント（EP）

セメント系・木質系材料の素地面に使用する。1種と2種があり，1種は外部用，2種は内部に用いる。使用上の注意として，釘を十分に打ち込み，釘頭に錆止め塗料を塗布することを忘れてはならない。作業性

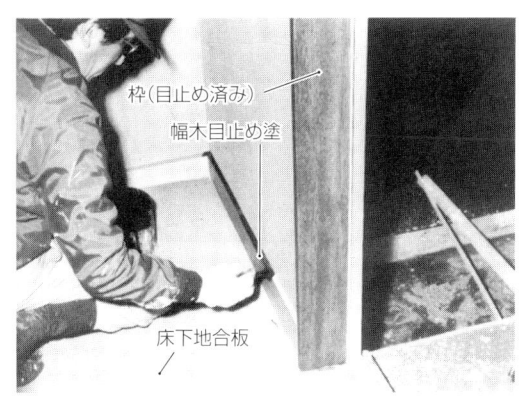

図10・5 幅木の素地ごしらえ*

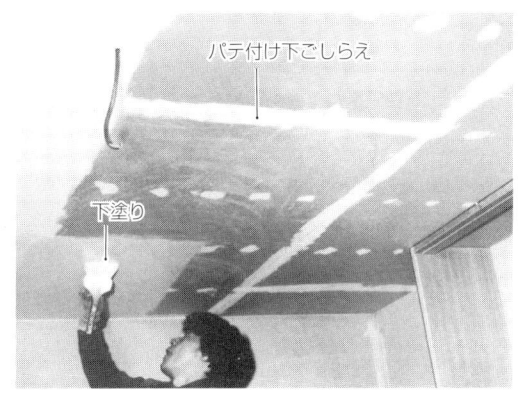

図10・6 せっこうボード面の塗装*

図10・7 建具の塗装*

がよく水で希釈でき乾燥が速い。
⑥ 塩化ビニル塗料（VP）
モルタル面を中心としたセメント系材料の仕上げに使用される。

モデル現場においては，あらかじめ塗装された部材の採用が多かったため，特に内部塗装の必要な部位はなかった。

10・3・2 施工上の留意点

塗装工事は，内部の施工であっても，気象条件に留意して行い，気温が5℃以下の場合は工事を行わない。塗膜の急激な乾燥は，剥離や割れなどの不具合の原因になるので，直射日光や強風に対しても防御することが大切である。

室内の工事に揮発系の溶剤を使用する場合は，作業環境に留意する。事故の起きないようこまめに換気をし，休憩時間を取るなど，安全・衛生の点に配慮する。

図10・8　木部の素地ごしらえ*

10・4　クロス工事

10・4・1　材　　　料

住宅内部の壁や天井仕上げは，湿式の左官工事などに比べて安価で施工性がよいといった観点から，現場施工のクロス貼りを選択することが多くなっている。

クロスの種類は様々であるが，美装性や施工性などに加え，防炎性・防汚性などの機能をもったものが求められている。せっこうボードなどに化粧紙などをオーバーレイしたものも建材製品として市場に出ているが，最近は使用される機会が少なくなり，現場施工のクロス貼りが大多数を占めている。

クロス貼り工事は，幅木や回り縁との納まりが施工のポイントとなる。

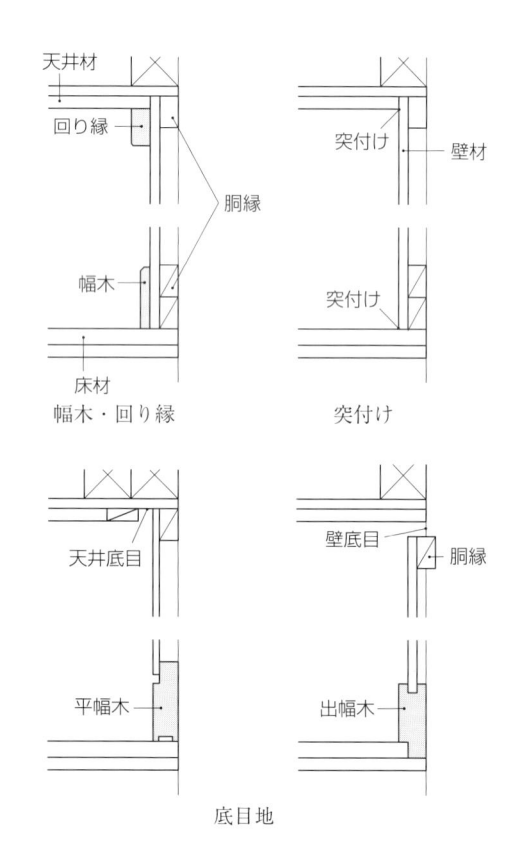

図10・9　幅木や回り縁の納まり

木質系の幅木や回り縁を用いるのが一般的であったが，樹脂系の部材を後付けして簡単に納めたり，天井と壁の取り合いを突き付けや底目地にすることもある。

クロスの材料には，素材・加工法，表面のテクスチュア，柄，裏打の違いなどにより様々なものがある。最近は，環境に対する配慮から大きな変化を見せており，健康・自然志向が強くなっている。特に，原材料や接着剤にホルムアルデヒドなどの有害な化学物質を含まないものを使用する動きが著しい。

クロスの材料は，次のように分類することができる。

① 紙系壁紙

　プリントした加工紙，紙織物，鳥の子和紙などがある。主原料である紙の素材感を生かしたものや，表面を樹脂加工して防汚性をもたせ，水ぶきできるものもある。

② 布系壁紙

　天然および化学繊維の織物，麻布，葛・葦や不織布などがある。美しいデザインの柄のもの，絹織物のような高級感あふれるもの，自然繊維の風合いを生かしたものなど多様な製品がある。水が掛かる恐れのある場所では使用を避ける。

③ ビニル壁紙

　普通塩ビ，発泡塩ビ，塩ビチップなどを表面材とする壁紙である。ビニルの特徴である表現力を生かした製品が多く，織物調，塗り物調，エンボス加工のものなどがある。

④ 無機質壁紙

　ガラス繊維，蛭石，金属箔，セラミック，水酸化アルミニウムなどを主材料とした，繊維状，シート状，箔状などの製品がある。

⑤ 木質系壁紙

　天然木突き板，コルクなどを基材にオーバーレイしたもので，独特の雰囲気を演出

することができる。

モデル現場では，ダイニングリビングに連なる4.5畳の和室の壁にはじゅらく壁風のビニルクロスを用い，その他の洋室回り，水回りには，壁・天井とも各種のデザインのビニルクロスを使用した。なお，キッチンには，準不燃のビニルクロスを採用している。

下地には，壁12.5mm，天井9.5mmのせっこうボードを用いている。なお，洗面・トイレには，タオル掛けなどの取り付けを考慮し12mmの合板を使用している。

10・4・2　施工上の留意点

クロス工事は，造作工事の完了後に行われる。したがって，現場を下見する際に下地パテ処理などで対応しきれないような不具合がある場合は，事前に打合せを行い，下地処理に先立ち手直し工事を済ませておく。

クロス貼りの一般的な施工手順では，まず，せっこうボードや合板などの下地の釘頭（ビス頭）・ジョイント部分の不陸・目違い・傷などにパテや防錆ペイントあるいはジョイントテープなど用いて下地調整を行う。

湿式のモルタルやプラスターなど下地によっては十分な乾燥期間を確保し，シーラー処理を

図10・10　下地パテ処理

行う。

　接着剤には有機溶剤系のものとエマルション系，でんぷん系のものがある。有機溶剤系にはトルエン・キシレンが多く含まれているものがあり，最近のシックスハウス問題に対処するためにも，使用する接着剤の性質に十分注意を払う必要がある。エマルション系のものは洗面室などの日常的に湿度の高い場所には使用しないほうがよい。壁紙施工用に多く使用されるでんぷん系接着剤には防腐剤としてホルムアルデヒドが含まれているものがあるので，ホルマリン不使用と明記されたものであることを確認しておく必要がある。

　住宅のクロス工事の場合，現場の一室にロールコーターと呼ばれる機械を持ち込み，接着剤の塗布を行うのが通例である（図10・11）。仕上げ材や下地の吸い込みの程度に合わせて，配合や塗布量を調整して均一に塗布する。塗布後は，運搬や作業に便利なように軽くたたみ，オープンタイムを5〜6分程取ってから貼り込む（図10・12）。

　壁の施工は，天井との取り合いから貼り始め，床方向に撫で付けながら貼り下ろし，柄合せを行うと同時にシワやたるみなどが出ないように留意する。縦の継目は1mm程度重ねて撫で付

図10・12　天井への貼り付け

図10・13　重ね裁ち

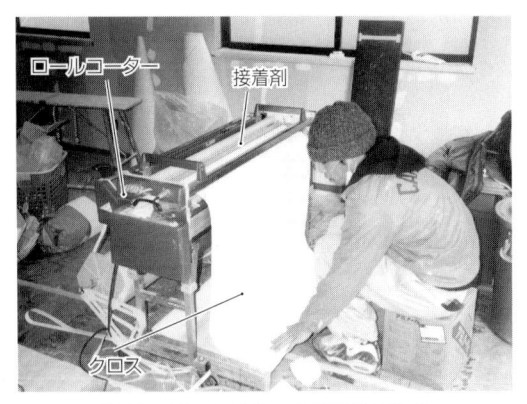

図10・11　クロスへの接着剤の塗布

図10・14　ローラー押さえ

図10・15 壁への貼り付け 　　図10・16 ローラー押さえ 　　図10・17 幅木との取り合い

け，ローラーを掛けて戻す方法と，重ね裁ちして余分な重なりを取り除く方法の2種がある。重ね裁ちの場合には，下地のせっこうボードなどにカッターの刃を入れると，破損を生じたり，剥離の原因となるので注意深く行う。幅木との取り合いはヘラで丁寧に押さえ，カッターで切断する。薄い紙系のものは，ビニル系の材料に比べ下地の状態が表面に出やすく，施工に技術を要する。また，布系の織物の施工も多少難しくなる。同系統の素材であれば，無地ものに比べ，柄もののほうが柄合せが必要となる分だけ容易ではない。柄のリピート寸法によっては，材料ロスが大きい（図10・15～17）。

施工後は，速やかに接着剤やその他の汚れを除去する。枠回りに接着剤が残りそのまま乾燥すると目立つので，特に注意して拭き取る。

クロス貼りの施工中は，汚染すると具合の悪い部分を中心に，作業部位周辺を，養生シートやハトロン紙などを用いて養生する。貼り上げ後は，他の作業によって汚損するような恐れのある部位を必要に応じて養生する。

クロス貼りの場合，経時変化やロットの違いによる色や柄の相違は，微妙でも目立つので，部分的な貼り替えはできるだけ避けるべきであり，それだけに養生には留意する。

10・5　床仕上げ

10・5・1　材　料

床仕上げに使用される主な材料には，木質系フローリングやタイル・モルタルのほかに，次のようなものがある。

① 畳
② カーペット・絨毯（じゅうたん）
③ プラスチック系シート・タイル

10・5・2　施工上の留意点

(1) 施工手順

床仕上げ材は，フローリングを除くと，室内の工事が一通り終了した後に最後の作業として行われる。したがって，準備作業として，床面に放置されている残材・工具類の片付けを行い，きれいに清掃しておく。

(2) 畳

畳敷き作業は，専門の工事業者により，3工程に分けて行われる。まず，和室の造作が完了した時点で寸法取りを行い，次に畳こしらえと呼ばれる工場加工を行い，最後に，現場に搬入

して敷き込みを行う。

畳は，仕様書あるいは打合せによって選定した畳床・畳表・縁などを用い，畳割り寸法に加工して敷き込む。

敷き込みは，周囲の敷居・畳寄せとの取り合い部および畳相互に接する部分に，段違い・隙間・不陸などが生じないようにし，全面が水平になるように納める。

(3) カーペット

カーペット工事に用いられる材料は，四周のカーペットを止め付けるグリッパーと呼ばれる桟木，下敷き材，仕上げのカーペットである。

カーペットは，設計図書に従って選定し，風合い・色合いなどについて見本品を提出して承認されたものを用いる。

下敷き材は仕様書に従って選定するが，黄麻フェルトを用いることが多い。

グリッパーは，下敷き材の厚さに合わせた寸法のものを用い，これを止める釘・木ねじなどはステンレス鋼など，さびの出ないものを用いる。

工事は，グリッパーを部屋の周囲の幅木面に対し，カーペットを差し込む隙間をあけて床下地板に止める。次に，グリッパーの内側に下敷き材を敷き並べる（図10・19）。下敷き材どうしは突き付けとし，要所を釘止めまたは接着剤で止める。

グリッパーは，カーペットの端部を止めるために上面に釘状のものが斜めに突き出しているので，取り扱いには注意する。

カーペットは，周囲に十分なゆとり寸法を与え，敷き込み位置を決めてから，伸展器を用いて，たるみが生じないようグリッパーに止め付ける（図10・20）。カーペットの端部は，一定の寸法を余してカッターで切り揃え，その先端を差し込み工具を用いて納める（図10・22）。

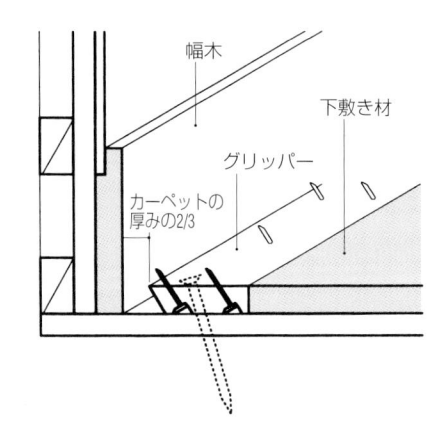

図10・18　グリッパー工法

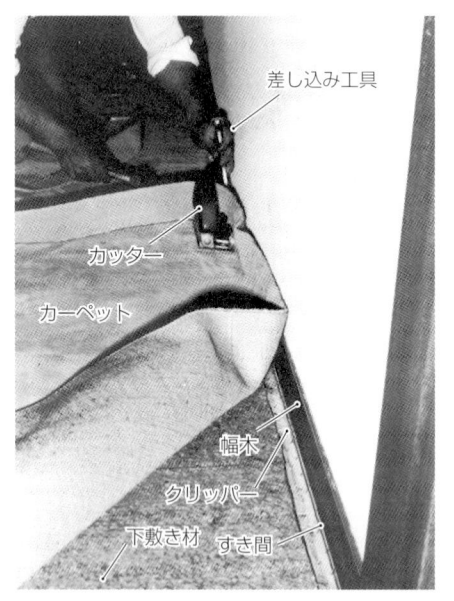

図10・19　グリッパー・下敷き材*

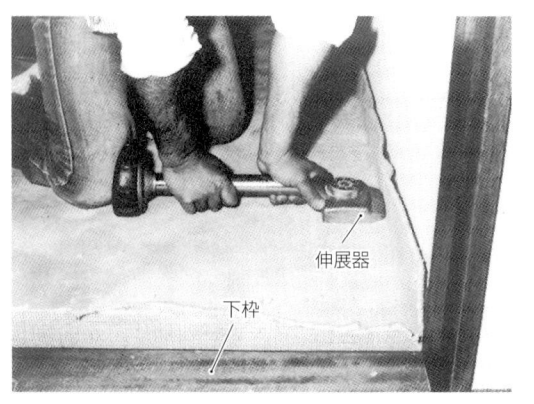

図10・20　伸展器による敷き詰め作業*

10・6 タイル工事

10・6・1 材料

　内装のタイル張りは，かつては浴室，台所の流し回りなどに盛んに用いられた。しかし，浴室ユニットが用いられるようになり，また，台所の流し前などには，ホーローやカラーステンレスパネルなどのデザイン性もあり，清掃性や施工性などのよいものが使われるようになって，内装材としてのタイルの役割は小さくなっている。タイルは，割れなどが入居後のクレームの上位を占めていたが，同じタイル張りでもユニットバスのほうが在来工法より割れなどの不都合が少ないこともあって，現場張りのタイル工事は更に減少している。

　しかし，タイルのもつ独特の雰囲気には捨てがたいものがあり，外装材と同様に，色合い・テクスチュア・サイズなどが多様でデザイン性に富む素材であることには変わりがない。

　モデル現場における内部のタイル工事は，玄関回りおよびキッチン流し前に行なわれている。

図10・21　カーペット端部の切り揃え*

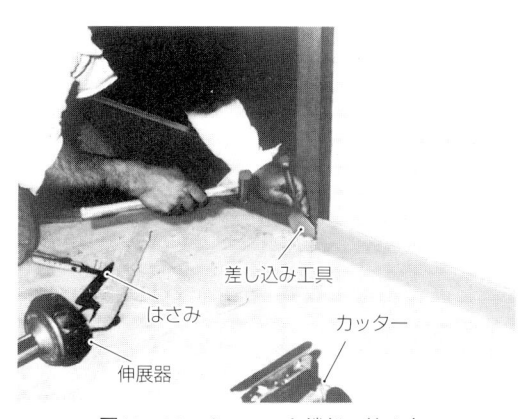

図10・22　カーペット端部の納め方*

10・6・2 施工上の留意点

　タイルの選択は，外装材の場合と同様に，構造・部位などの条件に合わせて検討する。

　室内では，タイル張りの面積は相対的に小さいため，割り付けは特に重要なデザイン要素となる。住宅ではタイル割りを優先することができない場合もあるが，できるだけ見栄えよく仕上げる。

(1) 工程上の留意点

　セメントや砂などを室内で使用することは，タイル張りには必要な作業であるが，他の工事からは汚染の原因となるので嫌われる。作業時

には通路面に養生を施こし，十分注意して施工する。

(2) 施工手順

① 床

一般に玄関に用いられることが多く，浴室や洗面・トイレには現在では余り使われなくなった。いずれの場合でも，水がかりとなることが多く，均しモルタル下地を施工した状態で，水溜まりができないように適切な水勾配を取る。小さい面積の場合にはモザイクタイルなどが多用されるので，目地調整に留意し，目違いができないようにする。

② 壁

玄関・台所・浴室・洗面・洗濯室・トイレなどの水回りに使われる。まれに，リビングなどの部屋の一面にアクセントとして使われることもある。

壁のタイル張りでは，モルタル下地に圧着張りとするか，ボード面に接着剤を用いて施工するかのいずれかとなる。接着の場合，目地からはみ出した接着剤や汚れは，硬化する前に除去しておく。

施工面が広い場合には，斜めの光線で不陸が目立つので，特に注意して施工する。入隅や他との取り合い部はシーリング処理をする。

なお，台所の流し前にタイルを張る場合，レンジ回りは低温発火を防ぐため，下地材も不燃材を使用する。

(3) 養 生

張り付け後は，セメントペーストなどの接着層が硬化するまで，必要に応じた養生をする。

(a) 浴 室

(b) 洗面所

(c) トイレ

図10・23 壁のタイル張り

第11章

内部建具工事

11・1	木製建具工事	158
11・2	襖・障　子	159
11・3	その他の建具	160

11・1 木製建具工事

11・1・1 木製建具の種類

現在の一般住宅では，外部建具はアルミサッシなどの金属製建具が主流となっているが，内部には，浴室などを除き木製建具が用いられることが多い。

従来は，設計図書の建具表に基づき，建具職が製作・取り付けを行っていたが，最近では，材料や金物などに新しい展開があり，既製品を用いることも多くなっている。

建具職による内部建具工事は，採寸・製作・施工の3段階に分けることができる。ただし，既製品建具の場合は，造作工事の一環として，建具枠に吊り込んだ状態で大工職が取り付けることが多い。

木製建具の基本的な形状には，次のようなものがある。

① 框や障子の桟などの線材と鏡板などの面材の組合せ（框組み）
② 枠材の表面に合板などの面材を張ったもの（フラッシュ）
③ ランバーコアなどの心材の表面に面材を貼ったもの

また，上記のものにガラスやクロス・紙などを組み合わせたものなど多様なデザインがある。

材料としては，枠材・框材には，ヒノキ，スギ，スプルース，ベイマツ，集成材などが用いられる。また，最近ではMDFなどの新しい材料が使用されることも多い。また，面材には，シナ合板，突き板合板，プリント合板，メラミン合板，ポリ合板などが使われる。

開閉方式には様々なものがある。主なものは，片開き，片引き，引き違いであるが，両開き，

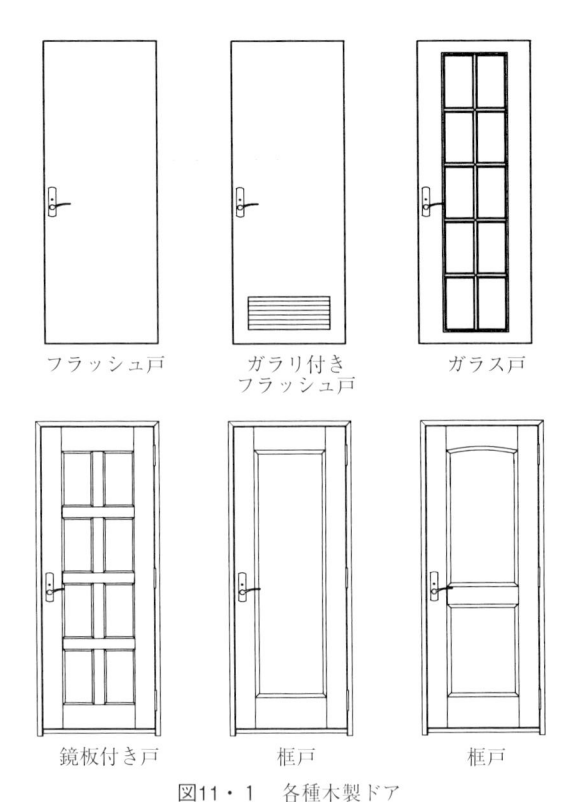

図11・1 各種木製ドア

図11・2 工場生産された木製ドア*

中折り戸，引き込み戸なども用いられる。最近は，吊り戸形式の引き戸が用いられることも多い。

上述した形状や開閉方式に応じて，適切な丁番などの吊り金物を選定し，建具枠に吊り込む。また，取っ手や錠前などの建具金物の取り付けを行う。

11・1・2 既製品建具

1980年代以降，いわゆる住宅メーカーの台頭と並行して，建具工事も合理化や部品化が進み，特に洋室に関しては，造作材と同じ材料を使用した建具セット（枠付き建具）が建材メーカーなどによって開発・販売されるようになった。

11・2 襖 ・ 障 子

襖や障子は，その住宅に採用されているモジュール寸法や和室の納まり（伝統的な真壁か大壁構法か）によって寸法が異なり，現場採寸による製作が一般的である。部屋のグレードや他の部位とのコーディネートにより，樹種などの使い分けをする。

襖は，主に和室どうしの境や押入などに使用される。下地材料や下張り・上張りのしかたによって種々の形態のものがある。また，地域によっては框の太さや仕上げにもいろいろと慣習がある。

障子は，和室回りの窓の内側や縁側と和室の境に用いられる。木目のつんだスギを用いることが一般的であったが，現在はスプールス・ベイスギなどが用いられることが多い。桟には和紙が張られる。

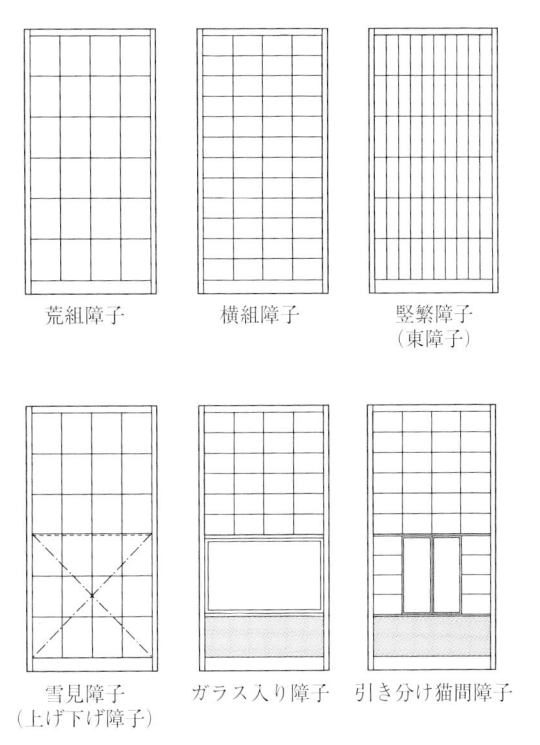

荒組障子　横組障子　竪繁障子（東障子）

雪見障子（上げ下げ障子）　ガラス入り障子　引き分け猫間障子

図11・3　障子の種類

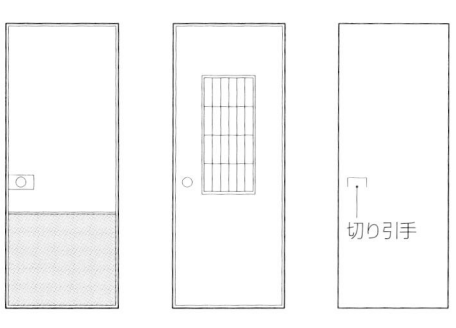

切り引手

図11・4　襖の種類

11・3　その他の建具

　和室と廊下の境などには，戸襖と呼ばれる建具が使われることがある。片面が襖の仕上がりで，片面が木製ドアのようなものであるが，このような場合，表裏の面材が異なるため，反りが発生しやすい。両面の構成を揃えるなどの配慮が必要である。

　その他特殊な建具としては，防音扉，アコーディオンドアなどがある。

図11・5　障子の調整

図11・6　戸襖の調整

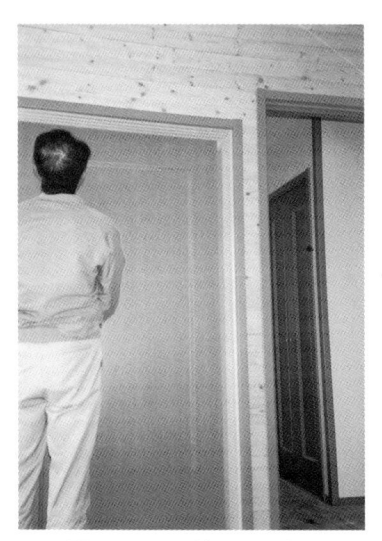

図11・7　戸襖のはめ込み

第12章

雑　工　事

12・1	外部雑工事	162
12・2	内部雑工事	164
12・3	その他の雑工事	168

12・1 外部雑工事

12・1・1 バルコニー

　バルコニーは，建物と一体となった現場製作タイプと，既製品を取り付けるタイプの2種類がある。最近は，現場製作タイプで防水工事を行うものが増えている。従来は，アスファルト防水を使うため，かなり面倒な工事であったが，比較的簡便な樹脂防水の普及により，現場製作タイプが容易に採用されるようになった。ただし，溶剤を用いた防水工事では，火気に十分注意する必要がある。また，現場製作タイプで屋根を兼ねる場合は，屋根としての防火性能も要求されるので注意する（図12・2）。

　既製品タイプの場合は，鋼製やアルミ製の構造体のものが多く，持ち出し型，屋根置き型，柱建て型などがある。デッキ材には樹脂製の材料が用いられる。このタイプは防水をしていないので，デッキの間から雨水が落ちることを施主に事前に説明しておく。

　鋼製の先付けブラケットの取り付けに当たっては，構造金物との取り合いが生じないか，胴差のねじれの問題はないかなどを確認し，手すりの取り付け下地などについても事前に図面で納まりを検討しておく。

　屋根置き型は，出入りの方法を検討するとともに，屋根葺き材との取り合いなどに十分配慮する。

　柱建て型では，建物基礎のフーチング部分を延長させた上に柱を建てる。パイプ柱は，冬季の凍結で破損を招くことがあるので，柱脚部に水抜きを設ける。

　バルコニーの施工に当たって共通していることは，建材本体との取り合い部の雨仕舞に十分

図12・1　バルコニー全景*

図12・2　バルコニーの防水

図12・3　濡れ縁*

留意すべきことである。また，手すり高さ（有効寸法 H=1,100mm）の確保も必要である。

12・1・2 濡 れ 縁

濡れ縁は，次項のサンデッキと同様に，和室や縁の外側に，外部空間との緩衝部品として設置される。白木のヒノキや竹・樹脂などが床材として使われ，本体は木製やアルミ製などがある。ユニット製品にしたものも販売されている。

濡れ縁の施工は，砂利敷きの上にコンクリートなどの束石を据え，束建てとする。建物との取り合いには，外壁仕上げを破損しないように，下穴加工をしてからコーチスクリューなどで固定する。木製の場合は防腐処理もおろそかにしてはならない。

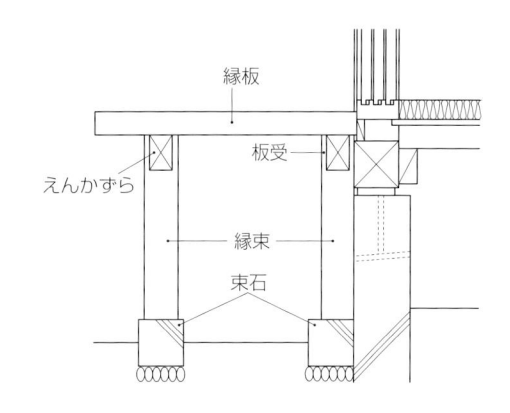

図12・4　濡れ縁断面図

12・1・3 サンデッキ

リビングなどの延長として，外部空間との間に緩衝スペースとして設けるのがサンデッキである。木製（ウッドデッキ）や樹脂製・合成木材製（木粉と樹脂の組合せ）などがある。

耐久性を考慮した材料選択を行うとともに，防腐処理や塗装などを施すが，メンテナンスにも十分配慮して工事を行う。

施工に当たっては，雨仕舞や排水などを検討するとともに，歩行安全性にも配慮する。特にデッキ材の固定に関しては，釘打ちでは緩んで戻る危険性があるので，ビスやコーチスクリュー止めなどとする。

図12・5　サンデッキ*

12・2 内部雑工事

12・2・1 造り付け収納

造り付け収納は，工事の進め方としては，枠付きの建具セットや幅木・回り縁などの造作材と同様に扱われることが多い。洋服タンスなどの置き家具の代替品であるが，内部造作材とコーディネートされた製品が開発され，ビルトイン家具（造り付け）として多用されるようになっている（図12・6）。

最近では，内部の収納部品も多様な組合せができるようシステム化されている。

施工方法には，ユニットとして組み上げてから所定の場所にセットするタイプと，部品を順次取り付けていって組み上げるタイプの2つがある。前者の場合には，天井下地を組む前に据え付けないと，地組みした後では起こせなくなってしまうので注意する。

玄関収納も，造り付け収納として取り付ける場合と，仕上げ後の置き家具としてユニットに組み上げて取り付ける場合とがある。必要に応じて，壁や天井などに予め固定用の下地を入れておく。また，壁や天井との取り合いが生じる場合には，事前に納まりを検討の上施工する。

12・2・2 ユニットバス

浴室ユニットは，1964年の東京オリンピック当時に高層ホテルの浴室工事の工期短縮などを狙いとして開発されたが，1970年頃から集合住宅に用いられるようになった。

日本の浴室は洗い場に完全な防水が求められるため，その防水性能の良さから急速に普及し，現在では当初のものに比べ格段の進歩を遂げ，戸建・集合を問わず日本の住宅建設になくては

(a) 和室収納

(b) 書棚と洋服ダンス

(c) 玄関収納
図12・6 造り付け家具*

ならない存在となっている。

工場でユニットとして製作されるワンボックスタイプのものも施工の簡便さなどから利用されてはいるが，主流は部品化した部材を現場で組み立てるタイプである。ユニットバスは，施工性に優れ，ＦＲＰなどを使用しているので気密性や防水性が高く，断熱材を併用することで保温性も向上している。デザイン・機能面でバリエーションが増えているにもかかわらず，価格的にも安定しており，在来工法の浴室に見られるタイルの割れ・隙間風・寒さなどの欠点がない。

ユニットバスの選択に当たっては，タイル，樹脂，ホーロー，木，ステンレスなどの浴槽の材料のバリエーションを検討するが，さらに，バリアフリーの見地から出入り口の幅員の確保や段差の解消の必要性を検討する。ただし，そのためには，床排水方法などを工夫する必要があり，総合的な判断が求められる。

浴室内の手すりは，事後の取り付けが困難なものもあるので，発注に際しては漏れや間違いがないよう留意する。

ユニットバスの施工については，架台型と受け梁型の２つのタイプがある。べた基礎の場合はどちらでも用いることができるが，布基礎の場合には受け梁型のほうが適している。配管類に関しては，室内側からの接続・点検ができるように点検口が設けられているが，床下での排水接続なども必要となるので，基礎の立ち上がり部には人通口を設けておく。また，窓サッシや出入り口の造作材との納まりについても，図面によって十分に確認しておく。なお，床との納まりに関しては，床材の耐久性に配慮し，脱衣室の根太方向をユニットバス出入り口と直角にする。

建物本体の断熱材との取り合いも適切に処理する必要がある。内壁パネルのジョイント部分

図12・7　ユニットバス[*]

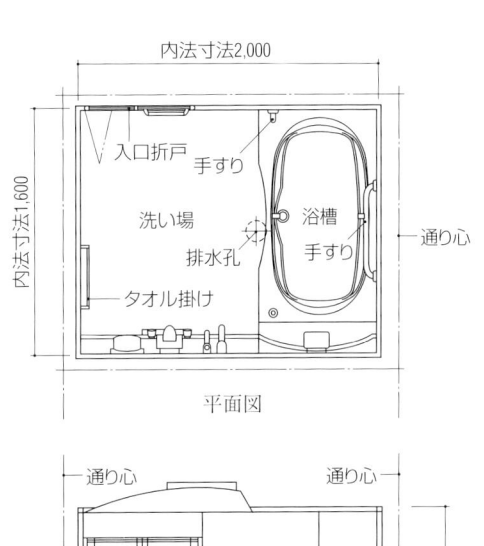

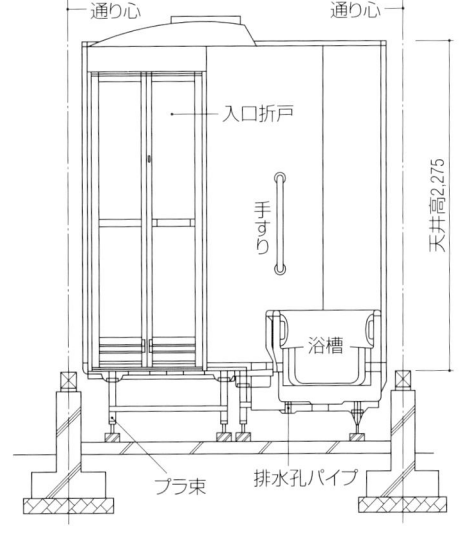

図12・8　詳細図

12・2・3 厨房設備

住宅における厨房設備というと，サイズや部材などを自由に組み合わせることのできるシステムキッチンを頭に浮かべるが，実際には予め規格化された部材を組み合わせた簡易型システムキッチンを用いることが多い。

最近は素材などのバリエーションも増え，シングルレバータイプの混合栓や食器洗い機・浄水器などもかなりの割合で装備されている。加熱機器の熱源は圧倒的にガスが多い。レンジフードなど排気設備や収納設備も様々なものが用いられている。

厨房設備の取り付けに当たっては，事前に図面に基づいて所定の位置に先行配管や配線を行っておく。その際には，配管などの取り出し部分を必要以上に過大なものにせず，防虫・防鼠に配慮する。壁や天井には，必要に応じて下地補強材を取り付けておく。コンロなどの加熱機器回りの下地には，低温発火現象などに備え，不燃材を使用する。キッチン回りの壁見切りに引き出しがつかえて開かなくなったり，換気口外壁貫通部とレンジフードの位置が一致していないため取り付けることができないなど，ささいなことのようであるが，工事の手戻りを引き起こす原因となるので十分に注意する。部品や部位によっては，汚損や破損の恐れもあるので，養生材などを使って保護することも忘れてはならない。ものによっては重量もあるので，L型など設置が難しいものについてはメーカー責任施工の形を取るのも，一つの考え方である。

図12・9 システムキッチン*

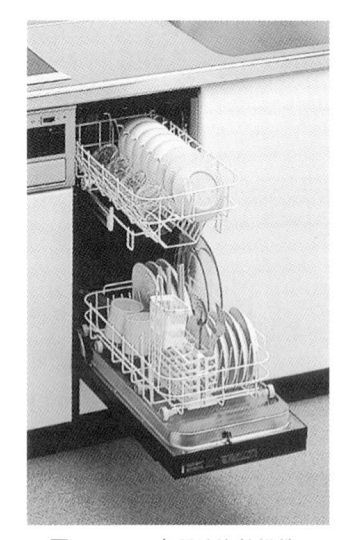

図12・19 食器洗浄乾燥機*

図12・11 床下収納*

12・2・4 その他のユニット類

(1) 床下収納庫

居室用や2階用の床下収納庫も開発されているが，主流はキッチン用で，食料品類の保管・貯蔵に使われる。床下点検口も兼ねることができる。

取り付けに当たっては，床組みと干渉することを避けるとともに，床仕上げの柄合せに注意する。蓋の高さ調整のために，収納庫の下には砂袋などを置いて，載荷時の変形にも追随できるようにしておくとよい。

(2) 掘りごたつ

洋室用や2階用も開発されているが，主流は1階の和室用で，床下収納庫と同じく床下点検口を兼ねることができる。

取り付けには床組みとの干渉回避に注意する。床下の寸法が小さいと取り付けできないこともあるので，事前に納まりなどを検討しておく。

(3) セントラルクリーナー

セントラルクリーナーの配管は径が太いので，構造体を欠くことなどがないよう設置に当たっては，十分な検討が必要である。

ホース差し込み口を壁に設ける場合は，根太掛けや大引などとの取り合いに工夫が必要となる。機器本体は，階段下などの室内に設ける場合もあるが，モデル現場では洗面脱衣室の外側の屋外に設け，ホース差し込み口は室内の要所（1階4箇所，2階2箇所）の床に設けた。配管は，吸引に負荷が掛からないよう施工要領に基づき無理のないものとする。

(4) 生ゴミ処理機

生ゴミ処理機は価格が高く，高嶺の花的な存在であったが，メーカー間の競合に加え，購入時に補助金を出す自治体も出始め，導入が増えている。小型化してきているものの，相応のスペースが必要であり，臭気もあるので，勝手口の外部など使い勝手がよく風通しのよい所に設

図12・12 家具調掘りごたつ*

(a) 室内ホース差し込み口

(b) 機器本体

図12・13 セントラルクリーナー

置する。取り付けは，メーカーの仕様に従い，不具合のないように行う。

12・3 その他の雑工事

12・3・1 駄目工事など

駄目工事とは，仕上げ工程の最終段階で，各工程で分担が明確でないために残された作業や，各工程でつくり込まれた部分の不具合部分の手直し工事をいう。収納のパイプ取り付けなどの，細かないわゆる残工事も手直し工事と同時期に処理されることから，駄目直しともいわれる。チェックシートなどを用いて確実に処理する必要がある。

12・3・2 美装工事

竣工直前の清掃やクリーニングなどをいい，仕様によって異なるが，主なものとしては以下のようなことがあげられる。
① 床や枠回りの養生材の除去
② 各室の清掃
③ 外部回り開口部（サッシ・ガラス）の清掃，水拭きなど
④ 木質系床材などのワックス掛け
⑤ 和室造作材などの汚れ除去
⑥ 石やタイル類の酸洗いやワックス掛け
⑦ 設備機器類などの養生材の除去

美装工事を行った後は，作業により汚されないよう十分注意する。

第13章

電気工事

13・1	電気工事	170
13・2	弱電工事	176
13・3	テレビアンテナ工事	178

13・1 電気工事

13・1・1 概　　　　要

　電気工事は，法によって有資格者が行うよう定められている。電気配線に問題が生じると様々な災害を引き起こす危険があるので，確実な施工を行わなくてはならない。また，工事後に内部の配線が他の職種による釘打ちなどで傷つけられることのないよう，十分な配慮が必要である。

　電気工事の基本となる分岐回路の数は，住宅の規模によって異なるが，最低でも1階，2階，台所，水回りの4回路に分ける。さらに，クーラー・乾燥機・電子レンジなどの大型機器の専用回路を設けるなど，余裕のある設計にすべきである。現在ほとんどの住宅には，単相3線式で電力が供給されている。これは，3本の電線の組合せによって，100Vの回路のほかに200Vの回路を得ることができる仕組みになっている。

　木造住宅における室内配線工事は，通称Fケーブル（平形ビニル外装ケーブル）を用い，天井裏や壁の内部にステープルで直接留め付け，ジョイントボックスやコンセントボックスを経由しながら，照明器具やコンセントあるいはスイッチに接続していく方法が主流となっている。

　電線管（コンジットチューブ）を用いる場合

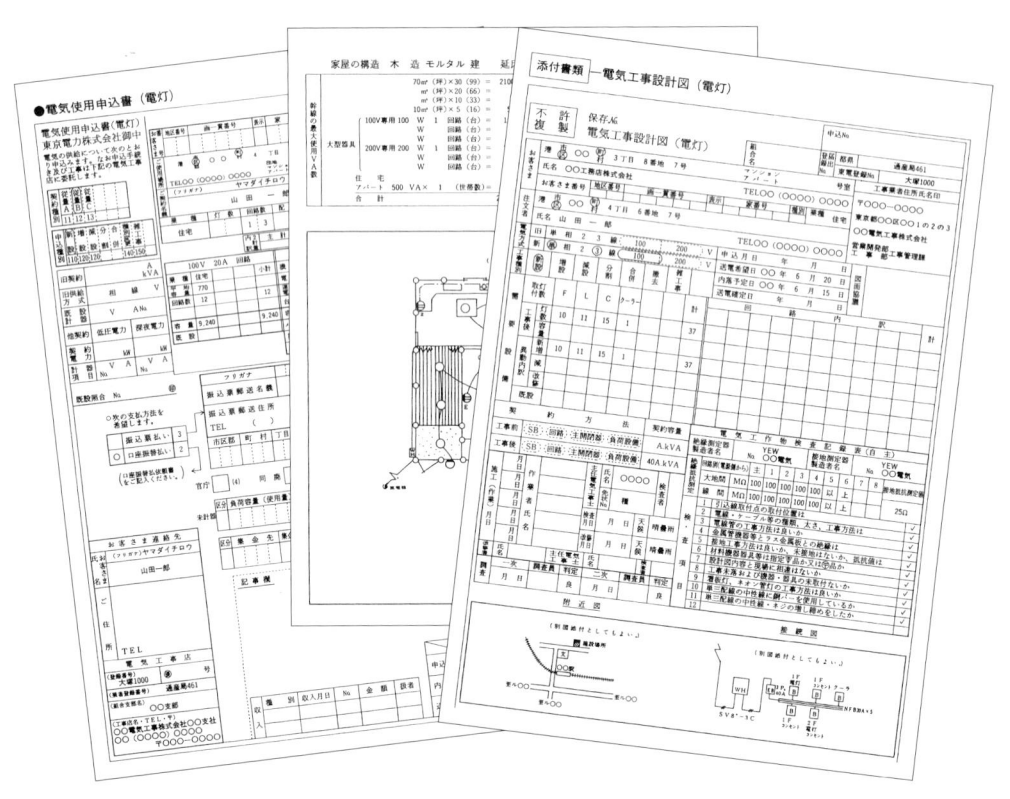

図13・1　電気使用申込書

もある。電線管は，ねずみなどから電線を保護するだけでなく，電線の交換がしやすくなる。木造住宅では，基礎部分の貫通や基礎下，あるいは床土間下など，部分的に用いられるのが一般的である。電話線，テレビアンテナ線に用いる場合には，遮蔽効果があるので雑音を防ぐのに有効である。

新築住宅ではあまり採用されないが，露出配線とし配線ケーブルを合成樹脂製カバーで保護する配線方式もある。リフォームなど配線ケーブルを隠蔽することが困難な場合に採用される方式である。

13・1・2　諸手続き

新築工事の場合は，着工に際し仮設電力申請業務手続きが必要である（36ページ参照）。また，工事対象建物に関し電気使用申込書（図13・1）による手続きを行い，電力会社と需給契約を結ぶ。本体工事の電気使用の申請は，仮設電力申請業務手続きを行った電気工事業者が行うのが普通である。電気工事業者は施主の代行をし，所定の用紙に必要事項を記入して電力会社に申請手続きを行うことになるが，建築工事側としてその手続きがスムーズに行えるよう，必要な設計図書の提供を初めとした協力が必要である。

13・1・3　材　　　　料

ケーブル，コンセントボックスなど，電気工事に用いる材料は，電線類などのようにJISの制定がある場合はJISに適合するものを，分電盤のように電気用品取締法の適用を受ける場合はその型式認可および型式承認済みのものを使用する。なお，それ以外のものについては特記による。

電線には，屋外用と屋内用がある。また，配線工事の方法や，その流れる電流によってサイズも異なるが，本書が対象としている住宅工事で一般的に使われているのは，平形ビニル外装ケーブル（VVF），あるいは，丸形ビニル外装ケーブル（VVR）である。以下に一般的に使われている電線の種類を整理しておく。

① 平形ビニル外装ケーブル（VVF）
　一般にFケーブルと呼ばれているもので，主として屋内配線に使用される。
② 丸形ビニル外装ケーブル（VVR）
　主として屋内配線に使用される。
③ 600ボルトビニル絶縁電線（IV電線）
　主として屋内配線に使用される。
④ 屋外用ビニル電線（OW電線）
　主として低電圧向けの屋外配線に使用される。
⑤ 引き込み用ビニル電線（DV電線）
　主として引き込み線用として使用される。
⑥ ビニル（ゴム）キャブタイヤケーブル通常キャブタイヤと呼ばれている電線で，雨などがあたる屋外の露出部分に使用される。

13・1・4　施　工　手　順

電気工事は，電気事業法，電気設備に関する技術基準を定める省令，電気用品取締法，建築基準法，消防法，電気工事士法，その他関係法令および各電力会社の供給規定に基づいて施工することになるが，一般には，電気工事専門業者に一括発注して工事を行うのが普通である。したがって，工事管理者の電気工事に関する業務は，建築本体の工程と関わりのある施工手順の打合せが中心となる。この手順の中で重要なものに，スイッチ，コンセント，照明器具などの各種機器・器具の設置位置（配線の取り出し位置）の最終確認がある。あわせて，回路数とその系統の確認もしくは指示を行う。

次に，建築側の施工工程の説明と確認を行う。

表13・1 電線の種類と用途

種類	形状	使用箇所
IV電線 (600Vビニル絶縁電線)	塩化ビニル樹脂混和物／軟銅線	屋内配線に使用される。
RB電線 (600Vゴム絶縁電線)	より綿糸編組／ゴム引布テープ／ゴム混合物／スズめっき軟銅線	屋内配線に使用される。
OW電線 (屋外用ビニル電線)	塩化ビニル樹脂混和物／硬銅線	屋外用の低圧線に使用される。
DV電線 (引込用ビニル電線)	平形／より形　塩化ビニル樹脂混和物／硬銅線	屋外用の引込線に使用される。
VVF (Fケーブル) (平形ビニル外装ケーブル)	平形　ビニル被覆	屋内, 屋外, 地中埋設に使用される。
VVR (丸形ビニル外装ケーブル)	丸形　ビニル被覆／綿糸	屋内, 屋外, 地中埋設に使用される。
ゴムキャブタイヤケーブル	ゴム混合物／横糸横巻きまたは紙テープ／スズめっき軟銅より線	屋外の露出部分（雨が当たってもよいところ）に使用される。
ビニルキャブタイヤケーブル	塩化ビニル樹脂混和物／軟銅より線	屋外の露出部分（雨が当たってもよいところ）に使用される。
クロロプレンキャブタイヤケーブル	クロロプレン／ゴム混合物／スズめっき軟銅より線／天然ゴムまたは綿帆布	屋外の露出部分（雨が当たってもよいところ）に使用される。

壁の中や天井裏に施工される配線工事は，内装のための下地用ボードの施工前に行う必要がある。一度施工したボードを剥がすことは絶対避けなければならない。逆に，電気配線工事が遅延することによる後工程への悪影響も避けなければならない。このほか，一般的に行っておく確認事項として，次のようなものがある。

① 配線は特別な指示がない限り，原則として隠蔽配線とする。
② ケーブルを金属ボックスなどに通線する場合には，ケーブルの損傷を防ぐための措置を講じておく。
③ 後工程の作業において，釘などの打ち込みによるケーブルの損傷の恐れがある部分は，パイプガードなどで保護しておく。
④ 壁内や天井裏などに配線を行う際には，断熱材の取り付けに支障のないよう十分注意しておく。
⑤ 構造体部分に配線のための穴をあける必要が出た場合は，構造強度上差し支えない位置を適切に指示する。根太や間柱などについても同様である。
⑥ 専用配線がある場合は，必要位置まで確実に単独配線が行われているかを確認する。
⑦ 外壁配線取り出し部分には，絶縁防護管

図13・2　天井裏の配線*

図13・3　コンセントボックス*

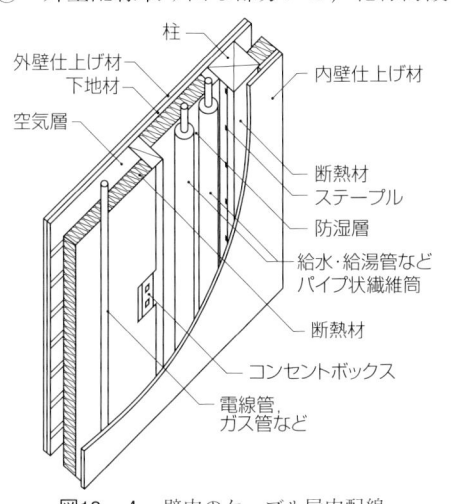

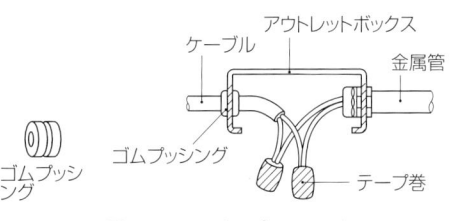

図13・4　壁内のケーブル屋内配線

図13・5　ゴムブッシング

が取り付けられているかを確認するとともに，雨水の浸入を防ぐために外壁側に勾配が付いているかを確認する。
⑧　必要な個所にアース端子が取り付けられていることを確認し，さらに接地極棒およびその配線を確認しておく。
⑨　重量のある照明器具などの取り付け位置には，必ず補強工事を行っておく。
⑩　配線のたるみなどがないことを確認する。
⑪　屋内配線工事の完了とともに電力会社の工事検査を受ける。
⑫　外線の引き込み工事日を決定しておく。
⑬　検査に合格すると送電確定日が決定されるので，その日には工事管理者が必ず立ち会うようにする。

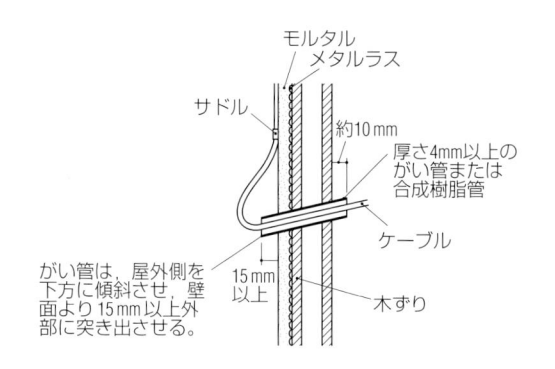

図13・6　内部へのケーブル引き込み方法

13・1・5　各種機器

(1) ブレーカー

ブレーカーは，通常，分電盤の中に組み込まれている。住宅内の幹線と分岐回路のそれぞれに取り付ける。一般に，100Vの場合，幹線にはOC付きELB，30A，60A，100Aの単位のものが，分岐線にはOC付き安全ブレーカー，配線用には20Aのものが設置されている。

(2) アース

水回り機器にはアースを設置する必要がある。住宅でも今後200Vの高電圧化対応器具が増えるとが予想されるので，アース工事の重要度も増すことになる。電気洗濯機，電子レンジ，冷蔵庫などに用いられるコンセントには，アース端子付きのものを設置する。

(3) コンセント

コンセントの設置数は，安全性と利便性によって決定する。屋外に設置するコンセントは適切な防水箱の中に収めるか，防雨形でアース端子付き，あるいは，アース極付きのものを使用する。

図13・7　分電盤*

図13・8　コンセント*

13・1・6 照 明 器 具

照明器具の取り付け工事に当たっては，次の項目に留意する必要がある。

① 器具の取り付け工事は，引掛けシーリングなどによるものを除き，電気工事の有資格者が行わなければならない。
② 照明器具を効果的に設置するためには，適切な照度，適切な取り付け位置とするとともに，スイッチなどの配線器具との組合せを適切にする。
③ 重量のある照明器具は，補強合板や補強吊木などを下地に設け，梁などの上部横架材に荷重が伝達するよう確実に取り付ける。
④ 断熱材敷設場所に埋め込み照明器具を取り付ける場合は，加熱による発火や融解防止のため，器具の周辺に100mm程度の空間を設け，器具が断熱材に直接触れないようにする。
⑤ 200Vのコンセントには，プレートに電圧表示をしているものを使用する。
⑥ 照明器具の取り付け用ビスは，電線を損傷しないよう適切な長さのものを使用する。

なお，埋め込み照明器具を採用する場合は，事前に横架材や天井下地にあたらないかどうかをチェックしておく。

照明器具には，室内に一般的に用いられるもののほかに次のようなものもある。

① 防犯用照明器具
　門灯，門柱灯，アプローチ灯などである。これらの照明器具は，単独でも防犯灯としての機能をもつが，照度センサーと組み合わせて設置すると効果的である。
② 防災用照明器具
　常夜灯，足元灯，階段手すり灯などがあり，停電時に作動するものもある。

図13・9　照明器具*

図13・10　照明器具*

図13・11　アプローチ灯*

13・2 弱電工事

住宅に用いられる弱電工事には，電話配線，テレビアンテナ配線，インターホンやチャイムなどの配線がある。最近は，統合化されたホームセキュリティ設備を採用するケースも増えつつある。

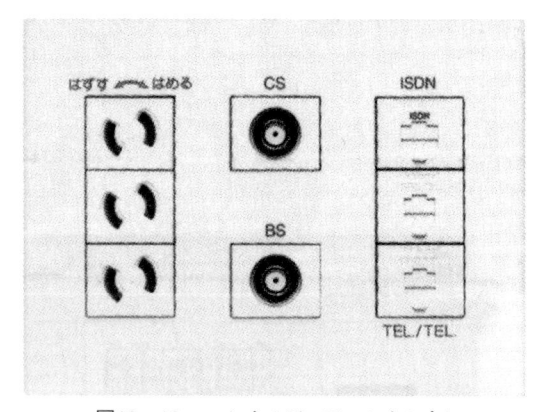

図13・12 マルチメディアコンセント*

13・2・1 テレビアンテナ配線工事

電気配線図に従って，アンテナの端子設置位置を確認する。決まっていない場合は，テレビを置く場所を確定してもらう。テレビ用に使用するコンセントの位置も確認しておく。

工事に当たっては，まずアンテナ分配器の設置場所を決める。次に，分配器からアンテナ端子まで，同軸ケーブルを用いて配線を行う。

最近は，衛星放送の受信設備が普及しつつあり，そのためのアンテナ設備・配線も検討しておくことが必要である。

13・2・2 電話配線工事

電話配線の敷設は，電話会社（NTT等）によって行われるのが一般的であり，工事業者による電話配線工事は，電話線引き込み口から，電話設置予定位置までの，電話線用配管工事を行うということになる。竣工後に電話会社によって電話線用配管の中に通線が行われる。

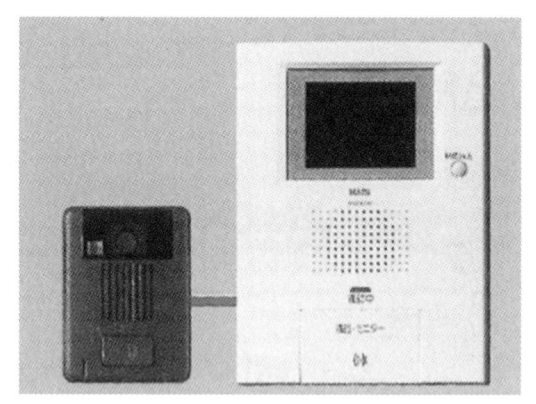

図13・13 モニター付インターホン*

13・2・3 インターホン設備

インターホンは，門柱などに取り付けられることが多く，その場合は建物本体との配線は地中に埋められた配管の中を通すことになる。門灯などの電灯用配線（強電）と，インターホン，ドアホンなどの弱電用配線は，同一配管に入れ

図13・14 ガス漏れ感知器（天井用）*

13・2 弱電工事 **177**

てはならない。配管は，二重波付可とう管を用い通線する。

インターホンは雨水がかかるような場所に設置されることが多いので，絶縁防護管の回りに十分なシーリング措置を行うなどの注意が必要である。

13・2・4 セキュリティ設備

防犯・防災を中心とするセキュリティシステムが普及し始めている。様々な機能が組み合わされてシステムが構成されるが，施主がどのような機能を要求しているかを十分把握した上で，システム構成を決めることが肝要であろう。

具体的な設計・施工は、専門メーカーに発注することになる。

セキュリティシステムを構成する要素には，次のようなものがある。

① 防犯システム

　電気錠・施解錠システム・防犯スイッチ

② 防災システム

・ガス感知システム

　天井や壁に取り付けてガス漏れが起こると警報音を発する。ガス漏れ感知機器は，ガスの種類によって設置場所が異なる。都市ガスの場合は，空気より軽いので天井面から30cm程度の範囲の高いところに設置する。空気より重いＬＰＧの場合は，逆に床面から30cm程度以下の

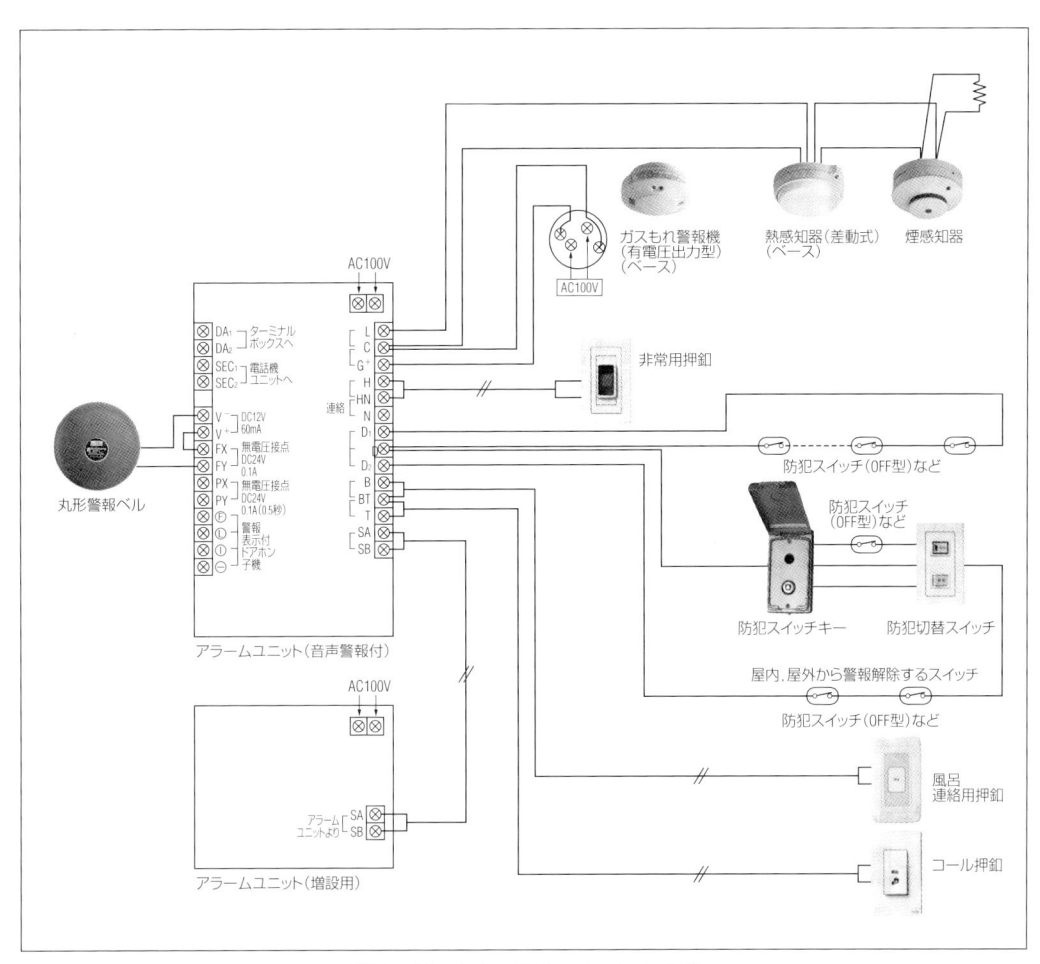

図13・15 セキュリティシステムの例

ところに設置しておく必要がある。
・熱感知・煙感知システム
　住宅用火災警報器
　　住宅の火災により発生する熱や煙を感知して，自動的に火災の発生を警報音により知らせる機器である。
③　インターホン機能
④　ドアカメラ
⑤　外部通報システム
⑥　風呂センサー

13・2・5　LAN配線

　近年，インターネットは家庭での情報源として広く用いられ始めている。インターネット情報は，電話回線やCATVケーブルを利用して家庭内のパソコンに送られてくる。したがって，インターネットを家庭内に引き込むには，パソコンを中心とした配線が必要になる。パソコンの置かれる場所，周辺機器，電話端子や電話機の位置，コンセント位置の関連を十分把握しておかなければならない。

　また最近は，無線方式のLANが家庭内にも導入され始めており，この場合は，ハブ機器となるTAやルータの設置場所などの検討が必要になる。

　LAN配線が当初より予定されている場合は，延長コードでの配線や露出配線を避けるために，適切に計画しておくとよい。

13・3　テレビアンテナ工事

　テレビアンテナは，屋根上などの高い位置に設置されることが多いので，取り付け工事に当たっては，強風に対する十分な対策が必要である。

　屋根面に取り付ける場合の施工法は，次のようになる。

①　屋根馬を用いてアンテナマストを設置する。
②　ステーワイヤを用いてアンテナマストを固定する。ワイヤは，アンテナの高さに応じて適切な太さのものを用いる。
③　ワイヤ端部を固定する金物の取り付けは，耐食性のある釘（ステンレス釘など）で十分な長さのものを使用する。
④　通常3～4本のワイヤで固定するが，それぞれのワイヤの角度は，なるべく等しくする。
⑤　作業中に瓦などの屋根葺き材を破損しないよう十分注意する。万一破損してしまったときにはその事実を確実に報告させるよう指導しておき，その旨の報告があった場合は早急に修理しておく。

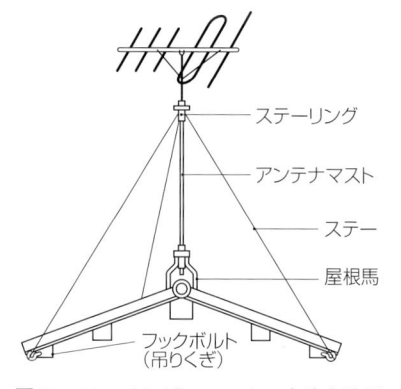

図13・16　テレビアンテナの支持方法例

第14章

給排水衛生工事

14・1	配 管 工 事	180
14・2	給水・給湯工事	181
14・3	排 水 工 事	181
14・4	衛生器具取り付け工事	182
14・5	し尿浄化槽工事	183

14・1 配管工事

14・1・1 概要

　給排水工事の中心となるのは，配管工事である。電気設備工事と同様に，基礎工事の段階での事前作業を必要とする部分がある。具体的には，基礎立ち上がり部分を貫通する，給水管，排水管，ガス管などのスリーブ埋設である。これを忘れると基礎コンクリートに穴をあける面倒なハツリ工事が発生する。

　給排水衛生工事は，次にあげる種類のものがある。

① 給水設備工事
② 給湯設備工事
③ 排水設備工事
④ ガス設備工事
⑤ 衛生器具取り付け工事

　以上のほかに，厨房設備取り付け工事，浴槽設備工事，冷暖房工事，し尿浄化槽設置工事などを含めることも多い。

　配管工事は，作業場所によりいくつかの種類に分けることができる。床下配管は，土間部分における工事である。床上配管は，便所などにおける衛生器具のための配管や，床置きファンコイルユニットなどのための配管である。近年は，現場配管工事の省力化および機器補修・交換の容易性を狙いとした配管ユニットが用いられることも多い。また最近は，2階に水回り設備を設けることも多くなり，その場合は壁体内もしくは壁際や1階天井裏（2階床下）にも配管が行われる。

14・1・2 材料

　一般に使用される配管材料には，配管用炭素

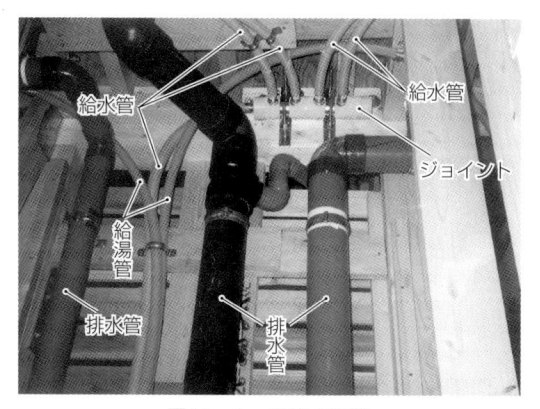

図14・1　壁内の配管

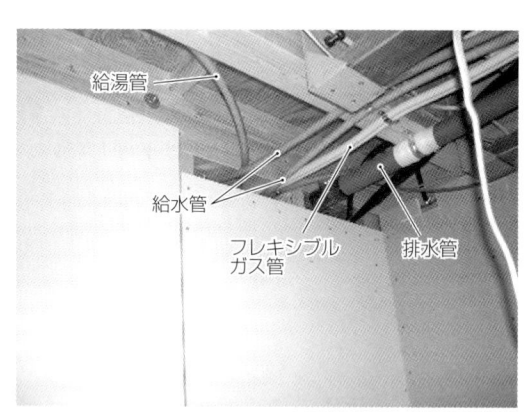

図14・2　天井の配管*

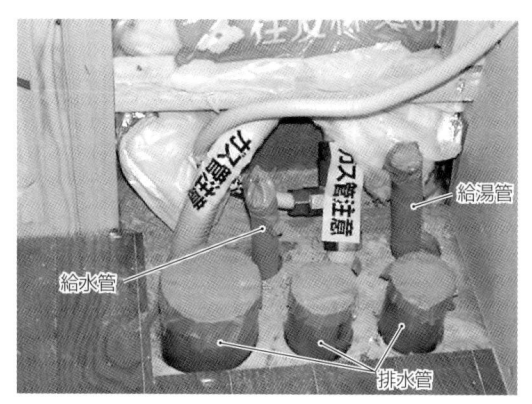

図14・3　床からの立ち上がり管*

鋼鋼管，塩ビライニング管，銅管，ステンレス鋼管などがあり，用途や必要となる口径を考慮して適切な材料を選択する。

配管どうしの接合には，ねじ接合，溶接接合，フランジ接合，ろう接合などの種類がある。配管材料に見合った接合方法を採用し，漏水・漏気が生じないように確実に施工する（図14・1）。

14・1・3　配管経路

配管の敷設位置は，将来の取り替えが容易に行えるように選定し，躯体やほかの設備との納まりを十分に検討した上で決定する。特に，保守点検のためのメンテナンススペースや，結露防止のための保温材の厚みなどを考慮する。さらに，配管内に空気だまりを起こすことを避けるために，経路はできる限り上げ下げしないようにする。

配管工事終了後，接合部からの漏水・漏気がないことを確認するための試験および検査を行う。

14・2　給水・給湯工事

住宅の給水・給湯配管工事は，外部配管・外部から内部への貫通部分，各床下配管（横引き配管）パイプスペースや壁体内配管（竪配管），機器および器具回り取り合い部分などからなる。それぞれ，必要な径の管材や継手部品などを組み合わせて工事を行う。

モデル現場の場合は，給水はキッチンや浴室など8箇所，給湯は，キッチン・1階洗面化粧台・浴室ユニットの3箇所である。

給水工事は，水道事業者の設ける本管から必要なサイズで分岐し，敷地内に引き込み，メーターを経由して建物内の配管に接続する。なお，今回は必要なかったが，建て替えに際しては，それまでの管径が小さく配管をし直す場合が多い。道路掘削を行う必要があり，時間や費用がかかることになる。

給湯工事は給湯器から各給湯箇所へ配管するが，壁の中などで配管工事施工後，造作工事時などに釘が打ち込まれると，漏水試験を行っても漏水位置を特定しにくいので，配管位置に注意するよう専門業者を指導する。

14・3　排水工事

モデル現場では，汚水・雑排水配管工事と雨水排水工事が行われた。

排水工事のポイントは適切な勾配を取ることである。特に，基礎の貫通スリーブや埋設管の施工に当たっては，勾配が適切に取れるように正しい位置に取り付けることが大切である。

会所枡設置に当たっては，枡の底盤には敷き砂利などを施し，十分突き固めを行った後に据え付ける。配管時には，流される汚水・雑水などの条件に合った径を選択する。接続部は適切な長さを確保するとともに，支持を確実に行う。

図14・4　会所枡[*]

14・4　衛生器具取り付け工事

14・4・1　洗面化粧台

　洗面化粧台は，主目的が洗顔，歯磨きなどであったが，最近は，身づくろいや洗髪などにも使われるようになり，他の設備機器などと同様に，機能や形状のバリエーションが多くなっている。

　取り付け時に配管類の接続貫通部分がずれると見た目も悪く，害虫などの出入り口にもなるので，取り付け用マニュアルなどに基づいて正確に行う。鏡などの取り付けに必要な下地も補強しておく。

14・4・2　便　　　　器

　便器については，現在では洋式便器が大半を占めている。温水洗浄便座付きのものや一体型温水洗浄便器の割合も増加している。節水型や洗浄コントロール型が開発され，脱臭・温風乾燥，さらには部屋暖房などの機能が付加されたものも用いられている。

　木造住宅における施工で特に注意すべきことは，汚水管と根太などが干渉し合うことである。根太は汚水管をはさんで便所の幅方向に取り付ける。

　なお，設備工事ではないが，トイレの工事に当たっては，タオル掛けや手すりなどの取り付けを想定して下地補強をしておくべきである。もしくは，壁下地を全面的に12mm以上の合板にしておくと，バリアフリー化など将来の変更にも対応が容易である。

14・4・3　洗濯機用横水栓

　洗濯機用には横水栓を設けるが，給水だけでなく給湯も同時に行う場合は混合水栓にするとよい。

　モデル現場では，横水栓と排水のみであった。排水は，洗濯機から直接配水管につなぐことも可能だが，洗濯機用防水パンを用いると，伝い水なども受けることができ，洗濯機回りの耐久性向上が期待できる。

図14・5　洗面化粧台*

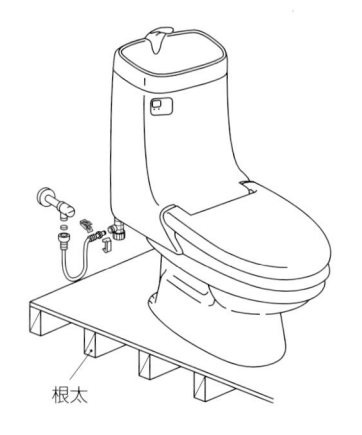

図14・6　便器と根太の取り合い*

14・5　し尿浄化槽工事

し尿浄化槽は，建築基準法や国土交通省告示に規定する合併処理浄化槽とする。また，特定行政庁の定める取り扱い要綱などを遵守する必要がある。

し尿浄化槽には，現場施工型（現場で躯体のコンクリートを打設して構築するもの）とユニット型（工場で製品化または半製品化し，現場で据付・組立を行うもの）があるが，ここでは，ユニット型について説明する。

14・5・1　設計上の留意事項

① 処理対象人員の算定方法は，建築物の用途別による「し尿浄化槽の処理対象人員算定基準」（JIS A 3302）によるが，ここでの決められている浄化槽の容量の基準は，実際に居住する人の数ではなく，建物の規模によっている。
② 建物基礎部分や駐車場下部に浄化槽を設置することは極力避けるべきであるが，敷地などの状況によりやむを得ず設置する場合は，浄化槽を保護するための措置を行う。
③ 地下水位の高い敷地に設置する場合は，水圧による浮上防止のための措置を行う。
④ 排気管の位置と高さは，隣家への影響がないよう，十分配慮しておく。
⑤ ばっ気用モーターまたはブロアは，24時間連続運転しなければならないことを理解し，設置位置を検討する。

14・5・2　施工上の留意事項

① ユニット型浄化槽は，基本的には専門業者が施工する。各社ごとに様々な型式があるので，添付されている説明書や仕様書によって，設置する浄化槽の機能や構造を理解しておく。

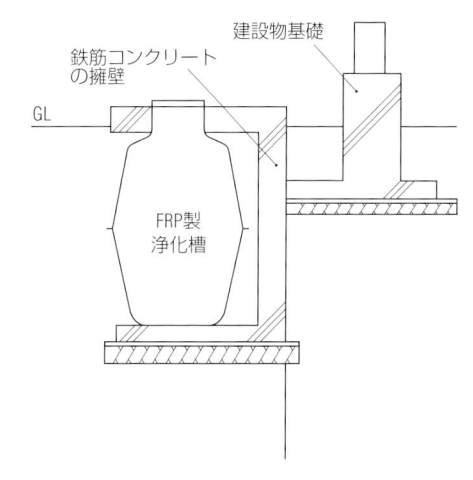

(a) 建築物基礎部分に設ける場合の例

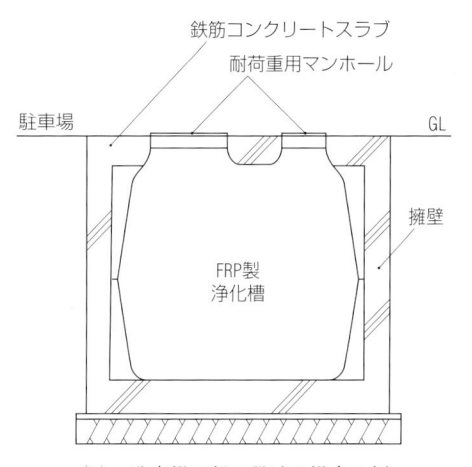

(b) 駐車場下部に設ける場合の例
図14・7　浄化槽の設置

② ユニット型浄化槽は，流入管・流出管の位置や高さが製品ごとに決まっている。水洗便所から浄化槽までの距離，浄化槽から流出先までの距離をもとに決定した配管レベルを的確に指示しておく。

③ 建物基礎と近接していたり，車庫の下に設置するなどの条件がある場合は，保護工事を先行して行っておく。

④ 浄化槽本体は，基礎上に水平に設置し，流入管底と放流管底の深さを確かめ，正しく接続されていることを確認する。槽の据付けが完了したら，メーカーの仕様書に示されている方法で水平出しを行い，狂わないような措置がされているかを確認する。

⑤ 埋め戻しは，浮上防止のために槽内に半分程度注水した後に，浄化槽ユニットに傷を付けないように良質土を用いて行う。深さの1／3程度ずつ周囲を均等に突き固め，水締めを併用しながら埋め戻す。

⑥ 浄化槽に必要な電気機器の入力や使用電圧を正しく把握し，その内容を電気業者に伝えておく。

⑦ 以下の事項について最終確認を行う。
　a．必要部品が所定の位置に取り付けられているかどうか。
　b．アース工事の確認
　c．流入管・流出管のレベルの確認
　d．薬剤の有無の確認と薬剤筒への装填
　e．通水試験
　f．ポンプなどの各機器の試運転
　g．ポンプカバーの確認
　h．所管関係官庁の竣工検査
　i．使用説明書，保証書などの確認

第15章

各種設備工事

15・1	給湯設備工事	186
15・2	冷暖房設備工事	186
15・3	ガス設備工事	187
15・4	換気設備工事	188
15・5	ホームエレベータ	190
15・6	太陽熱利用設備	192

15・1　給湯設備工事

　給湯設備というと，以前は，台所に取り付けられた4〜5号のガス瞬間湯沸器であったが，現在では20号や24号といった大型給湯器が開発され，台所や浴室だけではなく洗面所・洗濯機用を含んだ給湯設備が一般的になっている。

　熱源としてはガスが多いが，電気や石油も用いられている。通常よく使われるのは，ガス熱源の風呂追い焚き機能付き給湯器で，温度設定・浴槽の自動お湯張りなども簡便にできるようになっている。ガス・石油給湯器の取り付けにあたっては，可燃物との隔離距離や換気に留意する。

　また，必要な下地補強などを行っておく。操作盤の主装置やリモコンなどの位置は，事前に使い勝手を確認した上で，適切に配線などをしておく。

図15・1　給湯設備*

15・2　冷暖房設備工事

　冷暖房工事は，次の3タイプに大別できる。
① 冬季全室24時間暖房を行う暖房中心型
② 冬季全室24時間間欠暖房を行い，夏季必要に応じて冷房を行う中間型
③ 冬季・夏季とも断続的に暖冷房を行う冷房中心型

　いずれの場合でも，機器を後付けとすると，外部に配管などがはい回る形になったり，筋かいや，柱・梁などと干渉し合い断面欠損を引き起こすことがある。したがって，機器の位置についてはなるべく早い時期に決定しておき，建

図15・2　冷暖房機器*

物構造体と干渉しないようにする工夫が必要である。

15・2・1　局所冷暖房

住宅の場合，従来は，個別の冷暖房機器を各室に設置することが多かった。最近は，各部屋の性格や使い方に応じた方式で冷暖房が行われている。冷房はマルチタイプの電気式が多いが，暖房は温風暖房よりも床暖房を主暖房にする住宅が増えている。床仕上げのフロア材と一体になった温水タイプや電熱タイプのものが開発されているので，メーカーの仕様に基づいて施工する。

15・2・2　全室冷暖房

気密・断熱住宅の場合は，屋内の場所によって極端な温度差が出ると結露の発生する恐れがある。また，壁体内の結露は断熱性能の低下を招き，建物の寿命を縮めることになるので，全室暖房方式を採用することが望ましい。

冷暖房設備工事の配管は，仕上げ下地の施工に先立って行う。特に，床回りなどの取り合い部分では，構造部分に断面欠損を出さないように注意する。どうしても構造体と干渉し合うケースが発生した場合は，工事監理者と相談の上，構造的に無理のない場所を選ぶか，もしくは配管ルートを変更する。基礎の貫通が必要な箇所は，基礎工事に際してスリーブを入れ，周囲を鉄筋で補強する。外壁部分の貫通は，あらかじめスリーブを外勾配に入れておき，外壁工事に支障のないようにする。

15・3　ガス設備工事

一般の住宅で使用されるガスには，都市ガスと液化石油ガス（プロパンガス：ＬＰＧ）がある。都市ガスは，供給しているガス事業者により成分・比重・発熱量・燃焼速度などが異なっている。

ガス設備工事の配管工事，機器の取り付け，ガスメーターの設置は，特に安全に配慮して行う必要があり，専門業者によって行われる。ガス機器は供給ガスの種類に適合したもので，安全装置付きのものを採用すべきである。

ガス設備機器は，できる限り燃焼ガスを室内に出さないタイプのものを使用する。また，可燃物や電気機器などからの隔離寸法など，防火上の規定に従い確保する。

台所のように，毎日ガスを使用する場所には，ガス漏れ警報器などの安全設備も設置する。その場合，ガスの種類によって比重が異なり，取り付ける位置が変わってくるので注意する。一般的には，都市ガスは上方に拡散し，プロパン

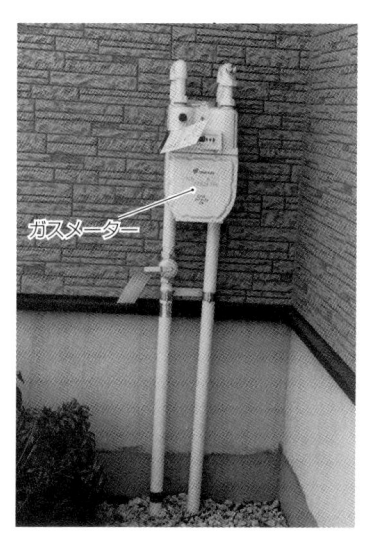

図15・3　ガスメーター*

ガスは下方に滞留する（177ページ参照）。

日常生活への配慮として，都市ガスの場合，検針に便利な位置にメーターを設ける。プロパンガスの場合は，搬出入に配慮してボンベの設置場所を定める。

15・4　換気設備工事

生活行為により住宅内に発生する不要な熱・臭いや湿気，そして建材・生活用品などから放散される有害物質などを排出し，新鮮な空気を取り入れるのが換気設備の目的である。特に，最近の住宅は気密性が高くなっており，窓などの隙間だけでは必要な換気量が確保されないので，一般的には機械換気が併用される。換気扇類は，逆流防止シャッター付きのものを用いる。ここでは，一般的な局所換気と，高気密住宅に用いられる24時間計画換気について説明する。

15・4・1　局所換気

(1) 台所

調理や煮炊きなどによって発生する熱や臭い・煙・湿気などを排出するために，加熱機器の上部に設ける。システムキッチンの吊り戸棚に組み込まれることが多い。取り付けに当たっては，特に台所の油滴を含んだ排気が，設備機器などに障害を起こさないかどうかを確認する。

(2) 便所

主として，使用した後の臭いなどの排出が目的である。従来は，窓や換気レジスターに頼っていたが，最近は換気扇を設置するのが一般的である。スイッチを切っても一定時間作動するディレイドスイッチ付きが望ましい。

(3) 浴室

主として，入浴に伴う湿気などの排出が目的

図15・4　台所の換気扇

図15・5　浴室の換気扇

である。便所と共通している部分が多いが，最近では，暖房・乾燥機能を組み込んだ機器を使うことも増えている。

(4) 洗面・脱衣室

主として，洗面等に伴う湿気などの排出が目的である。換気設備を設けずに，窓や換気レジスターに頼ることも多い。

(5) リビングなどの居室

リビングなどでの生活に伴う臭いや湿気などの排出を目的とした換気についても，従来は，窓や換気レジスターに頼っていたが，現在では，冷暖房時の省エネルギーに適した熱交換型の換気扇や，インテリアとしてのデザインに配慮し

たものが用いられるようになっている。

　換気設備を効果的に設置するためには，給気口の計画も適切に行う必要がある。換気効果を上げるためには，新鮮な空気が下から上に流れ，汚染空気を追い出すように設置する。排気管の取り付けに当たっては，筋かいなどとの干渉に留意するとともに，雨水が吹き込んだ場合に配慮し，外勾配とする。

15・4・2　24時間計画換気システム

　近年，省エネルギー，健康への配慮，快適性の向上などを狙いとして，住宅の高気密・高断熱化が進んでいる。そのため，24時間計画換気のシステムを採用する事例も年々増加している。このシステムは，住宅全体をひとつの箱として考え，居住空間全体の必要換気量を計算した上で24時間常時換気を行う方法である。一般的には，台所・浴室・便所・洗面室などは，局所換気としてシステムから除外している。

　24時間計画換気システムは，電機メーカーなどが個々の建物の条件に合わせて設計し，必要な機器類をセット化しているものを採用する方式が多い。

　計画換気システムの施工に関しては，躯体の気密性能がポイントであり，配管・配線や機器の取り付けは，関連工事に準じて行えば特に問題はない。

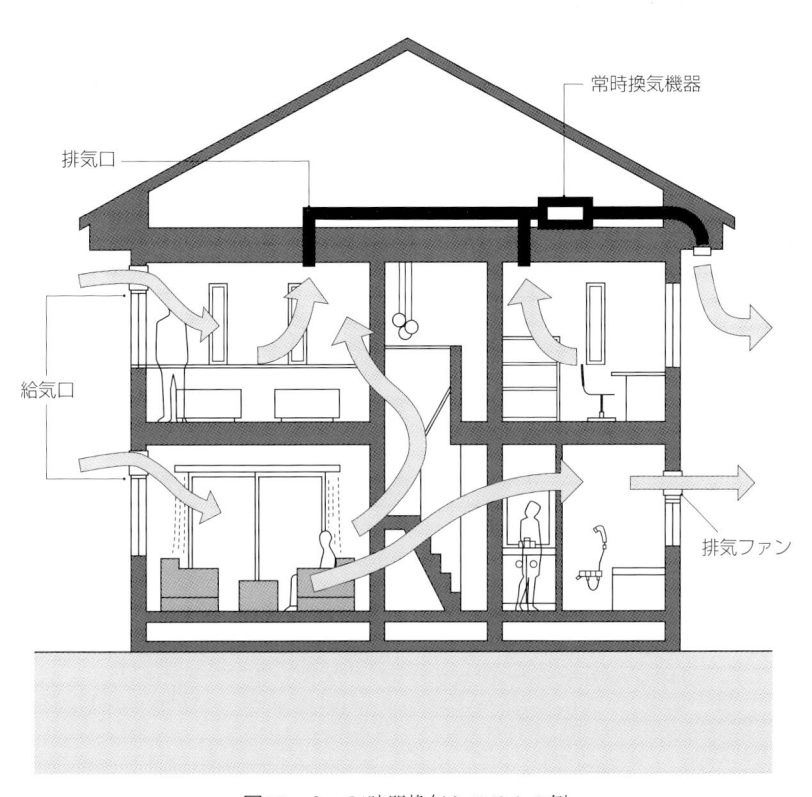

図15・6　24時間換気システムの例

15・5 ホームエレベータ

15・5・1 ホームエレベータの概要

ホームエレベータとは，個人の住宅に設置され，2〜3人が乗ることのできる簡易なエレベータである。使用者が限定されており，使用頻度が少ないことなどから，一般のエレベータに比較していくつかの規定が緩和されている。高齢者対応の考え方が広く認識されるようになり，ホームエレベータも普及が加速されている。

ホームエレベータが一般のエレベータと異なる点は，2〜4階建の個人の住宅に適用を限定されているので，昇降工程が短いこと（最大10m），昇降速度が遅いこと（最大12m／分），かごの積載荷重が少ないこと（最大200kg）などである。

一般のエレベータと比べて多様な駆動方式のものが開発されており，次のようなタイプのものがある。

① 巻胴式（ドラム式）（図15・7）
② トラクション式（図15・8）
③ 直接油圧式（図15・9）
④ スクリュー式（図15・10）
⑤ ラックピニオン式（図15・11）

また，構造上荷重をどのように支持しているかによって，次のようなタイプがある。

① 自立型
　鉛直荷重（機器類の重量および積載荷重など）および水平荷重（地震力による荷重など）を，すべてエレベータが独自に支持しているもの。
② 半自立型
　鉛直荷重はエレベータ構造が負担し，水平荷重は建物の構造躯体に依存するもの。

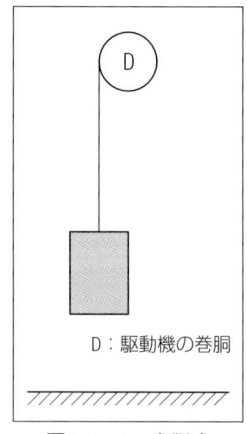

図15・7　巻胴式
D：駆動機の巻胴

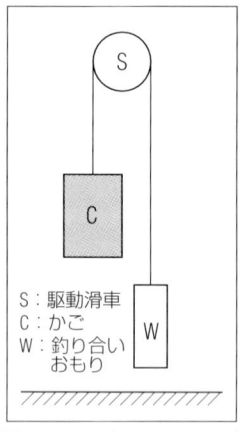

図15・8　トラクション式
S：駆動滑車
C：かご
W：釣り合いおもり

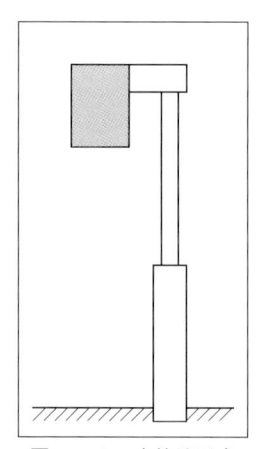

図15・9　直接油圧式

③ 構造躯体依存型

鉛直荷重，水平荷重ともに建物の構造躯体に依存しているもの。

15・5・2 ホームエレベータの設計上の留意点

(1) 機械室

ホームエレベータには，先に述べたようにいくつかの方式があるが，それぞれのタイプによって機械室の取り方が異なる。機械室の取り方は，メーカーのカタログや設計マニュアルに記載されており，一般的にはそれに準じて設計する。設計途中でホームエレベータの機種を変更すると，平面計画そのものに影響を与えるので，機種は最初に適切なものを選定しておく。

(2) エレベータの配置

ホームエレベータは，その性格上，家族以外の人が利用できるような配置は禁じられている。やむを得ず道路に面する配置にしなければならないときは，施錠するなどの措置を講ずる必要がある。また，エレベータが発する騒音・振動が問題とならないよう，住宅内の位置配置には留意する。特に，寝室とエレベータは平面上離しておくことが無難である。

(3) 高さ方向の寸法

① エレベータの駆動方式とピットの深さの関係を，メーカーのマニュアルなどで十分理解しておく

② 昇降機の頂部に取り付けられる機器類を，メーカーのマニュアルなどで十分に把握し，小屋裏の寸法などに余裕をもたせておく。

③ エレベータが停止する最下階において，かごがなんらかの理由で最下階を通り過ぎた場合のことを考慮し，底部隙間の寸法が規定されている。昇降路下部に取り付けられる機器の寸法を把握し，適切な基礎の設計を行っておく。

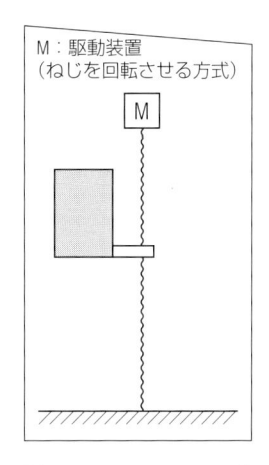

図15・10 スクリュー式

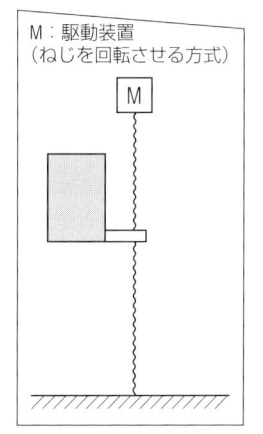

図15・11 ラックピニオン式

図15・12 ホームエレベータの設置例*

15・6 太陽熱利用設備

15・6・1 太陽熱温水器・ソーラーシステム

太陽熱利用の温水装置は，太陽熱温水器とソーラーシステムに大別される。以前からよく使われているものは，簡単な集熱器と貯湯槽が一体となった太陽熱温水器であり，自然循環式と汲み置き式とがある。

集熱器と貯湯槽が完全に分離され，集熱器は屋根上に設け，貯湯槽を地上部に設置するのが，強制循環式のソーラーシステムである。この方式では，セントラル給湯や暖房が可能である。現在使用されているのは，大半が太陽熱温水器である。

施工に当たっては，躯体に構造的な配慮がされているかどうかの事前確認を行い，配管などの経路や支持方法・見栄えなどをチェックする。

また，仕上げ材との組合せ・設置状況については，メーカー仕様に基づいて確実に行う。設置場所によっては，冬季の凍結などにも配慮する必要がある。

15・6・2 ソーラー発電システム

ソーラー発電システムには，屋根に取り付け用の架台を設けその上に太陽電池モジュールを載せる方法（架台型）と，屋根材と一体になった太陽電池モジュールを葺く方法（屋根材一体型）の二つがある。現在は，架台型が圧倒的に多いが，デザイン面やメンテナンス性に多少難がある。屋根材一体型の開発も進みつつあり，一部では使用され始めている。どちらのシステムも，太陽電池モジュール・接続箱・パワーコンディショナー・住宅用分電盤・電力量計（売電・買電用）・モニターなどで構成されている。

施工は，基本的にはいずれのメーカーのものでも同じような取り付け方法となっているが，細部で異なる部分が多いので注意する。架台型は，屋根材に応じた取り付け金具や支持瓦などを用いて，架台となるフレームを固定し，その上に太陽電池モジュールを載せる。屋根材一体型は，野地板にルーフィングなどの防水処理をして直接留め付ける。

15・6・3 太陽光採光システム

太陽光採光システムとは，太陽追尾装置を備えた採光システムで，伝送部・照射部などを含んで構成されている。使用実績は少ないものの，都市部の住宅密集地域での利用や地下室の普及に伴う採用が考えられ，コストダウンが実現すれば一気に利用が進む可能性のある設備である。

(a) 屋根材一体型

(b) 架台型

図15・13 太陽電池モジュールの設置例*

第16章

発生廃棄物処理

16・1　発生する廃棄物　　　　　　　　　　　194

16・1　発生する廃棄物

　住宅の廃棄物問題を考えるに当たっては、その発生の形態と内容から、新築系廃棄物と解体系廃棄物に分けて考える必要がある。

　まず、新築系廃棄物についてみると、一般的に発生する廃棄物として、現場内での施工に伴う端材・切り屑などがある。現場からの排出に際しては、主に袋分けによる分別を行った上で、一括して中間処理場へ運び出す方法をとっている。

　一方、解体系廃棄物については、新築系と異なり、既存の建築物として複数の材料が複雑に交じり合ったものとして排出される。すなわち、解体系廃棄物の場合は、「家」そのものがすべて廃棄物として発生する。新築系廃棄物との決定的な違いは、発生するボリュームが全く異なることにある。

　住宅施工に携わるものとしては、解体・新築に関わらず、廃棄物問題について大きな関心をもっておく必要がある。今後は、住宅建設に関わる費用が、直接的な住宅コストだけでなく、廃棄物処理のための費用が大きく影響してくることが確実なためである。

　新築現場での対応としては、発生の抑制、分別作業、回収の効率化がポイントとなる。

　工場あるいは加工場での下作業を増やし、現場での加工を極力減らすことにより、発生の抑制を心がける。梱包材の持ち帰りも効果的である。端材や切り屑の発生時から分別しておき、一時保管することも大切である。

　また、複数の現場で作業が行われている場合は、定期的回収を実施し、回収の効率化を図るなどの工夫が求められる。

　廃棄物のリサイクルを考えた場合、現場で使用する資材の種類が非常に多いことから、発生する廃棄物の種類も多くなる。また、発生する同種の廃棄物量が少ない材料も多いことから、1現場単位の集荷は効率が悪く、原料として質・量の面で安定的に確保しにくい面がある。一方、きめ細かい作業をすれば、ほぼ完全に近い形に分別することも可能である。

　解体系廃棄物についてみると、コストを無視して分別解体・分別排出に専念したとしても、がれき類、木屑、ガラス陶磁器屑、金属屑など、全体の60%～70%程度が分別可能な範囲であろう。しかし、廃棄物のリサイクルは、社会的要求でもあり、その推進のための第一歩として、廃棄物の分別を進めて行かなくてはならない。

16・1・1　発生する廃棄物の量

　住宅の現場から発生する産業廃棄物は、少量・多品種の傾向が強く、リサイクルの観点から質・量の面で安定性に欠けるとされている。

　新築工事で発生するごみの種類の調査事例を表16・1に示す。

16・1・2　マニフェスト

　産業廃棄物の処理については、排出事業者（工事請負業者）が自らの責任において適切に処理するように定められている。具体的には、次のとおりである。

　① 　新築系廃棄物、解体系廃棄物を問わず、その処理は、許可を有する業者に委託する必要がある。

　② 　解体系廃棄物については、「建設リサイ

クル法」が平成14年5月より施行され，施工業者には分別解体の手順や再資源化などの義務が課され，あわせて施主にも一定規模以上（延べ床面積80m²以上）の解体工事は事前届出の義務が課せられるようになった（7月前まで）。

③ 処理の委託に際しては，収集運搬業者，廃棄物処理業者とそれぞれ書面によって委託契約を行う。

④ 処理の委託に際して，廃棄物の種類ごとにマニフェスト伝票（産業廃棄物管理表）を使用し，処理委託した廃棄物が適切に処理されているかどうかの確認を行う。

表16・1 新築工事で発生するゴミの種類（調査事例）

	単位 発生するごみ	重量(kg)	重量全体比(%)	容積(m³)	容積全体比(%)	カサ比重	延床面積当りの重量(kg/m²)	延床面積当りの体積(m³/m²)
1	木屑系	788.30	31.07	2.1586	18.11	0.365	5.06	0.0139
2	紙屑系	285.20	11.24	4.0719	34.16	0.070	1.83	0.0262
3	ガラス・陶器	712.21	28.07	0.8857	7.43	0.804	4.58	0.0057
4	せっこうボード	424.81	16.74	0.8737	7.33	0.486	2.73	0.0056
5	廃プラスチック	189.30	7.46	3.2185	27.00	0.059	1.22	0.0207
6	金属屑系	101.56	4.00	0.3613	3.03	0.281	0.65	0.0023
7	建築廃材	0.00	0.00	0.0000	0.00	0.000	0.00	0.0000
8	繊維屑	6.01	0.24	0.2316	1.94	0.026	0.04	0.0015
9	その他	15.04	0.59	0.0883	0.74	0.170	0.10	0.0006
10	処理困難材	0.00	0.00	0.0000	0.00	0.000	0.00	0.0000
11	コンクリート	14.90	0.59	0.0310	0.26	0.481	0.10	0.0002
	合　計	2,537.33	100.00	11.9206	100.00	0.213	16.31	0.0767

○1の木屑系と，瓦とサイディングが入っている3で，重量的には6割程度を占める。
○容積的には，段ボールが入る2と，クロスや養生シート梱包材などのプラスチック系の5で，6割程度を占める。
○重量，容積どちらも，1～5でほとんどを占め，9割を超えている。今回の調査時には，一般的でないコンクリート桝が出てきたので，それを除けばなおその傾向は強くなる。

表16・2 発生の原因

	単位 発生するごみ	重量(kg)	重量全体比(%)	容積(m³)	容積全体比(%)	カサ比重	延床面積当りの重量(kg/m²)	延床面積当りの体積(m³/m²)
1	端材残材	1,857.37	73.20	4.8388	40.59	0.384	11.93	0.0311
2	梱包材空容器	471.03	18.56	5.8476	49.05	0.081	3.03	0.0376
3	養生材	105.80	4.17	0.8368	7.02	0.126	0.68	0.0054
4	切削屑ごみ	78.20	3.08	0.3378	2.83	0.232	0.50	0.0022
5	その他	24.93	0.98	0.0597	0.50	0.418	0.16	0.0004
	合　計	2,537.33	100.00	11.9206	100.00	0.213	16.30	0.0767

○重量では，1の端材残材が圧倒的に多い。明らかに過剰納材と思われるものもある，正確な拾いと発注ができれば，改善の余地はある。また，建材類のサイズと矩計や詳細納まりの整合性や個別設計での配慮が図られれば，さらに端材を減らすことも期待される。
○容積では，段ボールなどの梱包材空容器がほぼ5割を占める。改善できれば，全体容積減少効果は大きい。

⑤ 排出事業者は，マニフェスト伝票を使用した場合に，年度ごとに産業廃棄物管理表交付状況報告書を作成し都道府県知事宛に提出する義務を負っている。

基本的には，以上のような内容が建設廃棄物処理指針として定められている。特に解体系の廃棄物については，分別解体の方法や手順，解体工事に関する費用，再資源化に関する情報，事前届出の義務化などが定められているので，十分な注意を払う必要がある。

また，「建設工事に係わる資材の再資源化等に関する法律」の中では，排出業者に対しての罰則規定もあり，決して人任せにしてはならない部分である。

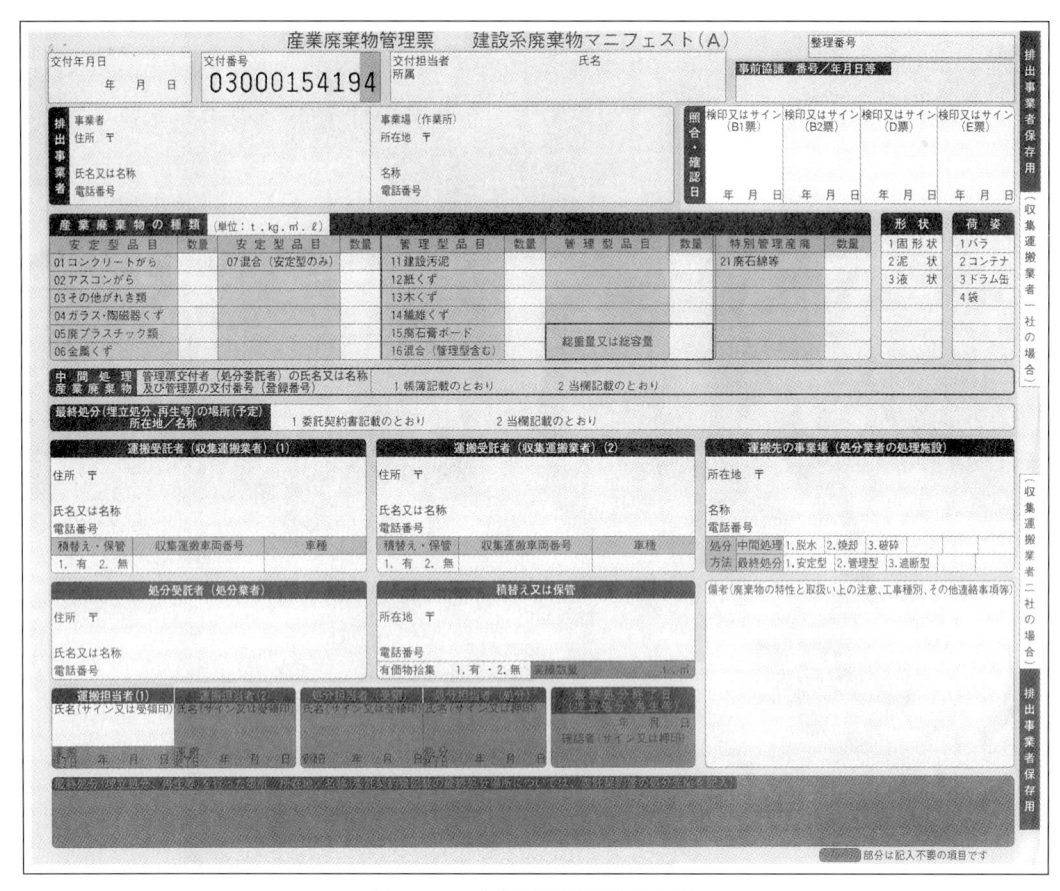

図16・1　産業廃棄物管理伝票の例

第17章

各種検査

17・1	社内検査	198
17・2	公的検査	198
17・3	施主立ち会い	200
17・4	引き渡し	200
17・5	引き渡し時に必要な資料	201

17・1 社内検査

　社内検査は，建築工事全体が完成し，足場，仮設建築物の撤去を行った後，最終クリーニングを済ませる前に行う。工事途中の検査において多くの部分は確認しているので，ここでの検査は最終的な仕上がり状況とともに，工事途上での約束事を忘れていないかの再確認，設備機器などの点検と試運転などが中心になる。特に設備関係は，すべての機器類，コンセント・スイッチなどが正常に作動するかどうかの確認を行う。配管を伴うものは、通水や排水状況の確認を行っておく。

　検査の結果，手直しを必要とする箇所が発見された場合は，施主立ち会いの前に手直しを済ませておく必要がある。したがって，これに必要な日数の余裕をあらかじめ見込んで検査日程を設定しておく必要がある。

17・2 公的検査

17・2・1 中間検査の内容と時期

　平成11年の建築基準法の改正で，確認・検査業務制度にいくつかの新しい制度が加えられた。一例として，確認から工事着手，工事完成までの間に，工程に応じて「中間検査」を行う制度が導入されている。この制度は，阪神・淡路大震災を教訓に，施工不備が原因とされる建物の被害をなくすために，施工中に検査を実施する制度の必要性が高まったことから導入されたものである。

　工事の工程が「特定工程」に達したときに，中間検査を受けることが義務付けられている。ただし，本書の対象としている住宅のような小規模な建築物については，特例制度を設けて，建築士による適正な監理に基づく報告が行われれば省略することができるとされている。

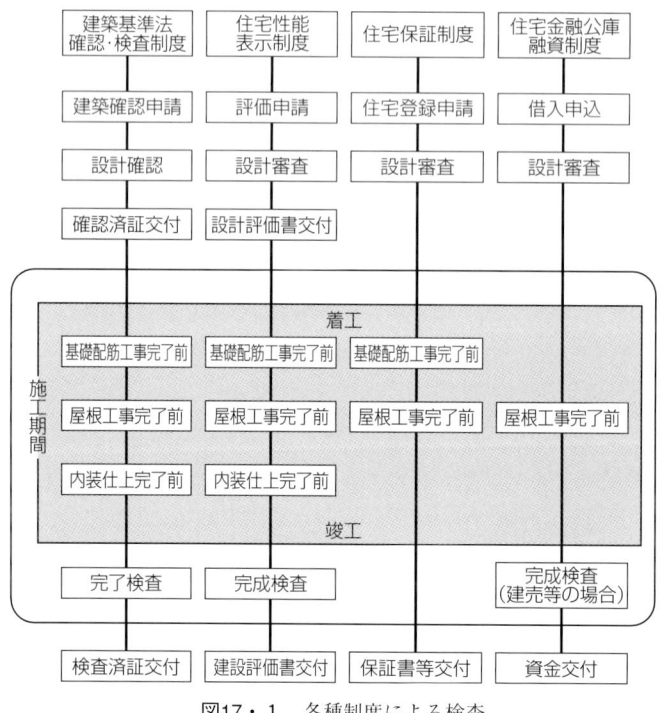

図17・1　各種制度による検査

どのような建築物を中間検査の対象とするかや，どの工程で検査を行うかということについては，特定行政庁ごとに指定するとされており，特定行政庁が指定した工程が終了した段階で検査を受けることが必要となる。したがって，それぞれの特定行政庁によって検査の方式や内容が異なることに注意しなければならない。

建築基準法のほかにも，いくつかの制度に基づく検査がある。具体的には，住宅性能表示制度，住宅金融公庫融資制度，住宅保証制度上の検査などがある。また，各地域ごとに住宅向けの融資あるいは優遇制度があり，これらの審査・検査制度は，それぞれ異なる制度に基づいて行われている。検査項目などは共通する部分も多い。

17・2・2　竣工時の検査（完了検査）

建築主は，工事が完了した日より4日以内に建築主事，あるいは指定確認検査機関に対し，完了検査を求める申請をする必要がある。建築主事や指定確認検査機関は，申請を受けた日より7日以内にその建築物に関わる事項が建築基準法に適合していれば検査済証を交付することとなっている。

この完了検査は施主が申請することとなっているが，一般的には設計者や工事請負者側の有資格者である工事管理者が施主の代理人となって，申請手続きから立ち会い検査の実施を行うことが多い。

図17・2　竣工立ち会い時の確認

17・3　施主立ち会い

建物全体，設備機器，外構などの最終出来栄え，ならびに契約上の取り決め事項や途中での設計変更結果の確認などを，引き渡し後に不都合が起こらないように，施主立ち会いのもとに行う。

図17・3　竣工（完了）検査

17・4　引き渡し

施主立ち会いなどが終了し，施主・施工者双方が合意した段階で「完成引き渡し書」を取り交わし，引き渡しが行われる。引き渡しの手続きは契約書に基づき行われるが、その際施工者は，その後の手続きに必要な書類（図17・5）や取扱説明書を引き渡すとともに，建物を日常使用するに当たっての注意事項やアフターメンテナンス関連についても十分に説明しておく。

また，金銭の支払いについても，既受領部分，残現金部分，公的融資，銀行ローンなどを書面等で確認しておくことが望ましい。

建築物の工事に関しては，法的に定められた不都合の瑕疵が存在していた場合は，引き渡し後も一定期間，施工者は発注者に対して責任をもたなければならない（構造躯体および雨漏りについては10年）。また後日，発注者から改修や増改築の要望が出されることも考えられるので，それらの注文に対し十分に対応し，アフターメンテナンスを心がける必要がある。施工者は，それらの要請に対する連絡窓口などの連絡方法を発注者に伝えるとともに，このような要請にいつでも速やかに応えられるように，各種の記録を保管しておくことが必要である。

図17・4　施主の竣工立ち合い

17・5　引き渡し時に必要な資料

住宅が竣工し，施主に建物を引き渡すに際し，引き渡す書類は，以下のようなものになる。

① 設計図書

契約書に添付されている設計図書が中心になるが，工事中などに設計変更や追加事項などがあった場合は，その内容を整理して設計図書に書き加えておく。特に，主要構造部の瑕疵担保責任が長期化したことから，地盤調査関連の資料と，構造関連設計図書は必ず揃えておく必要がある。

② 登記に必要な書類

登記はその目的によっていくつかの種類があるが，ここでは表示登記に必要な書類を記す。

・建築確認通知書
・施工業者の引き渡し証
・施工業者の印鑑証明
・施工業者の資格証明

その他に建築主が用意しなければならない書類もいくつかあるが，登記は，一般的には専門の司法書司に依頼することが多いので，施工側は必要な書類を用意すればよい。

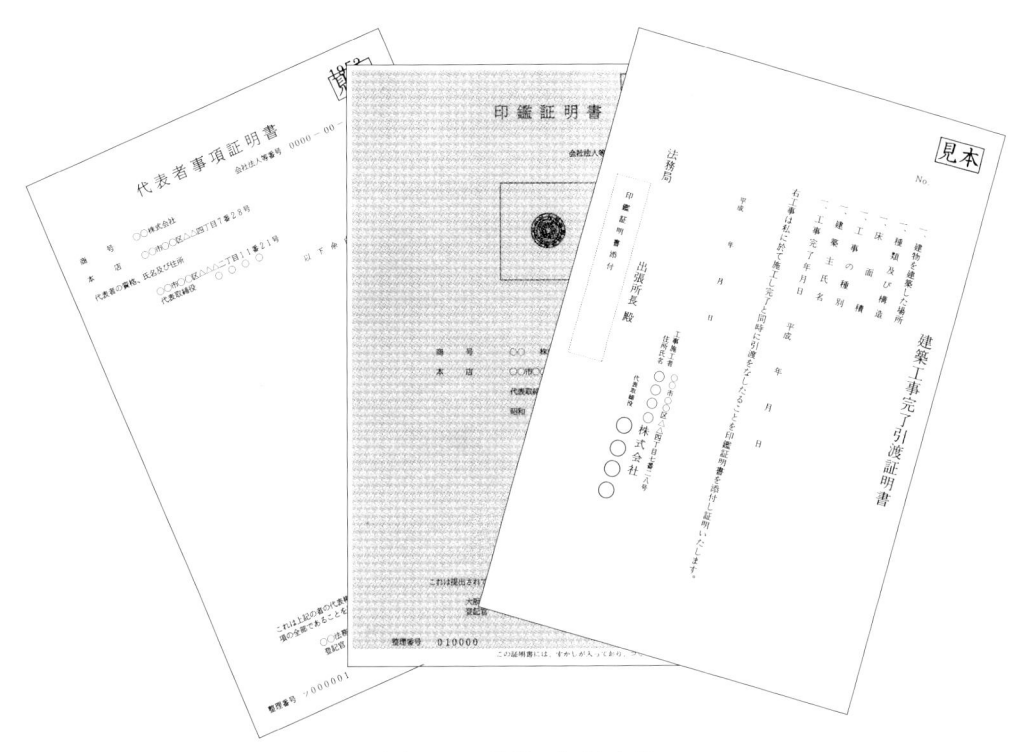

図17・5　登記に必要な書類

索　　引

あ

アース	174
相欠き	70
明り障子	134
明り欄間	136
上げ下げ	102
足場	9, 31
アスファルトルーフィング	91, 93
厚付け仕上げ	120
アピトン	58
アフターメンテナンス	200
雨押さえ	91
雨押さえ板金	90
雨戸	104
網戸	105
荒壁塗り	147
荒し目	110
蟻	68
蟻壁長押	135
アルミサッシ	102
アンカーボルト	44, 56, 75
あんこう	100
安全対策	81
アンテナマスト	178

い

いすか継ぎ	136
板図	66
板欄間	137
板類	57
一文字葺き	97
銀杏面	137
糸面取り	137
稲子	136
いぶし瓦	94
異方性	5
インシュレーションボード	125
インターホン	176
隠蔽配線	173
印籠四分一	138

う

雨水排水工事	181
薄鴨居	134
薄付け仕上げ	120
内々寸法	7
打ち込み杭工法	39
内倒し	102
内付けサッシ	103
内法	135
内法高	135
内法長押	135
ウッドデッキ	163
埋め樫	134
埋め込み杭工法	39
埋め戻し	46
裏返し	147
裏目	71

え

ＡＱ認証	64
液化石油ガス	187
ＳＳ試験法	21
Ｓ型瓦	96
Ｓ形ダウンライト	129
ＳＰＦ	57
江戸間	8
ＬＰＧ	187
塩化ビニル塗料	150
塩ビライニング管	181

お

オイルステイン	120
オイルペイント	149
横架材	50
大入れ	70
大入れ蟻掛け	70
大壁式	3
大型給湯器	186
大引	51
オープンタイム	152
大面取り	137
屋外用ビニル電線	171
筬欄間（おさらんま）	137
汚水・雑排水配管工事	181
乙種構造材	58
追掛け大栓継ぎ	68
落とし掛け	138
鬼瓦	94
表目	71
折り掛け	94
温水洗浄便座付き	182

か

加圧注入	58
カーペット	153
飼木	104
会所枡	181
解体系廃棄物	194
階段	140
開閉方式	102, 158
外部足場	74
改良アスファルトルーフィング	93
返り墨	47
確認申請	24
確認済証	24, 31
額縁材	140
角目	71
加工工程	64
加工情報	65
重ね裁ち	152
重ね継手	43
ガス設備工事	187

瑕疵 …………………………200	**き**	クリーニング ………………168
瑕疵担保責任 ………………201	機械換気 ……………………188	クリヤラッカー …………120, 149
鎹（かすがい）………………71	機械等級区分製材……………58	グレーディングマシン………58
仮設給水……………………35	木鏝 ……………………45, 110	クロス貼り …………………150
仮設工事……………………30	木ごてずり …………………111	クロス貼り工事 ……………151
仮設電気……………………36	刻み……………………………65	グルーラム……………………59
仮設便所……………………36	キシラデコール ……………120	**け**
傾ぎ大入れ……………………70	基準線…………………………72	計画換気システム …………189
片引き ………………………102	既製品建具 …………………159	蹴込み板 ……………………142
型枠工事………………………43	基礎……………………………38	仮設給水………………………35
合併処理浄化槽 ……………183	基礎杭…………………………38	桁………………………………51
割裂……………………………6	几帳面 ………………………137	結束線…………………………43
金具工法 ……………………113	木拾い…………………………65	罫引……………………………71
金ぐし ………………………110	気密性能 ……………………130	けらば瓦………………………94
金物……………………………60	気密テープ …………………131	原価管理………………………27
金輪継ぎ………………………68	気密パッキン材 ……………131	現地調査………………………20
かぶと蟻掛け…………………70	キャブタイヤ ………………171	現場検査………………………25
かぶり厚さ……………………42	給気口 ………………………189	現場発泡樹脂系断熱材 ……125
壁倍率…………………………54	給水・給湯工事 ……………181	検査……………………………25
紙系壁紙 ……………………151	給湯設備工事 ………………186	建設業許可証…………………31
框組み ………………………158	給排水衛生工事 ……………180	建ぺい率………………………22
鴨居 …………………………134	境界標識………………………20	**こ**
カラー鉄板……………………97	強制循環式 …………………192	鋼管ブラケット一側足場……74
カラーベスト…………………96	協力工務店……………………8	鋼管枠組足場…………………74
仮締め…………………………78	京呂組…………………………70	高気密施工 …………………130
仮筋かい………………………77	局所換気 ……………………188	硬質発泡ポリウレタンフォーム
軽子……………………………72	切目長押 ……………………135	……………………………125
ガラス欄間 …………………137	霧除け庇………………………92	甲種構造材……………………58
ガルバリウム鋼板……………97	きわ谷樋………………………90	工事請負契約方式 ……………8
側桁 …………………………142	金属板葺き……………………97	鋼製簡易枠組足場……………74
側桁階段 ……………………141	**く**	合成樹脂エマルションペイント
側根太…………………………87	杭頭……………………………39	………………………120, 149
瓦桟……………………………95	空気だまり …………………181	合成樹脂調合ペイント…120, 149
換気口用金物…………………44	草刈り…………………………32	鋼製火打………………………55
換気設備工事 ………………188	管柱……………………………51	構造躯体依存型 ……………191
換気扇類 ……………………188	沓ずり ………………………139	構造用合板……………………85
換気レジスター ……………188	駆動方式 ……………………190	構造用集成材……………57, 59
完成検査………………………27	汲み置き式 …………………192	工程計画………………………25
完成引き渡し書 ……………200	グラスウール ………………124	工程表…………………………25
貫通ボルト……………………60	グラフ式工程表………………25	格天井 ………………………136
がんぶり瓦……………………94	グリッパー …………………154	高度地区………………………22

剛な床組⋯⋯⋯⋯⋯⋯⋯86	**し**	柔な床組⋯⋯⋯⋯⋯⋯⋯86
格縁⋯⋯⋯⋯⋯⋯⋯⋯136	シージングボード⋯⋯⋯125	集熱器⋯⋯⋯⋯⋯⋯⋯192
工務店⋯⋯⋯⋯⋯⋯⋯⋯8	シーラー処理⋯⋯⋯117, 151	朱壷⋯⋯⋯⋯⋯⋯⋯⋯72
剛床⋯⋯⋯⋯⋯⋯⋯⋯86	シーリング⋯⋯⋯⋯⋯114	瞬間湯沸器⋯⋯⋯⋯⋯186
コーンペネトロメータ⋯21	塩焼き瓦⋯⋯⋯⋯⋯⋯94	書院座敷⋯⋯⋯⋯⋯⋯134
腰掛け蟻継ぎ⋯⋯⋯⋯68	敷居⋯⋯⋯⋯⋯⋯⋯134	省エネルギー基準⋯⋯126
腰掛け鎌継ぎ⋯⋯⋯⋯68	敷地境界線⋯⋯⋯⋯⋯20	昇降工程⋯⋯⋯⋯⋯⋯190
腰長押⋯⋯⋯⋯⋯⋯⋯135	敷地調査⋯⋯⋯⋯⋯⋯20	障子⋯⋯⋯⋯⋯⋯⋯159
こて（鏝）⋯⋯⋯⋯⋯109	地業⋯⋯⋯⋯⋯⋯38, 40	照明器具⋯⋯⋯⋯⋯⋯175
こはぜ⋯⋯⋯⋯⋯⋯⋯98	軸組構法⋯⋯⋯⋯⋯⋯50	樹種⋯⋯⋯⋯⋯⋯⋯56
小幅板⋯⋯⋯⋯⋯⋯⋯109	仕口⋯⋯⋯⋯⋯⋯⋯68	じゅらく風塗り壁⋯⋯148
込み栓⋯⋯⋯⋯⋯⋯⋯70	地震力⋯⋯⋯⋯⋯⋯54	ジョイナー⋯⋯⋯⋯⋯113
ゴムアス⋯⋯⋯⋯⋯⋯93	システムキッチン⋯⋯166	ジョイントテーブル⋯151
小屋組⋯⋯⋯⋯⋯⋯⋯79	ＪＩＳ表示工場⋯⋯⋯45	定規ずり⋯⋯⋯⋯⋯⋯111
小屋束⋯⋯⋯⋯⋯51, 79	次世代省エネ基準⋯⋯126	上棟⋯⋯⋯⋯⋯⋯⋯74
小屋梁⋯⋯⋯⋯⋯51, 79	自然循環式⋯⋯⋯⋯⋯192	上棟式⋯⋯⋯⋯⋯⋯80
コンジットチューブ⋯171	下小屋⋯⋯⋯⋯⋯61, 65	自立型⋯⋯⋯⋯⋯⋯⋯190
コンセント⋯⋯⋯⋯174	下地板⋯⋯⋯⋯⋯⋯109	尻狭み継ぎ⋯⋯⋯⋯⋯68
コンセントボックス⋯171	下敷き材⋯⋯⋯⋯⋯154	真壁式⋯⋯⋯⋯⋯⋯3
混和材⋯⋯⋯⋯⋯⋯110	下塗り⋯⋯⋯⋯⋯⋯110	心木あり瓦棒葺き⋯⋯97
さ	下葺き⋯⋯⋯⋯⋯⋯93	心木なし瓦棒葺き⋯⋯97
採光面積⋯⋯⋯⋯⋯⋯23	漆喰⋯⋯⋯⋯⋯⋯⋯147	人工乾燥⋯⋯⋯⋯⋯⋯58
最終クリーニング⋯⋯198	実行予算⋯⋯⋯⋯⋯⋯27	新省エネ基準⋯⋯⋯126
砕石地業⋯⋯⋯⋯⋯⋯41	室内配線工事⋯⋯⋯170	心々寸法⋯⋯⋯⋯⋯⋯8
サイディング⋯⋯⋯⋯10	地鎮祭⋯⋯⋯⋯⋯⋯33	心墨⋯⋯⋯⋯⋯⋯35, 72
在来工法⋯⋯⋯⋯⋯⋯3	地長押⋯⋯⋯⋯⋯⋯135	新築系廃棄物⋯⋯⋯194
材料⋯⋯⋯⋯⋯⋯⋯5	地縄張り⋯⋯⋯⋯⋯⋯32	伸展器⋯⋯⋯⋯⋯⋯155
竿車知継ぎ⋯⋯⋯⋯⋯68	し尿浄化槽⋯⋯⋯⋯183	地盤⋯⋯⋯⋯⋯⋯⋯38
竿縁⋯⋯⋯⋯⋯⋯⋯136	地袋⋯⋯⋯⋯⋯⋯⋯138	地盤改良工法⋯⋯⋯⋯39
竿縁天井⋯⋯⋯⋯⋯136	尺杖⋯⋯⋯⋯⋯⋯⋯66	地盤調査⋯⋯⋯⋯⋯⋯21
座金⋯⋯⋯⋯⋯⋯⋯60	弱電工事⋯⋯⋯⋯⋯176	地盤の許容応力度⋯⋯38
左官工事⋯⋯⋯⋯108, 146	ＪＡＳ⋯⋯⋯⋯⋯⋯58	**す**
差し鴨居⋯⋯⋯⋯⋯135	斜線制限⋯⋯⋯⋯⋯⋯23	スイッチ⋯⋯⋯⋯⋯171
さしがね⋯⋯⋯⋯⋯⋯71	車知⋯⋯⋯⋯⋯⋯⋯68	スウェーデン式サウンディング
猿頬面⋯⋯⋯⋯⋯⋯136	社内検査⋯⋯⋯⋯⋯198	試験⋯⋯⋯⋯⋯⋯21
桟瓦⋯⋯⋯⋯⋯⋯⋯94	集成材⋯⋯⋯⋯⋯⋯58	透かし彫り欄間⋯⋯⋯137
桟瓦葺き⋯⋯⋯⋯⋯⋯94	住宅金融公庫融資制度⋯199	スギ⋯⋯⋯⋯⋯⋯⋯56
産業廃棄物⋯⋯⋯⋯195	住宅性能表示制度⋯⋯199	スクリュー釘⋯⋯⋯⋯95
産業廃棄物管理表⋯⋯195	住宅保証制度⋯⋯⋯199	スクリュー式⋯⋯⋯190
サンデッキ⋯⋯⋯⋯163	住宅屋根用化粧スレート⋯96	筋かい⋯⋯⋯⋯⋯52, 81
	絨緞⋯⋯⋯⋯⋯⋯⋯153	ステイプル⋯⋯⋯⋯⋯109

ステーワイヤ……………178	洗面化粧台………………182	段板………………………140
捨てコンクリート………41	専門工事業者………………8	短冊金物…………………70
捨谷………………………91	**そ**	単相3線式………………170
捨て張り…………………93	ソーラーシステム………192	断熱材……………………124
ステンレス鋼管…………181	ソーラー発電システム…192	段葺き……………………97
スパニッシュ瓦…………96	造作材……………………134	短ほぞ……………………70
すべり勾配………………74	造作用集成材……………59	**ち**
すべり出し………………102	外付けサッシ……………103	違い棚……………………138
墨打ち……………………72	外開き……………………102	中間検査……………25,198
墨さし…………………71,71	**た**	中間処理場………………194
墨線………………………74	大工棟梁……………………8	厨房設備…………………166
墨出し……………………41	タイベック………………113	調整丁番付き……………140
墨池………………………72	台持ち継ぎ………………68	直接油圧式………………190
墨付け…………………65,71	太陽光採光システム……192	貯湯槽……………………192
墨壺………………41,71,72	太陽電池モジュール……192	ちり………………………137
素焼き瓦…………………94	太陽熱温水器……………192	ちりじゃくり……………138
スリーブ埋設……………180	耐力壁……………………54	**つ**
寸法取り………………105,154	タイル……………………118	墜落防止ネット…………88
せ	タイル工事………………155	通気工法………………116,131
製材品……………………57	タイル貼り………………155	通気層……………………131
整地……………………32,46	ダウンライト……………129	ツーバイフォー工法………3
セキュリティ設備………177	たすき掛け………………83	突き出し…………………102
施行計画…………………24	畳…………………………153	継手……………………43,68
施主立ち会い……………200	畳拵え……………………154	継手仕口…………………68
絶縁防護管………………174	畳寄せ……………………154	造り付け収納……………164
接合金物…………………83	畳割り………………………7	包みほぞ…………………70
設計図書…………………201	タッカー釘………………93	吊り木……………………136
せっこうラスボード……147	堅樋………………………100	吊り子……………………98
接地極棒…………………174	堅樋受け金物……………100	吊り込み…………………105
接着剤……………………151	建入れ直し………………78	**て**
Z金物……………………81	建て方……………………74	底盤………………………38
Zマーク表示金物………60	建具職…………………105,158	底部隙間…………………191
セパレータ………………44	建具セット………………159	手刻み……………………65
セルフレベリング剤……47	建具表……………………158	鉄筋工事…………………42
繊維壁……………………147	縦軸すべり出し…………103	テレビアンテナ…………178
栓打ち……………………70	縦胴縁下地………………132	テレビアンテナ配線……176
先行足場…………………74	谷樋………………………90	天端均し…………………47
選材………………………65	玉切り寸法………………68	天袋………………………138
全室暖房方式……………187	駄目工事…………………168	ディレイドスイッチ……188
洗濯機用防水パン………183	駄目直し…………………168	電気工事…………………170
セントラルクリーナー…167	垂木……………………51,87	電気使用申込み申請……171

電気事業法	171	
電気用品取締法	171	
電線管	171	
電線保護管	31	
でんでん	100	
電力量計	192	
電話配線	176	

と

銅管	181
胴差	51
樋工事	100
峠墨	72
同質役物	113
同軸ケーブル	176
透湿防水シート	113, 132
透湿防水層	131
通しつけ子	98
通し吊り子	98
通し柱	51
通しほぞ	70
胴付き	70
道路斜線	23
特定工程	198
床框	138
床差し	136
床付け	40
床の間	138
床柱	138
床脇	138
都市ガス	187
都市計画区域内	22
塗装	120
土台	51
土台敷き	75
土台水切り	91
トドマツ	57
鳶職	76
戸襖	160
止めほぞ	70
トラクション式	190
トラックアジテーター	45
ドラム式	190
鳥の子和紙	151
ドリフトピン	70
塗料	120

な

内部雑工事	164
内部建具工事	158
中京間	8
中塗り	110
長ほぞ	70
流れ寸法	94
長押	135
長押挽き	135
生コン業者	45
生ゴミ処理機	167

に

二重はぜ	98
二重波付可とう管	177
24時間計画換気	189

ぬ

布基礎	38
布系壁紙	151
濡れ縁	163

ね

根がらみ貫	52
根切り	40
ねこ土台	44, 76
根太	51, 86
根太金物	86
根太掛け	86
根太レス	87
ネットワーク式工程表	25
粘土瓦	94

の

軒瓦	94
軒桁	51
軒樋	100
軒樋受け金物	100
ノンスリップ溝加工	140

は

配管工事	180
配管用炭素鋼鋼管	180
廃棄物	194
配筋基準	43
配筋検査	43
排水工事	181
排水枡	100
パイプガード	173
バイブロランマー	41
バカ棒	47
刷毛塗り	121
刷毛引き	111
羽子板ボルト	71
はさみ金物	47
柱割り	8
はぜ	98
働き幅	94
ばっ気用モーター	184
パッキン	44, 76
バックホウ	40
発泡プラスチック系断熱材	125
発泡ポリウレタン	125
発泡ポリスチレンフォーム	125
鼻隠し	100
鼻栓	70
跳ね出しバルコニー	92
はめ殺し	103
バルコニー	92, 162
梁	51
パワーコンディショナー	192
板金工事	90
半自立型	190
半外付けサッシ	103
番付	66

ひ

火打	51, 54
火打土台	55, 76
火打梁	55
ひかり付け	137
ひき板	58
ひき角類	57
引き込み用ビニル電線	171

引違い …………………102	分配器 …………………176	巻はぜ……………………98
引き寄せ金物……………44	**へ**	間崩れ……………………62
引き渡し…………………200	壁体内結露 ……………116	枕捌き……………………135
ひき割類…………………57	ベイツガ…………………56	増し張り…………………91
美装工事…………………168	ベイヒバ…………………56	間仕切り欄間……………136
ピッキング………………65	ベイマツ…………………56	マツ………………………56
ピットの深さ……………191	壁面材……………………52	マニフェスト……………195
必要壁量…………………54	べた基礎…………………38	マニフェスト伝票………195
引掛けシーリング………175	便器………………………182	間柱………………………51
引張強さの異方性………6	ベンチマーク……………33	丸型ビニル外装ケーブル……171
一重はぜ…………………98	**ほ**	丸太組構法………………4
一筋………………………134	防火地区…………………22	丸目………………………71
ひな留め…………………135	防災システム……………177	回り縁……………………136
ビニル……………………171	防災用照明器具…………175	**み**
ビニル壁紙………………151	防湿基礎…………………38	水杭………………………34
ヒノキ……………………56	防湿気密フィルム………130	水貫………………………34
ヒバ………………………56	防湿土間コンクリート…127	水盛り……………………34
標準貫入試験……………21	防湿フィルム……………128	見積り……………………27
表面結露…………………6	防水テープ………………113	宮島継ぎ…………………136
平形ビニル外装ケーブル……171	防犯用照明器具…………175	**む**
平瓦………………………96	法的制限…………………22	無機質壁紙………………151
平はぜ……………………98	防腐・防蟻処理…………58	無機繊維系断熱材………124
ビルトイン家具…………164	防腐剤……………………76	無双………………………137
ふ	ホームエレベータ………190	無双四分一………………138
風圧力……………………54	ホールダウン金物………44, 56	無等級材…………………58
風致地区…………………22	北陸間……………………8	棟木…………………51, 79
フーチング………………41	ほぞ………………………70	棟上げ……………………74
吹き付け…………………121	ほぞ穴……………………70	棟換気……………………131
複層仕上げ………………120	ほぞ差し…………………70	無目………………………134
襖……………………134, 159	保存処理木材……………58	無釉薬瓦…………………94
フタル酸樹脂エナメル…120	ポリ塩化ビニル被覆金属板……90	むら直し…………………110
プライマー………………114	掘りごたつ………………167	**め**
フランチャイズシステム……8	ホルムアルデヒド………151	銘木………………………138
フラッシュ………………158	ホワイトウッド…………56	メタルラス………………109
フランス瓦………………96	本足場……………………74	目違い……………………68
ブレーカー………………174	本瓦葺き…………………94	めり込み…………………6
プレカット………………61	本締め……………………79	面剛性……………………54
ブローイング……………125	ポンプ圧送………………45	面材耐力壁…………52, 84
プロパンガス……………187	防犯システム……………177	面戸………………………95
分岐回路…………………170	**ま**	面取り……………………137
分電盤………………171, 174	巻胴式……………………190	

も

- 木材 ……………………………56
- 木材の直交3軸 ……………………5
- 木材保護着色剤 ……………………120
- 木質系壁紙 ……………………………151
- 木質系断熱材 ……………………125
- 木質系プレハブ工法 ……………4
- 木質構造 ……………………………2
- 目視等級区分製材 ……………58
- 木製建具 ………………105, 158
- 木造軸組構法 ……………………3
- モデュール ……………………………7
- 母屋 ……………………………51, 79
- モルタル塗り ……………………147
- 門型フレーム ……………………77

や

- 屋根馬 ……………………………178
- 屋根用塗装溶融亜鉛めっき鋼板 ……………………………90

ゆ

- 遣り方 ……………………………34
- 有効採光面積 ……………………23
- 釉薬瓦 ……………………………94
- 床上配管 ……………………………180
- 床下収納庫 ……………………166
- 床下配管 ……………………………180
- 床暖房 ……………………………187
- 床束 ……………………………51
- 床梁 ……………………………51
- ユニット ……………………………140
- ユニットバス ……………10, 164
- ユニバーサルデザイン ……143

よ

- 洋瓦 ……………………………96
- 窯業系建材 ……………………………10
- 窯業系サイディング ……………112
- 洋小屋 ……………………………3
- 洋式便器 ……………………………182
- 洋室造作 ……………………………139
- 養生 ……………………………46
- 養生シート ……………………121

- 容積率 ……………………………22
- 用途地域 ……………………………22
- 浴室ユニット ……………………164
- 横水栓 ……………………………183
- 横線式工程表 ……………………25
- 横胴縁下地 ……………………132
- 横葺き ……………………………97
- 呼び樋 ……………………………100
- 1/4分割法 ……………………52

ら

- ラグスクリュー ……………………61
- ラスカット ……………………………109
- ラックピニオン式 ……………190
- ラミナ ……………………………58
- ランバーコア ……………………158
- 欄間 ……………………………136

り

- リース業者 ……………………………9
- 略鎌 ……………………………68

れ

- レイタンス ……………………………47
- 冷暖房工事 ……………………186
- レッドウッド ……………………57

ろ

- 労災保険関係成立票 ……………31
- 労働基準監督署 ……………………31
- 労働災害 ……………………………30
- ローラー押さえ ……………121
- ログハウス ……………………………4
- 露出配線 ……………………………171
- ロジポールパイン ……………56
- ロックウール ……………………125
- 600ボルトビニル絶縁電線 ……171

わ

- ワイヤラス ……………………………109
- 和瓦 ……………………………94
- 枠組壁工法 ……………………………3
- 枠付き建具 ……………140, 159
- 和小屋 ……………………………3
- 和室造作 ……………………………134
- 渡りあご掛け ……………………70

- ワックス ……………………………149
- ワニス ……………………………149
- 割栗地業 ……………………………41

［監修・執筆］　深尾精一（東京都立大学大学院教授　工学博士）

［執　　筆］　福本雅嗣（住友林業㈱ 元理事　住宅本部 技師長
　　　　　　　　　　　㈳日本木造住宅産業協会 技術開発委員長）

　　　　　　　栗田紀之（きがまえ研究室 代表　博士（工学）
　　　　　　　　　　　東京都立大学非常勤講師
　　　　　　　　　　　東京工芸大学非常勤講師）

［編修協力］　日野壽郎

　　　　　　　野村辰男

［図版協力］　市橋昌宏（東京都立大学大学院 深尾研究室）

　　　　　　　（肩書きは初版発行時）

〈木造住宅〉
図解　建築工事の進め方

2002 年 5 月 9 日　　初版発行
2007 年 11 月 6 日　　初版第 7 刷

監修・執筆　深　尾　精　一
発 行 者　　宇　野　修　蔵
　　　　　印刷所　星野精版印刷㈱
　　　　　製　本　㈲豊友社

発 行 所　　株式会社　市ケ谷出版社
　　　　　東京都千代田区五番町 5
　　　　　電　話　03-3265-3711（代）
　　　　　Ｆ Ａ Ｘ　03-3265-4008

Ⓒ 2002　　　ISBN978-4-87071-213-3

図解 建築工事の進め方（3部作）

- 権威者の監修で，第一線実務者が執筆！
- 着工から竣工までの現場経験が習得できる！
- 実際の工事例を，工程順に，写真と図版で解説！
- 施工全般の幅広い知識の習得と対応ができる！

木造住宅

監修・執筆
深尾　精一
●
執筆
福本雅嗣・栗田紀之

B5判・216頁・本体価格3,000円

鉄筋コンクリート造

監修
内田祥哉・深尾精一
●
執筆
佐藤芳夫・安藤俊建・本多　勉・角田　誠

B5判・190頁・本体3,000円

鉄骨造

監修
藤本盛久・大野隆司
●
執筆
森口五郎・中谷正明・佐藤　実・高見錦一

B5判・244頁・本体価格3,000円

市ケ谷出版社　〒102-0076　東京都千代田区五番町5
TEL（03）3265-3711　FAX（03）3265-4008

出版情報はホームページをご利用下さい。http://www.ichigayashuppan.co.jp